中青年经济与管理学者文库

持续经营审计意见的制度演进与经济后果研究

成畅　著

中国财经出版传媒集团
中国财政经济出版社
·北京·

图书在版编目（CIP）数据

持续经营审计意见的制度演进与经济后果研究 / 成畅著. -- 北京 : 中国财政经济出版社, 2025. 4.
(中青年经济与管理学者文库). -- ISBN 978-7-5223-3786-9

Ⅰ. F239.22

中国国家版本馆CIP数据核字第20253DR452号

责任编辑：马　真　　　　责任校对：张　凡

封面设计：智点创意　　　　责任印制：史大鹏

持续经营审计意见的制度演进与经济后果研究

CHIXU JINGYING SHENJI YIJIAN DE ZHIDU YANJIN YU JINGJI HOUGUO YANJIU

中国财政经济出版社 出版

URL：http：//www. cfeph. cn

E－mail：cfeph@ cfeph. cn

社址：北京市海淀区阜成路甲 28 号　邮政编码：100142

营销中心电话：010－88191522

天猫网店：中国财政经济出版社旗舰店

网址：https：//zgczjjcbs. tmall. com

涿州汇美亿浓印刷有限公司印刷　各地新华书店经销

成品尺寸：147mm×210mm　32 开　9. 625 印张　222 000 字

2025 年 4 月第 1 版　2025 年 4 月河北第 1 次印刷

定价：45. 00 元

ISBN 978－7－5223－3786－9

（图书出现印装问题，本社负责调换，电话：010－88190548）

本社质量投诉电话：010－88190744

打击盗版举报热线：010－88191661　QQ：2242791300

策划人语

题记：一个人的精神成长史，取决于他的阅读史。只有阅读能最有效地培养精神生活习惯，而好的习惯又培养性格，性格决定人生。

——我们自豪，因为我们就是创造这精神产品的人。

选择了飞翔，总能看到蓝天；选择了远航，总能感受大海。人生不仅要作出选择，也要坚持住自己的选择。学会计、当编辑是我的意外选择。人说编辑是为人作嫁，可是这一选择我坚持了30年，苦在其中，乐在其中，也算是有声有色。每当我把一本本好书呈献给人们的时候，我觉得我是“富贵”的人：富，不是你身上的钱财，而是你心里的满足；贵，不是你地位的显赫，而是你被人需要的程度。

书海探寻，情怀永恒

我要说，做编辑我幸运，因为我不仅是第一个读者，可以对作品“品头论足”，也可以对作品“生杀予夺”；更重要的是，这是一个有很高层次的平台，在多年与名家的交往和名著的“对话”中，深深地为他们的人格和才学所感动，被作品的精彩所吸引，这不仅使我“下笔如有神”，更使我的思想和灵魂也受到一次次洗礼和震撼，得到一次次升华。对于我的作者我的书，如数家珍，作者中不乏才学和为人同样过人的多位泰斗和“颜值高责任大”的众多才子佳人；策划的作品不仅立足专业还兼顾人文，也是情怀所在，专业加人文路才会更宽更远。

多年的体会是，作为一名编辑，起码要“三心二意”，即“责任心、细心、耐心”和“服务意识、创新意识”。要多策划一些拳头产品，用一个选题推动一个系统工程，用一个系统工程培养一个出版社品牌。给新入职编辑讲座时我做过一个比喻：编辑两项基本功，审稿——甚至要比博导审批学生论文还要全面、细致；选题策划——要像电影导演一样做“星探”，善于发现优秀作者和挖掘好的原创作品。记不清30年来我策划和编辑了多少书，组织和策划了大批教材、业务培训用书、通俗读物、理论专著等，有的获得过国家、省部级各类奖项，有的以其填补空白、社会热点、风格新颖、开拓尝试等特点受到读者的欢迎。正是：

一入书门情似海，

探寻经典职责在。

苦辣酸甜何其乐，

编辑人生也精彩。

想是问题，做是答案

众所周知，目前的图书出版业在行业竞争和纸质图书受到严重冲击的情况下，出版人无不感到莫大的危机。在这种背景下，我们还要积极应对，完善纸质图书的固有特质，拓宽纸媒的功能，挖掘出版内容和形式都精彩的原创作品，适应新形势下读者的更高需求。2017 年至今，在新的时代环境下不断出新，我又策划了多套系列丛书和单本图书，不乏名家著作、教材、学术专著和实务丛书等，继续为扶持学术研究和总结实践最新成果，在高端研究与专业知识普及和应用之间搭建一座座有益的桥梁。

每一个时代的经济环境不同，理论研究和实务探索所需要解决的问题也有所差别。当前我国处于新的历史时期，市场环境和组织模式不断演变发展、推陈出新，经济、管理、财税等领域的新理论、新思想、新方法、新工具也层出不穷。乱花渐欲迷人眼，击水三千浪几何？这些领域的研究人员被时代赋予了更艰巨的责任，也面临着更高、更多元的要求，我们不仅要具备更广阔的学术视野，而且要有更严谨的学术思维。

输在犹豫，赢在行动

《中青年经济与管理学者文库》的作者，都是我国经济与管理领域的中坚力量，也是未来的大家。他们中有些人潜心从事理论研究，有些人则深耕在实务一线，但无论现实身份如何，视野全都没有被拘泥在“象牙塔”内。他们从不同视角对市场经济的不同要素进行细致审视，然后汇聚于“财经版”这面旗帜之下，相互碰撞，彼此激荡，力求在市场经济转型升级的关键时期留下最新鲜的“中国印记”。

这些经济与管理领域的中青年学者，就是我国市场经济发展的潜力与优势，他们的研究成果，不仅将引领市场经济的各个组成环节向更科学、更先进的方向发展，而且将成为我国政府和企业在未来经济世界扮演更重要角色的支点与动力。祝愿这些中青年学者能攀上更高的学术之山，走向更远的研究之路，也期待宏观、中观、微观各个层面的市场参与者都能从这套文库中得到切实的启发与指引，在全面深化改革、增强发展活力的关键时期，发挥正能量和积极作用，为经济社会发展增添新的动力！——这也是我策划此套丛书的初衷。

作始也简，毕也必巨

2021年，是一个非凡之年，纵观世界风云，抗击疫情“风景这边独好”，“十四五”规划开局，我们喜迎建党百年。“其作始也简，其将毕也必巨。”从“开天辟地”“改天换地”到“翻天覆地”“惊天动地”，我们党经历了四个历史时期——救国大业、兴国大业、富国大业、强国大业，四件大事铸就了中国共产党百年辉煌。我们不禁感叹——风雨百年创辉煌，“天地”之间“有杆秤”。

2021年，还是一个纪念之年，出版社成立65周年和我从事编辑工作30周年。65年来，财经出版社始终坚持正确的舆论导向和鲜明的出版特色，努力为经济建设和财政工作服务，致力于为读者奉献经典作品，在中国财经出版传媒集团旗下发挥着更大的作用，取得更大的成就。作为一个有着20多年党龄的党员，我是生在新中国长在红旗下的幸运的一代，怀着对党无限的热爱和感恩，浓情做事、淡泊做人，用30年的情怀和坚守见证了出版业的转型，践行了编辑的天职，向党递交一份努力的答卷。

2017年策划出版《中青年经济与管理学者文库》至今已5年，得到了众多中青年学者的热烈响应与大力支持，文库诞生至今已囊括专著60余种，为中青年学者们提供了展示学术研究成果的平台，作者队伍不断壮大，作品陆续出版。如果您认可，如果您有意愿，欢迎您和您的朋友加盟我们的作者队伍！在中国财经出版传媒集团的“旗舰”下，中国财政经济出版社这“老字号”，一定励精图治，谱写新的篇章。敬请关注“龙媒玉制新书坊”微信公众号，我们用“龙的精神，玉的品质”来助力您实现梦想！

策划人：樊清玉

邮箱：qingyuf@ sina. com

2021年12月31日

前言

持续经营假设是关于会计主体状态的基本假设，它是指企业在编制财务报表时，假定其经营活动是持续的，并在可预见的将来会继续经营下去，不拟也不必终止经营或破产清算。持续经营假设是财务报表编制的基础。倘若企业的经营难以为继，则以持续经营假设编制财务报表不再合理。此时若仍错误地以持续经营假设编制财务报表，财务报表整体会因存在广泛而严重的错报而不再反映企业的真实状况。因此，注册会计师对企业运用持续经营假设编制财务报表的适当性以及企业的持续经营能力发表审计意见至关重要。

近年来，世界经济普遍面临下行压力，经济运行过程中不确定性风险增加，企业经营面临前所未有的巨大挑战。作为反映经济的“晴雨表”，资本市场中潜藏的风险也随之增加，有效防范风险日益成为当前经济工作的重点。上市公司的持续经营能力不仅时刻牵动着投资者、债权人、企业员工等利益相关者的心，更与资本市场的平稳健康发展休戚相关，与社会财富和资源的保值增值息息相关。身为资本市场“看门人”的注册会计师，通过发表持续经营审计意见，及时地向市场各方传递关于企业持续经营能力风险的预警信号，以提醒投资者充分地关注风险，则在当下的市场环境中显得尤为重要。持续经营审计意见即注册会计师在审计报告中明确指出企业运用持续经营假设不适当或企业的持续经营能力存在重大不确定性的一种“非标”意见。确保持续经营审计意见具有充分的信息含量和质量，以及能够在资本市场上发挥应有的警示作用，对维护投资者的切身利益、提升资本市场资源配置的效率以及保障我国经济长久稳定健康发展等均具有十分重要的意义。

2019 年 12 月 28 日，《中华人民共和国证券法》（新证券法）正式审议通过。新证券法全面推行证券发行注册制，将企业发行股票应当“具有持续盈利能力”的规定改为“具有持续经营能力”，并改革退市制度，取消暂停上市的规定，大幅提高持续经营能力受限企业的退市效率，推进退市常态化。新证券法的这些举措进一步凸显了持续经营审计意见在资本市场准入及退出机制中的地位与作用。对持续经营审计意见的研究也更加具有重要的现实意义。

在过去的几十年里，为提高持续经营审计意见的质量，不断加强持续经营审计意见的预警功能和决策价值，世界主要的审计准则制定机构都在为制定更高质量的持续经营审计准则而不懈努力，持续经营审计意见的形式、信息含量、审计师与持续经营相关的责任等都由此产生了一系列的变化，这些变化推动着持续经营审计意见制度的演进。美国审计准则（Statements on Auditing Standards, SAS）中的持续经营审计准则先后历经了 SAS No. 34、SAS No. 59、SAS No. 126 和 SAS No. 132 等多个时期，在持续经营相关责任的界定、审计师责任的强化、持续经营审计意见的出具等方面作出诸多改进，并推动了其他国家和地区相关制度的建立。在美国之后，国际审计与鉴证准则理事会（IAASB）开始致力于制定高质量的、利于国际趋同的持续经营审计准则，并通过“明晰项目”和国际审计报告改革等诸多重大举措持续地推进持续经营审计意见制度的变革。我国的持续经营审计准则从首次发布至今历经4次修订。从最初参照美国的SAS No. 59，到2006年基本实现与国际审计准则ISA 570实质性趋同，再到2016年汲取国际审计报告改革的成果、继续保持与国际审计准则全面趋同，我国的持续经营审计准则朝着弥合社会公众的审计期望差距的目标不断迈进。尤其是2016年12月发布的最新持续经营审计准则，标志着我国持续经营审计意见发展历程中最重大的制度变革，对持续经营审计意见的信息含量、预警功能和决策价值等均产生了深远的影响。

“以铜为镜，可以正衣冠；以史为镜，可以知兴替。”在持续经营审计意见制度不断演进与变革的历史背景下，本书首先对持续经营审计意见制度演进的主要过程进行了梳理，厘清了持续经营审计意见相关制度的发展脉络及最新发展动向，并对制度演进的内在逻辑、产生的影响及存在的症结等进行了总结与评述；其次，本书对我国近年来持续经营审计准则的实施情况及审计意见的出具情况进行了细致的整理与分析，评述了我国持续经营审计准则实施的总体成效以及当前我国上市公司持续经营能力的总体面貌；最后，本书实证检验了持续经营审计意见在我国资本市场中的作用机制及路径，分别从市场反应、债务融资和企业盈余管理的角度研究了持续经营审计意见对投资者、债权人和企业管理层的风险传导效应，全面地考察了持续经营审计意见的预警作用及决策价值，并在此基础上实证检验了最新持续经营审计准则的实施效果，为我国新审计报告准则全面实施背景下持续经营审计准则的实施是否达到了应有的效果提供经验证据。

在实证研究方面，本书首先检验了持续经营审计意见的市场反应。研究发现：(1) 在持续经营审计意见公布日前后 1 天、前后 2 天以及前后 5 天的时间窗口内，以累计超额收益（CAR）衡量的市场反应显著为负，表明我国证券市场对持续经营审计意见具有显著的负反应。(2) 持续经营审计意见市场反应显著为负的结论存在短期效应。在上市公司被出具持续经营审计意见后的第 4 天，超额收益（AR）的均值即开始显示为正，且累计超额收益（CAR）在前后 10 天的时间窗口内并不显著。这意味着在我国证券市场，部分投资者“炒壳”动机强烈。在投机的驱动下，一些本该因为被出具持续经营审计意见而可能造成股价持续下跌直至退市的公司却并未得到应有的看低。(3) 持续经营审计意见的市场反应具有异质性。在持续经营审计意见的几种不同类型中，市场对于持续经营无法表示意见的负反应最为强烈，表明我国投资者能够识别持续经营无法表示意见是风险警示程度最强、预警价值最高的一类持续经营审计意见。然而，未有证据表明市场能够显著区分持续经营无保留意见和持续经营保留意见的差别，反映出我国投资者对于持续经营审计意见的认知水平仍有待提升。(4) 最新持续经营审计准则全面实施后，持续经营审计意见的市场负反应显著增强，表明我国审计报告改革对持续经营审计准则作出重大变革的举措显著地提升了持续经营审计意见之于投资者的风险警示作用，起到了应有的实施效果。

本书接着实证检验了持续经营审计意见对企业债务融资的影响。研究发现：(1) 与非持续经营“非标”审计意见相比，持续经营审计意见对债权人具有额外的预警作用及决策价值。被出具持续经营审计意见的企业，其次年债务规模比被出具非持续经营“非标”审计意见的企业多减少17.62%，次年债务成本比被出具非持续经营“非标”审计意见的企业多增加9.47%，表明债权人能够识别持续经营审计意见和非持续经营“非标”审计意见在风险警示程度上的差异。(2)不同类型持续经营审计意见对企业债务融资的影响程度存在显著差异，持续经营无法表示意见的负面影响最为强烈。(3)最新持续经营审计准则的全面实施显著地加强了持续经营无保留意见之于债权人的风险警示作用，进一步表明我国审计报告改革对持续经营审计准则作出重大变革达到了应有的实施效果。

本书最后从盈余管理的角度检验了持续经营审计意见对企业管理层的风险传导效应。研究发现：(1)持续经营审计意见出具后，企业管理层会迫于市场压力和保全职位的压力，加大后期盈余管理的程度。(2)企业被出具持续经营审计意见后，盈余管理隐性化程度显著提升，表明相较于应计盈余管理，管理层更加倾向于实施真实盈余管理。(3)持续经营审计意见对管理层盈余管理行为的影响机制会因企业性质的差异而产生不同的效应。作为一种“非标”审计意见，持续经营审计意见对国有企业的盈余管理行为发挥了一定的监督机制，而对民营企业的盈余管理行为却具有显著的强化与促进作用，反映出持续经营审计意见具有的内在监督效能与其之于管理层盈余管理行为的风险传导机制之间存在力量的博弈。(4)被出具持续经营审计意见后，管理层花费大量时间及精力进行盈余操纵，而非在改善真实的经营绩效上下苦功，这会进一步损害企业的持续经营能力，降低企业的生存概率。因此，除市场反应和债务融资外，从盈余管理的角度也能够建立持续经营审计意见与企业破产之间的内在联系。

本书对持续经营审计意见的制度演进与最新发展进行了系统研究，并全面揭示了持续经营审计意见在我国资本市场中的作用机理及预警价值，证明持续经营审计意见能够通过对投资者、债权人以及企业自身的风险传导机制实现资本市场治理功能，帮助市场加速淘汰落后的产能和生产方式，激发市场活力，提高市场资源配置的效率。因此，不断完善持续经营审计意见的制度环境、持续地加强并最大限度地释放持续经营审计意见在风险防范和资本市场退出机制中的作用是我国建立长期稳定健康发展的资本市场的现实需求，也是保障我国经济平稳、健康、高效发展的内在要求。

成　畅

目录

第一章

导 论

第一节 研究背景与意义

一、研究背景

会计信息是现代市场经济有效运行的重要保障，而信息不对称是导致经济运行方式和经济效率受到制约的基本问题。在缓解资本市场中公众公司和公众投资者之间存在的信息不对称问题上，审计毫无疑问是最重要的制度安排。作为公司外部治理机制的重要组成部分，审计通过对企业经济活动进行监督、对企业会计信息质量进行鉴证、对企业运行的合规性及存在的风险进行把控等，天然承担起资本市场信息质量“看门人”的角色。因此，审计行业的发展直接关乎公众投资者的合法权益和市场经济的运行效率。审计质量若得不到充分关注，就不会有“公开、公平、公正”的市场秩序，也就不会有持续稳定和充满活力的资本市场。

当前，我国正处于中国特色社会主义发展的关键时期和全面建成小康社会决胜阶段，经济正面临前所未有的新机遇、新挑战。习近平总书记在学习贯彻党的十九大精神研讨班开班仪式上指出："我国正处于一个大有可为的历史机遇期，发展形势总的是好的，但前进道路不可能一帆风顺，越是取得成绩的时候，越是要有如履薄冰的谨慎，越是要有居安思危的忧患。"① 总书记的重要讲话，深入浅出地阐明了一以贯之增强忧患意识、时刻防范各种风险挑战的重要性。"备豫不虞，为国常道"。面对波谲云诡的国际形势和艰难繁重的社会主义现代化建设重大任务，作为资本市场"看门人"的注册会计师更需要有底线意识，增强对资本市场风险走向的把控，促进中国特色社会主义市场经济健康长远地发展。

根据审计的定义，审计是指由胜任的独立人员为确定和报告特定信息与既定标准间的符合程度而收集和评价有关这些信息的证据的过程②。目前会计师事务所执行三种主要的审计类型：经营审计、合规性审计和财务报表审计。其中，财务报表审计是指注册会计师对财务报表是否在所有重大方面按照适用的财务报告编制基础编制发表审计意见。适用的财务报告编制基础通常指会计准则（财务报告准则）和相关法律法规的规定。我国《企业会计准则——基本准则》第一章第六条规定："企业会计确认、计量和报告应当以持续经营为前提。"与此相呼应，我国《中国注册会计师审计准则第 1324 号——持续经营》③ 也指出，"通用目的财务报表是运用持续经营假设编制的，除非管理层计划清算被审计单位、终

① 2018 年 1 月 5 日，习近平总书记在学习贯彻习近平新时代中国特色社会主义思想和党的十九大精神研讨班开班仪式上的讲话。

② 阿伦斯．审计学：一种整合方法（第 14 版）［M］．北京：中国人民大学出版社，2013：5.

③ 财政部于 2016 年 12 月 23 日发布。

止运营或别无其他现实的选择。”我国的会计准则和审计准则都对持续经营假设在财务报表编制过程中的基础性地位作了相当明确的规定。与此同时，《中国注册会计师审计准则第1324号——持续经营》还指出，“注册会计师的责任是，就管理层在编制财务报表时运用持续经营假设的适当性获取充分、适当的审计证据并得出结论，并根据获取的审计证据就被审计单位持续经营能力是否存在重大不确定性得出结论”。这意味着注册会计师在执行财务报表审计时需要对被审计单位管理层运用持续经营假设编制财务报表的适当性和被审计单位整体的持续经营能力获取充分适当的审计证据并发表审计意见。

持续经营假设的概念来自会计理论①，它是指企业在编制财务报表时，假定其经营活动是持续的，并在可预见的将来会继续经营下去，可以在正常的经营过程中变现资产、清偿债务。持续经营假设是会计基本假设之一②，收入的确认、费用的分摊、资产的计量和负债的披露等无不受其影响。若企业的经营难以继续，则以持续经营假设为基础编制财务报表不再合理，在这种情况下，企业应当采用其他基础编制财务报表。此时若仍错误地以持续经营假设为基础编制财务报表，财务报表整体将存在重大且广泛的错报而不再反映企业的真实状况。基于错误的会计信息进行决策将带来严重的经济后果，而会计信息公共物品（Public Goods）的属性将进一步放大这种经济后果。正是由于持续经营假设的重要性和会计信息天然具有严重的经济后果性（Zeff，1978；Scott，

① 持续经营假设的概念由美国会计学家Paton于1922年在其《会计理论》一书中首次提出，之后被不断提及、运用和完善。

② 会计四大基本假设为：会计主体、持续经营、会计分期、货币计量。

1997)，注册会计师对企业运用持续经营假设编制财务报表的适当性以及企业的持续经营能力进行审计并发表审计意见显得至关重要。

审计过程的最后阶段是编写审计报告，审计报告是审计师向使用者传达审计结果的一种手段，而审计意见是审计报告中最关键的信息。注册会计师根据审计准则的规定对企业进行独立审计并发表审计意见，审计意见通过在财务信息的鉴证和审核、投资风险的预警两方面发挥信号传递功能，向企业各利益相关者传达关于企业当前财务状况、经营业绩和预期风险的信息，是审计工作结果最凝练、最集中的表达。不同类型审计意见会给企业及其利益相关者带来不同的经济后果，而企业自身的财务特征、治理特征、经营风险等以及审计准则的规定也均会影响注册会计师发表审计意见的行为。因此，研究某一特定类型审计意见的经济后果，以及审计准则的制度演进如何影响这类审计意见及其经济后果，对于促进审计准则更好地弥合审计期望差距、加快提升审计行业的执业质量以及强化注册会计师资本市场“看门人”的职能具有重大意义。

根据审计准则的规定，我国的审计意见类型分为无保留意见、保留意见、否定意见和无法表示意见4种。如果注册会计师认为财务报表在所有重大方面按照适用的财务报告编制基础的规定编制并实现公允反映，应当发表无保留意见。因此，无保留意见和非无保留意见又分别被称为“合格”和“不合格”意见。同时，注册会计师可以在审计报告中增加强调事项段或其他事项段，以提供必要的补充信息。因此，在很长一段时间里，我国的审计意见按格式又可分为标准无保留意见、带强调事项段或其他事项段的无保留意见、保留意见、否定意见和无法表示意见5种①。其中，标准无保留意见以外的其他意见统称为非标准意见，即“非标”意见。持续经营审计意见（Going－concern Opinion）是指注册会计师在审计报告中明确指出被审计单位运用持续经营假设编制财务报表不适当或被审计单位的持续经营能力存在重大不确定性的一种“非标”意见。

企业的持续经营能力是投资者、债权人、供应商、企业员工等所有利益相关者最为关注的问题。持续经营能力是企业得以继续生存和发展的能力，是第一层次的、最为基础的能力。失去了持续经营能力，企业的一切都成了无源之水、无本之木，企业的生命终将难以维系，而人们付诸于企业的心血、寄托于企业的希望也都将化为泡影。若注册会计师在审计报告中明确指出企业的持续经营能力存在重大不确定性，则表明企业在自财务报表日起的12个月内很有可能会出现破产清算或被并购等经济事项，导致利益相关者遭受重大损失。因此，注册会计师对企业的持续经营能力进行判断，并在审计报告中明确指出企业的持续经营能力存在重大不确定性，目的是提醒财务报表使用者关注，从而最大限度地避免利益相关者遭受损失。也正因如此，持续经营审计意见向财务报表使用者传递企业生存难以维系的“红旗”警讯，具有不同于其他“非标”意见的特殊且至关重要的信息含量。

---

① 《中国注册会计师审计准则第1324号——持续经营》（2016年12月23日修订并发布）已于2018年1月1日起在我国所有沪深两市上市公司中施行。自该准则生效日起，我国的审计意见按格式不再分为标准无保留意见、带强调事项段或其他事项段的无保留意见、保留意见、否定意见和无法表示意见5种，而是分为标准无保留意见、带持续经营重大不确定性单独段落的无保留意见、带强调事项段或其他事项段的无保留意见、保留意见、否定意见和无法表示意见6种。本书将在后续行文中详细说明。

持续经营审计最早可追溯至20世纪20年代的美国。第一次世界大战之后，美国经济飞速发展，高风险的投资活动盛行。审计师开始关注企业的持续经营问题，并在审计报告中使用“受限于”（Subject to）的措辞来表示企业存在不确定性事项带来的风险，以此警示投资者。这种“受限于”意见就是持续经营审计意见的雏形。但此时的“受限于”意见既包括持续经营不确定性，也包括未决诉讼和或有事项等，使用并不规范。为了规范持续经营审计并对审计师发表持续经营审计意见的行为提供指引，美国注册会计师协会审计准则委员会（Auditing Standards Board，ASB）于1981年发布了《审计准则公告第34号——审计师对主体持续经营能力的考虑》（SAS No. 34），突破性地允许审计师在审计报告意见段之前增加“中间段”，专门描述导致被审计单位持续经营不确定性的事项，并在随后的意见段中使用“受限于”的措辞说明上述事项对财务报表整体公允性产生的影响。SAS No. 34是最早的专门对持续经营审计进行规范的审计准则。审计报告增设“中间段”使报告使用者对企业的持续经营不确定性格外关注。因此，带“中间段”的“受限于”审计意见在向公众传递企业持续经营不确定性的风险方面发挥了重要作用。

美国是制定持续经营审计准则最早的国家，为随后其他国家和地区制定相关准则提供了借鉴。1991年，国际审计实务委员会（International Auditing Practices Committee，IAPC）[1] 将其制定的一般审计指引（General Auditing Guidelines）重新汇编为国际审计准

[1] 2002年，IAPC重组并改名为国际审计与鉴证准则理事会（IAASB）。IAASB致力于制定高质量的审计、质量控制、审阅、其他鉴证和相关服务等方面的国际准则，促进国际准则和国家准则之间的趋同。

则（International Standards on Auditing，ISA），并随后发布了《国际审计准则第570号——持续经营》（ISA 570）。ISA 570的发布标志着国际审计准则也制定了专门的持续经营审计准则。在此后的数十年里，全球主要的审计准则制定机构都在为制定更高质量的持续经营审计准则而不懈努力。美国的持续经营审计准则在SAS No. 34之后，先后历经SAS No. 59、SAS No. 126和SAS No. 132等多个时期，对持续经营审计意见的格式、审计师与持续经营相关的审计责任以及对持续经营重大不确定性的判断等作了诸多改进、加强与提升。与此同时，国际审计准则也通过“明晰项目”[①] 和国际审计报告改革等诸多重大举措对ISA 570进行持续的修订。

国际审计报告改革是国际审计准则对现行审计报告模式作出的重大变革。自2008年全球金融危机之后，各国政府部门、监管机构和利益相关者就在持续地商讨如何改进审计报告模式，提高审计报告的信息含量和决策有用性，以进一步发挥审计在维护市场经济秩序和金融稳定中的作用。2015年初，国际审计准则的制定机构国际审计与鉴证准则理事会（IAASB）完成对国际审计报告相关准则的改革。这次改革是几十年来审计报告模式发生的最重大变革，朝着增强审计报告沟通价值的目标迈进了一大步。其中，国际审计报告改革重点修订了ISA 570，加强了审计师与持续经营相关的责任，改革了持续经营审计意见的格式，并在审计报告中增强了审计师就持续经营所做审计工作的透明度。

---

① “明晰项目”（Clarity Project）是国际审计与鉴证准则理事会（IAASB）于2004年启动的国际审计准则改进项目，旨在澄清对审计师的工作要求，提高准则理解和执行的一致性，以更好地促进审计准则的国际趋同。在明晰项目中，ISA 570按照新体例进行了改写（Redrafted）。

在我国，持续经营审计准则的出现可追溯至 1999 年。1999 年 7 月 1 日，财政部首次颁布实施关于持续经营能力判断的审计准则，即《独立审计具体准则第 17 号——持续经营》，该准则的基本框架与美国 1988 年发布的 SAS No. 59 一致。当年上市公司的审计报告中仅有 3 份包含对企业持续经营能力考虑的审计意见。2003 年 4 月，修订后的《独立审计具体准则第 17 号——持续经营》发布，自 2003 年 7 月 1 日起实施。此次修订首次明确地对管理层的责任和审计师的责任进行划分。2006 年 2 月，新制定的《中国注册会计师审计准则第 1324 号——持续经营》发布，标志着我国持续经营审计准则实现了与国际审计准则 ISA 570 的实质性趋同，具有里程碑式的意义。2010 年 11 月，《中国注册会计师审计准则第 1324 号——持续经营》经修订后重新发布，自 2012 年 1 月 1 日起实施。此次修订按照国际审计准则"明晰项目"的要求，对适用持续经营编制基础的财务报表范围、管理层的责任、注册会计师与治理层的沟通以及超期事项的审计责任等作了更加充分的说明。

2016 年 12 月 23 日，《中国注册会计师审计准则第 1324 号——持续经营》（以下简称最新持续经营审计准则或新准则）再次修订并发布，于 2018 年 1 月 1 日起在所有沪深两市上市公司中实施。此次修订借鉴了国际审计报告改革的最新成果，与国际审计报告改革中 ISA 570 的修订保持一致，强化了注册会计师对持续经营的关注和审计投入，增强了持续经营审计工作在审计报告中的透明度，标志着近十年来我国持续经营审计准则最重大的制度变革。该新准则带来的最大变化是当注册会计师对财务报表发表无保留意见，而被审计单位的持续经营能力存在重大不确定性时，注册会计师应当在审计报告中增加以"与持续经营相关的重大不确定性"为标题的单独部分，以提醒财务报表使用者关注财务报表附注中对持续经营能力重大不确定性的披露。新准则取消了原准则在强调事项段中对持续经营能力重大不确定性进行强调说明的规定，取而代之以“与持续经营相关的重大不确定性”为标题的单独段落进行说明。这种转变表明持续经营能力重大不确定性有别于其他强调事项，需要以单独段落和醒目标题的形式予以突出说明。新准则的实施，标志着我国的审计意见按格式不再分为5种，而是分为标准无保留意见、带持续经营重大不确定性单独段落的无保留意见、带强调事项段或其他事项段的无保留意见、保留意见、否定意见和无法表示意见6种。这从另一个侧面印证了企业的持续经营能力问题是公众投资者特别关注的问题，持续经营审计意见对公众投资者而言具有特殊且至关重要的决策价值。

从我国首次发布持续经营审计准则至今已有20余年时间。从当初证券市场上仅有3份包含对持续经营能力考虑的审计意见，到2010—2018年平均每年有68份审计报告明确提及上市公司的持续经营能力重大不确定性，我国持续经营审计意见的数量增长非常迅速。具体而言，在2010—2018年，我国沪深两市共有615份年报审计报告明确提及上市公司的持续经营能力存在重大不确定性，持续经营审计意见占“非标”意见的比例最高时达到72.60%，平均占比达到56.84%。尤其是2018年，持续经营审计意见的数量由2017年的64例骤增至133例，增幅高达107.81%。被出具持续经营审计意见的上市公司占所有上市公司的比例也由2017年的1.82%骤然跃升至3.70%，为这8年来的最高点。由此可见，持续经营能力存在重大不确定性已成为我国上市公司被出具“非标”审计意见的“祸首”，每年被出具持续经营审计意见的上市公司的数量和比例皆呈逐年上升的态势，且在近两年尤为明显。

二、研究意义

在市场竞争日趋激烈、行业发展不断更新迭代的全球经济时代，企业经营面临着巨大的风险和不确定性。无论是由于管理经营不善，还是在产业升级的浪潮中败下阵来，又抑或是遭遇全球化竞争的冲击，每年都有大量企业陷入持续经营危机，生存难以维系。正如竞争是市场的常态，遭遇持续经营不确定性的冲击也是企业经营的常态。尤其是在全球经济普遍面临下行压力、“黑天鹅”事件[①]频发的当下，几乎任何一个企业都可能陷入持续经营危机，危及企业生命。因此，持续经营审计以及持续经营审计意见愈加彰显其重要性。持续经营审计意见是注册会计师基于独立性和专业胜任能力对企业持续经营能力重大不确定性的最集中表达，在资本市场中具有特殊且至关重要的风险提示和预警作用，应当受到充分的重视。

因此，本书需要研究的主要问题包括：(1) 为什么要开展持续经营审计，与此相关的国内外审计制度背景和现状是什么？(2) 我国持续经营审计准则的发展历程和总体执行情况如何，尤其是新准则实施后，是否提高了持续经营审计质量？(3) 持续经营审计意见的发布，会产生怎么样的市场反应，又会对利益相关者如债权人以及企业的行为带来哪些方面的影响和变化？通过对上述问题的研

---

① “黑天鹅”事件（Black Swan Incidents），是指重大的、难以预测的事件，通常会引起市场连锁的负面反应。

究，可以进一步分析最新持续经营审计准则的实施效果如何，对提升持续经营审计意见的信息含量、预警功能及决策价值等方面是否已经发挥了积极作用等。

本书的研究意义体现在以下两方面。

第一，理论意义和学术价值：本书的研究有助于准则制定机构和相关监管部门制定与完善持续经营相关准则及法律、法规，促进持续经营审计准则不断弥合社会公众的审计期望差距，有效提升持续经营审计质量，充分发挥持续经营审计意见的预警效能，不断加强我国资本市场风险防范与管控的能力；更进一步来说，持续经营审计制度的建立与完善还能促进企业优胜劣汰，引导资本进行更有效的资源配置以及帮助资本市场形成更平稳的退出机制，夯实我国经济长期向好的基础，促进我国的经济建设平稳、健康、高效地发展。

第二，现实意义：本书的研究有助于投资者和债权人等深入理解持续经营审计意见在资本市场中的风险警示作用，从而有效识别风险，作出正确的投资决策；有助于注册会计师加强对持续经营问题的关注，加大对持续经营的审计投入，不断提升持续经营审计质量，切实履行好资本市场“看门人”的责任，增强审计行业的公信力；有助于监管机构加强对持续经营审计工作的监管，保障审计机构的执业质量，并对被出具持续经营审计意见的企业加强监管，引导那些财务质地低下、公司治理混乱且濒临破产的企业进行良性退出，提升资本市场资源配置的效率；有助于企业管理层深入理解持续经营审计意见的监督与治理机制，加强培育企业的核心竞争力，为企业的持续经营注入源源不断的动力，以及在企业被出具持续经营审计意见后作出正确的经营决策，带领仍存有一线生机的企业迎来转机，走出持续经营困境。

第二节　国内外研究现状与评述

目前，国内外学者对于持续经营审计意见的相关研究大致分为四个方面：（1）持续经营能力的判断与评估；（2）持续经营审计过程中审计师的行为及其独立性；（3）持续经营审计意见的市场反应和信息含量；（4）审计环境变化对持续经营审计质量及审计师行为的影响。以下分别从这四个方面对研究现状进行评述。

一、持续经营能力的判断与评估

Patrick（1932）最早提出通过财务指标评估企业的持续经营能力。他通过比较持续经营危机公司和健康公司的财务指标来研究企业的持续经营不确定性，开创了持续经营研究的先河。此后，大量学者遵循相似的方法从财务的角度研究持续经营能力的判断与评估，逐渐建立起以财务预警工具为主的判断机制（Beaver，1966；Altman 和 McGough，1974；Ellingsen 等，1989；Paguette 和 Skender，1996；陈静，1999；吴世农和卢贤义，2001；杨淑娥和徐伟刚，2003）。例如，流动资产占总资产的比率和净利润占总资产的比率可以用来有效识别那些即将破产的公司（Beaver，1996），净资产收益率、资产负债率和净资产收益率的变化量是与企业持续经营能力最相关的三个财务指标（朱小平和余谦，2003）等。诚然，源源不断的资金是企业赖以生存的血液，健康的财务指标是企业跳动的脉搏，因此，财务指标恶化是企业持续经营能力衰变最直接的判断依据。而随着持续经营研究的不断深入，持续经营能力重大不确定性的风险信号早已不限于恶化的财务指标这一个判断依据。我国 2017 年发布的持续经营审计准则应用指南中对可能表明企业持续经营能力存在重大不确定性的事项或情况作了示例，这些事项或情况分为财务方面、经营方面和其他方面。其中，财务方面的判断依据包括：净资产为负或营运资金为负、定期借款即将到期但预期不能展期或偿还、过度依赖短期借款、债权人撤销财务支持、经营活动产生的现金流量净额为负、发生重大经营亏损以及无法获得开发必要的新产品或进行其他必要的投资所需的资金等。经营方面的判断依据包括：管理层计划清算或终止经营、关键管理人员离职且无人替代、失去主要市场、关键客户、特许权、执照或主要供应商，以及出现非常成功的竞争者等。此外，其他方面的事项或情况包括违反有关资本或其他法定的监管要求，以及法律法规或政府政策的变化预期会对企业产生不利影响等。注册会计师应当对这些事项或情况单独或汇总起来对持续经营能力造成的影响予以充分关注。然而，该应用指南同时指出这些判断依据并非涵盖了所有的事项或情况，也不意味着存在其中一个或多个事项就一定表明被审计单位的持续经营能力存在重大不确定性。因此，该应用指南只是起到提纲挈领性的作用，持续经营能力的评估最终依赖的还是注册会计师的职业判断。而现实中导致企业持续经营能力存在不确定性的因素众多，如何提高注册会计师的职业判断能力并建立行之有效的持续经营能力评估体系依然有待人们进一步研究。

二、持续经营审计过程中审计师的行为及其独立性

一些学者对持续经营审计过程中审计师的行为及其独立性展开研究。Mutchler（1985）研究发现，上期被出具持续经营审计意见的公司本期更有可能被出具持续经营审计意见。Geiger 和 Raghunandan（2002）研究发现，对于初次审计的客户，审计师通常缺乏对其特定风险的了解，因此较难识别持续经营风险，对初审客户出具持续经营审计意见的概率通常较低；而随着审计任期的增加，审计师对客户的业务及所属行业的相关风险认知不断加深，发表持续经营审计意见的可能性也逐渐增加。然而，另一些研究认为，审计任期越长对审计师独立性的威胁越大，因此随着审计任期的增加，审计师进行持续经营审计及决策时受到的干扰越大，发表持续经营审计意见的可能性越低（江伟和李斌，2011）。此外，Li（2010）研究发现，审计收费占事务所总收入的比例越高的财务困境客户越容易被出具持续经营审计意见。对该结论的一种解释是，高审计收费的财务困境客户通常具有高审计成本和高风险溢价，审计师会对其执行更多的附加审计程序，因此更容易识别与持续经营相关的重大不确定性事项（Defond 等，2002）。该研究证明客户重要性程度并不一定会威胁审计师在持续经营审计过程中的独立性。然而，另一些研究却得出相反的结论。Ettredge 等（2011）研究发现，在 2008 年全球金融危机期间，审计师对重要客户发表首次持续经营审计意见的意愿明显降低，表明宏观经济状况会对客户的重要性产生影响，进而影响审计师发表持续经营审计意见的行为。我国学者基于我国的情况也得出了类似结论。刘学华和徐荣华

（2008）研究发现，审计师在持续经营审计及决策时会综合权衡客户的重要性程度和持续经营风险，然后选择在审计报告中明确表达或是隐晦表达；对重要性程度高的客户，审计师会因经济利益驱使而对其发表较为有利的审计意见。目前，关于客户重要性程度是否会影响审计师的持续经营审计及决策，学术界仍留有一些争议，并未得出一致的结论。

三、持续经营审计意见的市场反应和信息含量

作为一种“非标”审计意见，持续经营审计意见引起的市场反应和所具有的信息含量是持续经营审计意见研究的重点。国内外许多学者基于不同国家的数据、不同年度的样本以及使用不完全相同的方法检验持续经营审计意见的市场反应，均得出市场对其有显著负反应的结论（Firth，1978；Melumad 和 Ziv，1997；张晓岚和宋敏，2007；郭志勇和陈春龙，2008；黄秋敏和张天西，2009）。这种负反应表现为股价下跌、企业价值下降（Dopuch，1986）等。尽管国内外学者的结论都显示市场对于持续经营审计意见有着较为显著的负反应，但对于不同类型持续经营审计意见的市场反应却并未获得一致结论。Bessell 等（2003）研究发现，市场并不能区分带强调事项段的持续经营无保留意见和持续经营保留意见；张晓岚和宋敏（2007）发现我国证券市场不能区分带强调事项段的持续经营无保留意见和持续经营无法表示意见；黄秋敏和张天西（2009）则发现我国证券市场能够显著识别持续经营无法表示意见，且对持续经营无法表示意见的负反应显著强于对持续经营无保留意见和持续经营保留意见的负反应；任主恩等（2012）将持续

经营审计意见与其他非持续经营“非标”审计意见进行对比研究，发现我国证券市场对持续经营审计意见的负反应要显著强于对其他“非标”审计意见的负反应。还有学者通过检验公司破产日前后市场反应的差异发现，破产前被出具了持续经营审计意见的公司在破产日前后引起的市场负反应显著小于破产前未被出具持续经营审计意见的公司引起的负反应（Chen 和 Church，1996；Taffler 等，2004），间接证明持续经营审计意见的出具对市场具有信息含量。

除了市场反应，一些学者从融资约束的角度对持续经营审计意见的信息含量展开研究。Firth（1980）较早对审计师发表的持续经营和资产计价两类保留意见进行研究，发现持续经营保留意见会影响企业的借款规模。Francis（2013）研究发现，对于处于财务困境泥潭的公司而言，持续经营审计意见的出具会提高贷款利息，增加债务契约的数量，并降低贷款期限。周楷唐等（2016）研究发现，“非标”审计意见会降低企业债务规模、提高债务成本，而持续经营审计意见作为一种特定类型的“非标”意见，对债务规模和债务成本的影响程度比其他非持续经营“非标”意见分别高 6 倍和 16.7%。国内外学者的研究普遍证明持续经营审计意见对债权人而言具有特殊的信息含量，会对企业债务融资的规模、成本、期限及其他契约的拟定等产生不利影响，从而增加企业获得银行贷款和商业信用的难度（Kim 等，2011），进一步降低企业的生存概率。

此外，有学者从持续经营审计意见是否有助于预测公司破产的视角研究持续经营审计意见的信息含量。Chen 和 Church（1996）认为，持续经营审计意见本身具有的信息含量使其能够被较为可靠地用于预测公司破产。而另一种研究结论认为，持续经营审计意见本身并不具有预测公司破产的信息含量，企业被出具持续经营审计意见后破产更多是由于“自我实现”的预言，即持续经营审计意见的发布向市场传递风险信号，这种信号机制导致企业很可能走向破产，而非持续经营审计意见本身具有预测价值（Louwers 等，1999）。此外，也有学者研究发现持续经营审计意见预测公司破产的准确性并不高。例如，Geiger 和 Rama（2006）以美国市场为研究对象，发现被出具持续经营审计意见的公司有 80%—90% 在随后的一年并没有破产，从而得出持续经营审计意见并非有助于预测公司破产的结论。

四、审计环境变化对持续经营审计质量及审计师行为的影响

在审计环境变化对持续经营审计质量和审计师行为的影响方面，现有研究主要从审计准则、法律责任及监管环境等视角进行探究。Raghunandan 和 Rama（1995）研究了美国证券市场 SAS No. 59 的实施效果，发现 SAS No. 59 实施后审计师发表持续经营审计意见的可能性增加，由此证明 SAS No. 59 强化审计师的报告责任是有效果的。Webb 和 Wilkins（2000）也对 SAS No. 59 的实施效果进行了研究，发现旧准则 SAS No. 34 下被出具持续经营审计意见的公司在破产时市场负反应程度较高，而新准则 SAS No. 59 下被出具持续经营审计意见的公司在破产时市场负反应程度较低，由此证明 SAS No. 59 的实施提高了审计质量，并提高了市场对持续经营审计意见的反应和认知。Fargher 和 Jiang（2008）研究发现，由于萨班斯—奥克斯利法案实施后，审计师的法律责任和被诉讼的风险显著提升，审计师出具持续经营审计意见的意愿也随之增加。除了审计准

则的变更和法律责任的加强，还有研究表明监管环境的变化也会影响审计师发表持续经营审计意见的行为。Gramling 等（2011）研究发现，非“四大”会计师事务所在被美国公众公司会计监督委员会（PCAOB）检查的当年发表持续经营审计意见的可能性更大。Mo 等（2015）对我国企业破产法出台之后审计师的行为进行研究，发现企业破产法导致法律责任和诉讼风险增加，“本土十大”会计师事务所的审计师发表持续经营审计意见的倾向有所增加。张晓岚和宋敏（2007）研究发现，我国投资者对持续经营审计意见的认识程度在不断加深，市场识别持续经营审计意见和非持续经营“非标”审计意见的能力先后经历了不显著、逐渐显著、显著性不断提升的过程。

从上述研究现状中不难发现，国内外学者对持续经营审计的关注由来已久，并在持续经营能力的判断与评估、持续经营审计过程中审计师的行为及独立性、持续经营审计意见的市场反应和信息含量、审计制度及环境的变迁对持续经营审计意见的影响等方面开展了较为广泛的研究，并取得了丰硕的成果。然而，现有研究仍然存在一些缺憾，比如，对持续经营审计相关制度的演变与最新发展缺乏整理，对我国近年来持续经营审计准则的实施情况和成效缺乏总结，对 2018 年 1 月 1 日起生效的最新持续经营审计准则实施效果的研究仍未出现，以及对我国持续经营审计意见的市场反应和融资约束效应的检验仍不够深入等。并且，大多现有的实证检验也集中在对审计师的作用以及市场反应等方面，缺乏对企业行为影响的研究。这无疑为本书的研究提供了良好的契机。

第三节 研究思路与框架

一、研究思路

本书的研究思路如下：首先，从持续经营审计意见的定义来看，持续经营审计意见是注册会计师在审计报告中明确指出被审计单位运用持续经营假设编制财务报表不适当或被审计单位的持续经营能力存在重大不确定性的一种“非标”意见。那么，与该定义相关的问题是：持续经营假设是什么？持续经营能力是什么？为什么企业的持续经营能力会存在重大不确定性？为什么注册会计师负有对持续经营能力进行审计并发表意见的责任？注册会计师应该如何判断企业的持续经营能力并对其发表意见？这些问题是本书研究得以开展的前提，必须予以优先解答和阐释，因此本书将在第二部分首先回答以上问题。

其次，本书研究的主题是持续经营审计意见的制度演进与经济后果。关于制度演进，要想把此问题研究透，就应清晰地阐明以下几个问题：持续经营审计意见及相关准则是如何演进的？每次重大制度演进的背后有着怎样的内在逻辑和动因？又取得了怎样的效果？持续经营审计制度的变迁是否弥合了审计期望差距？这些问题是本书研究的主要内容之一，因此本书将在第三部分的内容中对这些问题进行着重研究与阐述。

在厘清了制度演进的逻辑后，本书将重点考察持续经营审计意见的经济后果，并进一步检验最新持续经营审计准则的实施效果。要研究好持续经营审计意见的经济后果及新准则的实施效果，首先有必要对近年来我国持续经营审计准则的实施现状及持续经营审计意见的总体出具情况进行描述性分析，以此对我国上市公司的持续经营能力现状有一个较为清晰、直观的认识，并借此深入了解不同类型持续经营审计意见出具的原因和风险警示程度上的差异。此外，鉴于我国证券市场出具了相当数量的持续经营审计意见，这些持续经营审计意见对预测公司破产或退市是否具有价值？不同类型持续经营审计意见在这种预警价值上是否存在一定差异？研究此问题有助于更好地认识持续经营审计意见在我国资本市场中的作用机理及决策价值。因此，本书还在此部分增加了持续经营审计意见预警价值分析，对我国持续经营审计意见的出具和企业破产或退市之间的相关性展开研究。因此，本书将在第四部分对我国持续经营审计准则的实施现状、持续经营审计意见的总体出具情况以及持续经营审计意见的预警价值进行分析。

在对我国持续经营审计准则及审计意见的总体情况有了全面的了解之后，本书结合相关理论基础，综合考虑持续经营审计意见可能引发的经济后果，确定了实证检验的三个方面，即市场反应、对企业债务融资的影响以及对企业管理层行为的影响。由于持续经营审计意见向报告使用者传递企业生存难以维系的“红旗”警讯，这种风险信号能否充分有效地被投资者识别以及如何被投资者识别将最直接地体现为市场反应，即持续经营审计意见公布后较短时间窗口内公司股价的变动情况。鉴于目前国内外学者对不同类型持续经营审计意见的市场反应仍存有争议，本书将在市场反应的实证检验部分考察以下内容：（1）在我国证券市场，持续经营审计意见的出具将引起何种市场反应？（2）不同类型持续经营审计意见的市场反应是否具有差异以及具有何种差异？（3）随着我国持续经营审计准则汲取国际审计报告改革的成果对持续经营审计意见的格式及表述方式作出重大变革，我国持续经营审计意见的市场反应是否产生了新的变化？通过对以上问题的研究，能够考察持续经营审计意见对公众投资者的风险警示作用，也能够检验新准则的实施是否加强了持续经营审计意见的信息含量和沟通价值，为新准则是否达到了应有的实施效果提供经验证据。本书将在第五部分对此展开重点研究。

除了公众投资者，持续经营审计意见的重大风险信号还将引起债权人的反应，从而对企业债务融资的规模和成本产生影响。虽然已有国内学者从融资约束的视角对持续经营审计意见的经济后果进行了一些研究，但基于我国近十年来的研究却不多见，从债务融资的视角考察新准则实施效果的研究更是仍未出现。因此，本书将持续经营审计意见对企业债务融资的影响作为第二个实证内容，借此考察持续经营审计意见对企业财务方面的影响，并基于此检验新准则的实施是否增强了持续经营审计意见之于债权人的风险警示作用。以上研究有助于进一步明确持续经营审计意见对企业债务融资的作用机制，并为新准则的实施效果提供来自债权人视角的经验证据。

此外，持续经营审计意见的出具还可能导致企业管理层自身行为的变化。由于持续经营审计意见很可能引起市场各方的负反应，企业管理层盈余管理的动机会更为强烈，迫切地希望通过盈余操纵的手段粉饰业绩，扭转公众的不良预期。然而，盈余管理会对企业价值造成损害，进一步威胁企业的持续经营能力，导致更严重的持续经营危机。因此，持续经营审计意见的出具是否会助长管理层的盈余管理动机，从而进一步加剧企业的持续经营危机？对此问题进行研究，有助于从管理层行为的视角考察持续经营审计意见对企业的影响，借此更深入地剖析持续经营审计意见的风险传导效应。

综上所述，本书的三个实证内容分别从投资者、债权人和企业管理层的角度探究持续经营审计意见的经济后果，通过建立起它们之间的逻辑联系框架，将持续经营审计意见在我国资本市场中的作用机理、预警效能和决策价值全面地展现出来，有助于社会公众提高对持续经营审计意见的理解与认知，有助于准则制定机构和监管部门优化持续经营审计环境、加强对持续经营能力欠缺企业的监管，也有助于企业自身提升经营质量、强化持续经营能力。

二、研究框架

基于上述研究思路，本书建立如图 1 – 1 所示的研究框架。除首尾的导论和结论、局限性与未来研究方向外，本书的理论分析章节为第二章和第三章，第四章为描述性分析章节，第五章、第六章和第七章为实证检验章节。理论分析章节为实证检验章节提供理论分析框架，描述性分析章节为实证检验章节进行铺垫，而实证检验章节验证了理论分析的可信性。

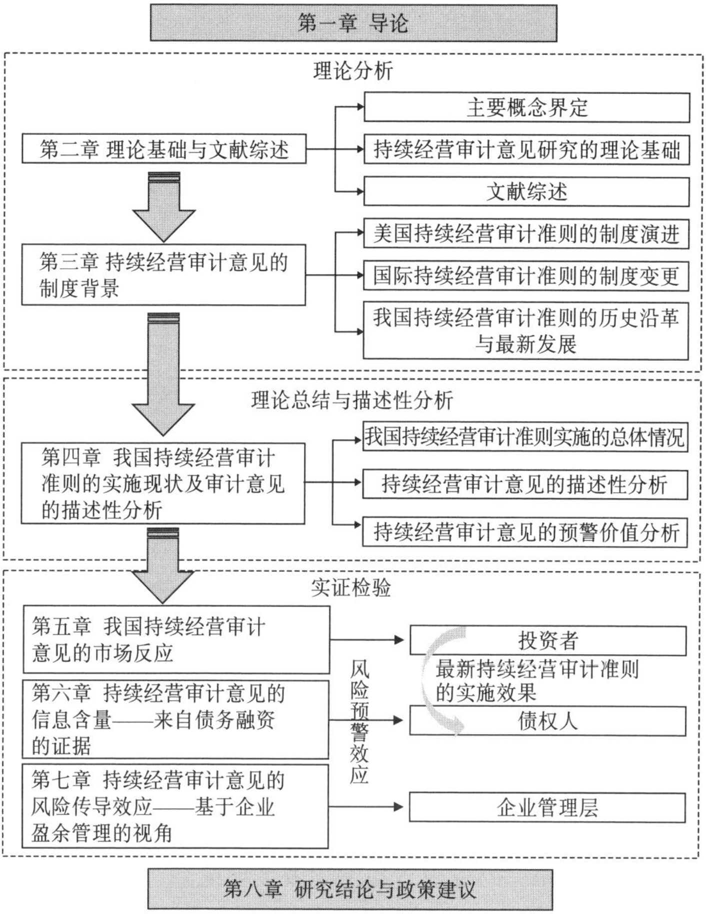

图 1－1 研究框架

第四节 研究内容与方法

本书的研究将具体从以下几方面展开。

1. 导论。本部分首先对本书的研究背景和国内外研究现状进行阐述，充分说明将持续经营审计意见的制度演进与经济后果作为研究选题的重要性及现实意义；其次，梳理研究思路与研究框架，明确本书的研究内容与研究方法，为本书的后续行文厘清脉络，夯实基础。

2. 理论基础与文献综述。本部分为本书的第二章，阐释本书涉及的主要概念及理论基础，并对相关文献进行全面的回顾与评述。其中，对主要概念的界定分为以下几个方面：（1）从会计理论的角度说明什么是持续经营假设以及为何要以持续经营假设作为财务报告编制的基础；（2）从企业理论的角度阐述什么是企业的持续经营能力，企业如何能够保持持续经营能力以及为持续经营能力注入源源不断的动力；（3）描绘当今世界各国企业的持续经营现状，对企业的持续经营危机以及危机的严峻性进行充分说明，基于此论证持续经营审计及持续经营审计意见的重要性；（4）明确持续经营审计意见的定义与内涵。对论文的主要概念作出界定后，本章着重阐述与持续经营审计意见研究须臾不可分离的三种基础理论（产权理论、委托代理理论和受托责任理论）及三种相关理论（信息不对称理论、财务报告理论和破产理论），并基于这些理论深入论证持续经营审计意见具有信息含量和经济后果的内在机理，为后续的实证研究提供理论分析基础与框架。最后，本章还对持续经营审计意见相关研究进行全面的回顾与评述，具体将从持续经营审计意见的动因和经济后果两个方面展开。

3. 持续经营审计意见的制度背景。本部分为本书的第三章，主要阐述持续经营审计意见制度演进的过程及最新发展，深入分析历次重大制度变更的内在逻辑及影响，全面回答持续经营审计意见如何产生、如何演进以及是否弥合了社会公众的审计期望差距等问题。本章在最后一节着重对我国最新持续经营审计准则如何汲取国际审计报告改革的最新成果对持续经营审计意见的格式及表述方式作出重大修订进行评述，为后续实证章节检验该新准则的实施效果厘清制度背景。

4. 我国持续经营审计准则的实施现状及审计意见的描述性分析。本部分为本书的第四章。本章的第一节对我国 2010—2018 年持续经营审计准则的实施情况及审计意见的出具情况进行全面、系统的分析，并按照最新持续经营审计准则实施前和实施后，对持续经营审计意见在出具情况上产生的变化进行详细的分析与评述。本章的第二节按照持续经营审计意见的三种不同类型（持续经营无保留意见、持续经营保留意见和持续经营无法表示意见），对持续经营审计意见出具的原因、表述方式以及被出具企业的特征等进行详尽的比较分析，基于此研究不同类型持续经营审计意见在风险警示程度上的差异。通过以上内容的研究，能够全面地展现我国上市公司持续经营能力的总体面貌，也能够更深入地认识新准则实施后的现状、成效及存在的问题。最后，本章还研究持续经营审计意见在多大程度上有助于预测公司破产，借此更深入地探究持续经营审计意见的预警价值。

5. 我国持续经营审计意见的市场反应。本部分为本书的第五章，也是实证研究的第一章。本章基于 2010—2018 年我国沪深两市 A 股数据，研究持续经营审计意见的市场反应，并根据不同类型持续经营审计意见具有不同本质内涵的实质，检验市场能否区分持续经营无保留意见、持续经营保留意见以及持续经营无法表示意见在风险警示程度上的差异，以此来验证我国证券市场持续经营审计意见之于投资者的风险传导机制是否充分、有效。与此同时，本章还进一步研究最新持续经营审计准则的实施效果，通过倾向得分匹配和双重差分分析（PSM + DID）的方法检验新准则实施前后持续经营审计意见市场反应的差异，以此为新准则的重大制度变革是否有助于提升持续经营审计意见在资本市场中的预警作用及沟通价值提供经验证据。

6. 持续经营审计意见的信息含量——来自债务融资的证据。本部分为本书的第六章。本章基于2009—2017年我国沪深两市A股数据，研究持续经营审计意见的出具对企业债务融资规模和成本的影响。具体而言，本章首先研究相较于其他“非标”审计意见，持续经营审计意见对企业债务融资规模和成本的负面影响是否更为显著；其次，研究不同类型持续经营审计意见对企业债务融资的负面影响是否具有显著差异，持续经营无法表示意见引起的负面影响是否最为强烈。此外，本章通过倾向得分匹配和双重差分（PSM + DID）的方法进一步研究新持续经营审计准则的实施是否增强了持续经营无保留意见对企业债务融资的负面影响，以此检验新持续经营审计准则的重大制度变革是否强化了持续经营审计意见之于债权人的信息含量及决策价值。

7. 持续经营审计意见的风险传导效应——基于企业盈余管理的视角。本部分为本书的第七章。本章基于2010—2017年我国沪深两市A股数据，研究持续经营审计意见对企业盈余管理行为的影响，考察持续经营审计意见的出具是否会加大企业后期盈余管理的程度，以及管理层在选择盈余管理的手段时是否会更加倾向于实施隐蔽性高的真实盈余管理。在此基础上，本章还进一步研究企业性质在持续经营审计意见对企业盈余管理影响机制中的调节作用，检验持续经营审计意见对企业盈余管理行为的影响是否会由于国有企业和民营企业的差异而产生不同的效应。对以上问题的研究，有助于从管理层行为的层面认识持续经营审计意见的风险传导效应，从而对持续经营审计意见的经济后果有更全面的认识。

8. 研究结论与政策建议。本部分将提炼本书的主要结论、研究启示及建议，指出本书研究存在的不足，并对未来研究方向进行展望。

综上所述，本书综合运用归纳分析法和规范研究法对持续经营审计意见相关理论、准则和制度演进过程展开研究，运用统计分析法对我国持续经营审计意见的总体情况及变化趋势进行统计分析，并使用多元回归分析、倾向得分匹配和双重差分分析（PSM + DID）等实证研究方法对持续经营审计意见的经济后果和最新持续经营审计准则的实施效果展开研究。

第五节 本书研究可能的创新

本书研究的创新之处主要体现在以下几方面。

第一，丰富了持续经营审计及审计意见准则研究的现有文献。针对现有研究对持续经营审计意见相关制度的演变与最新发展缺乏整理的现状，本书首次全面、系统地梳理了持续经营审计意见制度演进的全过程与最新发展，厘清了美国审计准则、国际审计准则以及我国审计准则持续经营审计相关制度发展的内在逻辑、成效及存在的问题等，深入剖析了持续经营审计及审计意见产生并不断发展的内在机理，丰富了现有文献。

第二，为我国持续经营审计准则最新的改革成效提供了经验数据的证明。本书首次详细总结了我国近年来持续经营审计准则的实施情况和成效，并首次以 PSM + DID 的方法实证检验了最新持续经营审计准则的实施效果，弥补了目前尚未有学者对审计报告改革背景下持续经营审计准则重大制度变革的实施效果开展研究的缺憾，为我国近年来持续经营审计准则是否具有积极的引导效果提供了经验证据。

第三，扩展了持续经营审计意见经济后果研究的维度。现有对持续经营审计意见经济后果的研究大多集中于市场反应，对企业行为层面的研究仍较为缺乏。本书基于我国特殊的制度背景，实证检验了持续经营审计意见之于投资者、债权人和企业管理层的风险传导效应，首次从市场反应、企业债务融资和管理层盈余管理这三个维度构建起持续经营审计意见具有特殊预警价值的逻辑框架，全面地展现了持续经营审计意见在我国资本市场中的作用机制与路径，扩展了持续经营审计意见经济后果研究的维度，丰富了该领域研究的相关文献。

第二章

理论基础与文献综述

人类的任何实践都应有理论的指导，而学术研究更是如此。脱离了理论基础的研究，就如同无源之水，无本之木，终将难以为继。因此，本书的研究也应首先于理论基础展开。本章将首先对本书研究所涉及的主要概念进行界定，接着将系统地阐述持续经营审计意见研究的理论基础，为本书的研究找到思考的方法、观察的角度以及解释的依据。最后，本章还将对与本书研究相关的文献进行梳理与评述。

第一节　主要概念界定

持续经营审计意见是本书研究的中心和重点，而要深刻地理解持续经营审计意见的含义、演进机理及其在我国资本市场中发挥的重要作用，则需要先梳理并界定本书涉及的几个核心概念。

一、会计持续经营假设

持续经营假设源于会计理论，是关于会计主体状态的基本假设[①]，也是传统会计理论的支柱[②]，由美国会计学家 Paton 于 1922 年在其《会计理论》一书中首次提出[③]。持续经营假设是指企业需以其经营能够持续为前提编制财务报表，在可预见的将来不会终止经营或进入破产清算，具有在经营过程中正常变现资产、偿还债务的能力。持续经营假设是企业按照现代会计制度编制财务报表的前提，费用确定、资产计价、负债确认、资本保持、损益计算、信息披露等许多方面都受到持续经营假设的指导与约束。如果企业的经营难以持续，则以持续经营假设为基础编制财务报表不再合理，在这种情况下，企业应当采用其他基础编制财务报表（通常是以清算假设为编制基础）。此时若仍错误地以持续经营假设为基础编制财务报表，收入的确认、费用的分摊等原则不再适用，流动资产与非流动资产以及短期负债和长期负债等划分均不再合理，财务报表整体将存在广泛且严重的错报而不再反映企业真实的财务状况及经营成果。财务报表是投资者、债权人等利益相关者进行决策的重要依据，财务报表整体的重大错报将带来严重的经济后果，造成难以挽回的、广泛且巨大的经济损失。因此，当企业的持续经营能力不足却仍然使用持续经营假设编制财务报表时，会计信息“公共物品”的属性将会迅速放大原本只存在于企业自身的持续经营危机，将这种危机的影响扩散至整个资本市场，导致社会公众遭受巨大的损失。正是由于持续经营假设对于财务报表整体公允性的重大影响，由作为“经济警察”和资本市场“看门人”的注册会计师对

① 会计的四大基本假设为：会计主体、持续经营、会计分期和货币计量。

② 支撑传统会计理论的三大支柱是：历史成本、持续经营和复式记账。

③ 持续经营成为会计基本假设经过了长期大量的讨论。赞成派包括 Moonitz、Mattessich、Hendriksen，反对派包括 Chambers、Sterling、Ijiri。参见 Eldon S. Hendriksen (1970)，第 100 - 101 页。

企业运用持续经营假设编制财务报表的适当性以及企业的持续经营能力发表审计意见至关重要。

持续经营假设产生的背景源于18—19世纪的工业革命，最初是因为处理费用确定的问题而产生的。与此同时，它的产生还基于两个条件：所有权和经营权的分离与大量长期资产的存在。

蓬勃发展的工业革命产生了大量的厂房和设备，这些厂房和设备如何费用化的问题困扰着当时的所有者和经营者。如果全部计入当期，经营者会因为严重影响当期利润而强烈反对；如果全部不列入费用，所有者又会因为资本得不到补偿而强烈反对。双方争执的结果只能是分期折旧。然而这又带来新的难题：如何确定折旧期？折旧期超过经营期怎么办？如果经营期短于折旧期，那么显然应该以经营期作为折旧期才能保证资本的回收。但是经营期存在极大的不确定性，容易遭到所有者的作弊（王德礼和杜建菊，2006），因此双方最终商议决定不考虑经营期，而仅仅以折旧期为准。不考虑经营期，也就是假定经营期是无限的，企业会一直经营下去，这就诞生了持续经营假设。因此，总结来说，持续经营假设诞生于工业革命的浪潮下。由于企业所有权与经营权进一步分离，企业经营者为了更好地向所有者报告其受托经济责任的履行情况而拟定了一个重要前提，即企业打算长期经营下去，而不是仅仅在短期内经营。建立了这样一个重要前提后，收入和费用的确认与计量不再成为企业经营者和所有者纷争的对象，现代会计制度由此得以建立。同时，由于大工业时代及之后的经济环境一直相对稳定，而人们也殷切地希望持续经营假设能够一直沿用下去，于是持续经营假设成为会计的基本假设，并一直沿用至今。

持续经营假设的出现使得经营期的长短不再成为影响会计信息

的决定因素，增强了企业间会计信息的可比性。资产负债情况、经营状况等各方面完全相同的两家公司，不再因为所有者对经营期限的主观预期不同而产生截然不同的会计结论。同时，因为传统会计将长期资产看作未摊销的费用，因此保持原有成本就成为必然，历史成本原则就此产生，而持续经营假设也就成为资产计价的最重要基准。尽管持续经营假设作为会计基本假设有着深厚的内在基础及充分的现实需求，持续经营假设在历史上却也遭受过冲击。然而，我国会计准则制定机构始终明确地强调："我国企业应当以持续经营为基础编制会计报表及其附注"，并从制度层面规范了管理当局具有按照持续经营假设编制财务报表的责任，且有责任对企业的持续经营能力作出评估，并在对企业的持续经营能力产生重大怀疑时，对可能的相关事项或情况进行充分披露。这些规定在我国企业会计准则制定及修订的过程中被不断地加强与完善，并且自始至终都作为会计准则的基石进行贯彻执行。

二、企业持续经营能力

要深入地阐释企业持续经营能力，首先需要认识何谓企业能力。企业完成特定任务或活动需要一组资源，而这组资源所蕴藏的能量即为企业能力（Spender，1989）。通过拥有"企业能力"，企业能够顺利地进行生产经营，并且在生产经营的过程中能够游刃有余地处理各种复杂及棘手的现实问题（Foss 和 Knudsen，1996）。自 20 世纪初以来，以企业为研究对象的企业理论研究一跃成为学术研究的热点。企业理论研究着眼于企业产生的根源、成长边界、发展动力、运作机理等问题的研究，极大地丰富了人们对于企业的认知。然而，在传统关于企业能力的研究中，大多数研究仅关注企业如何能够扩大市场份额、获取竞争优势、赚取超额利润，即研究企业相对于竞争对手的竞争能力，而较少从企业如何能够维持生存的角度探讨企业生存能力的基本命题。现实中大量企业濒临破产、陷入持续经营危机的现象都在表明，企业的生存能力并非天然存在，而是需要企业与经营者、所有者、员工以及合作伙伴等一起付出极大的努力争取得来。

企业能力不是单一的，而应当是多个层次的、较为完整的体系（郁义鸿，2001；吴隽，2002），而持续经营能力应是第一层次的、最为基础的能力。企业的持续经营能力实质上是一种自生能力（方军雄，2004），即企业得以继续生存和发展的能力。一个现实的企业，首先应当保证能够生存下去，然后才能谋求生存得更好、发展得更快。因此，具备持续经营能力是企业积累竞争优势、获取超额利润的前提条件，是企业其他一切能力得以孕育和发展壮大的基础。倘若失去了持续经营能力，企业的其他能力便如同空中楼阁、失去依托，竞争优势也更加无从谈起。

那么，企业的自生能力究竟是什么？具体而言，一个企业必须首先具备获取投资者可以接受的预期利润率的能力才有可能成立，也只有在未来的经营过程中始终保持获取这种预期利润率的能力才有可能一直经营下去。而从另一方面来看，一个仅仅满足于维持经营和取得最基本的预期利润率的企业，在激烈的竞争和不断变化的市场环境中也终将被淘汰。因此，只有首先具备持续经营能力，并在此基础上不断积累竞争优势，才能最终保证企业真正地实现长久经营、持续经营。因此，持续经营能力是企业生存和发展的基础与前提，而培育竞争优势、发展核心竞争力是企业持续经营的支柱。

两种能力缺一不可，相辅相成。因此，对企业竞争优势与核心竞争力的研究有助于我们更深入地认识持续经营能力的本质。

企业竞争优势理论聚焦于探讨企业如何才能保持竞争优势以及培育核心竞争力，其中最具代表性的有古典理论、产业结构理论和企业内生要素理论。古典理论认为企业应当通过分析其内部条件和外部环境，充分把握外部机遇，避免外部威胁，发挥自身的长处，克服自身的短板，从而积累竞争优势。因此，古典理论强调企业应充分重视自身的战略选择，通过正确的战略选择来获取竞争优势，衍生出的较具代表性的分析模型是 SWOT 分析模型。

产业结构理论突破了古典理论仅仅关注企业自身及周遭环境的局限性，开始从产业结构的视角探讨企业竞争优势的源泉，较有代表性的分析模型是迈克尔·波特的五力分析模型（Michael Porter's Five Forces Model）。产业结构理论聚焦于企业所处产业的特征。企业所处产业的优势决定了企业可以获取的平均利润率及其可持续性，而企业在该产业中的相对位置则决定了企业在这个产业中获取超额利润的能力。该理论强调产业的吸引力，而产业吸引力的高低则取决于对几个核心问题的判断，即该产业是否有来自潜在进入者的威胁和替代品的威胁？购买方和供应商的议价能力如何？现有企业之间的竞争程度是否已然趋于激烈？对产业中这几种力量博弈程度的解读能够判断一个产业是否具有足够的吸引力。然而，这种唯产业论终究还是遭受了来自理论与现实的冲击。马克思曾论述道，“任何一个产业最终都只能获取平均资本报酬率”。企业所处的是夕阳产业还是朝阳产业并不能决定其盈利水平，即便是夕阳产业也一样能成就成功的公司。企业具有的独特能力才是其获取超额利润最重要的源泉，而不是产业之间的相互关系（Rumelt，1987）。因此，在产业结构理论遭受诸多挑战后，以企业个体特征和内在要素为研究对象的企业内生要素理论逐渐进入人们的视野。

企业内生要素理论，顾名思义，研究的是企业自身所具有的或掌控的某些特殊要素。根据要素的不同定义，该理论又可细分为资源基础理论和能力基础理论。在资源基础理论中，企业的竞争优势由企业所拥有的资源的数量、质量以及对资源的利用效率来决定。因此，该理论以“资源”这个核心概念来指代企业的内生要素，认为企业内部所拥有的某些具有特殊作用的战略资源是获取竞争优势的核心力量（Black 和 Boal，1994）。而能力基础理论则以“能力”一词作为核心概念，强调企业自身的核心能力才是获取竞争优势的源泉。这种核心能力表现为企业通过持续的投资与学习所积累的所有技能与知识的总和。

企业获取竞争优势并非一朝一夕。在企业不断为自身构筑竞争优势壁垒的过程中，最为关键的是对自身能力要素的培育以及对各种能力和资源要素的综合运用。因此，在市场竞争日趋激烈的当下，企业要想最大限度地避免持续经营危机，只能不断地培育自身的战略资源，铸就核心能力的壁垒，并立足于这些战略资源和核心能力进行孜孜不倦的创新，才能为自身的持续经营能力注入源源不断的动力。

三、企业持续经营危机

何谓危机?《辞海》将其解释为“潜藏的危险”或“生死成败

的紧要关头”[①]。《韦氏英文辞典》对其的解释为“一种不确定的、至关重要的、很有可能带来不利结局的时刻，并且亟待决断性的改变”[②]。虽然权威辞书对“危机”一词的解说尚不统一，但我们已能从字里行间解读它的核心含义。危机之于企业，并非抽象缥缈的幻境，而是真真切切、如影随形。任何企业都必须时刻警惕危机的来临，而比危机更可怕的则是当危机已悄然临近，却无法意识到危机的存在。

时间进入 21 世纪后，科技为各行各业赋能，新兴技术层出不穷，行业更新迭代的速度不断加快，市场动向瞬息万变，企业间的竞争也日趋白热化，稍有不慎，就会被竞争者取代。在如此这般激烈的市场竞争中，暂且不谈企业如何保持竞争优势，纵观年年岁岁、各行各业，有多少企业关门歇业？“基业长青”“百年老店”“永续经营”是每一个企业家都梦寐以求的理想与信念，而现实却远不如梦想那般美好。美国企业家兼作家霍洛维茨曾在其《创业维艰》一书中写道，“对于一家企业来说，真正的难题并不是设置一个宏伟的、难以实现的、大胆的目标，而是你在没有实现宏伟目标之时不得不忍痛裁员的过程”[③]。繁杂如商海，多少曾经盛极一时的企业如流星般骤然陨落，于人们的叹息声中消失殆尽、踪迹难觅。例如，曾经零售额占到美国 GDP 1% 的零售巨头西尔斯、曾经如日中天的投资银行雷曼兄弟以及曾经垄断全球 2/3 胶片市场的影像巨头柯达等均已宣告破产，类似的案例不胜枚举，令人痛惜。企

① 辞海［M］. 上海，上海人民出版社，2015：1295.

② Merriam Webster Dictionary，2019.

③ 本·霍洛维茨．创业维艰——如何完成比难更难的事［M］. 北京：中信出版社，2015.

业保持竞争优势实属困难，而生存问题更是永恒悬挂于企业头顶之上的达摩克利斯之剑，若不能适应丛林法则，时刻保持对“赢”的极度渴望以及对竞争者的警觉与危机感，企业将时刻面临被淘汰的风险。

时至今日，全球局势波谲云诡。西方国家单边主义、贸易保护主义势力抬头，中美之间的贸易摩擦时断时续，劳动密集型、中低端制造业的产业机会逐渐向更具优势的国家和地区转移，而国内供给侧结构性改革、“三去一降一补”正在打着一场硬仗，这导致我国企业，尤其是部分投资过度、产能过剩行业的企业，正面临前所未有的挑战和风险。不仅如此，2020 年初突如其来的新冠疫情更是“雪上加霜”，对我国企业的持续经营能力形成巨大冲击，大幅提高了我国企业陷入持续经营困境的可能性。正如竞争是市场的常态，在经营过程中面临持续经营不确定性也是企业的常态。倘若企业的持续经营能力存在衰变的可能性，则企业很可能面临持续经营危机。而持续经营危机可能引发广泛且严重的经济后果：投资者的投资及寄托于企业的希望化为泡影、债权人的本息血本无归、员工失去唯一的经济来源等。而事实上，几乎每一个企业都可能面临持续经营危机，生存难以维系，甚至是那些表面看起来极度繁荣、处于鼎盛时期的企业。因此，预先觉察危机的来临，采取恰当的应对措施避免危机的恶化，以及对危机的出现发出公共预警，以引起利益相关者的警觉，则能够最大限度地降低危机可能带来的危害。

四、持续经营审计意见

持续经营审计意见（Going - concern Opinion）是指注册会计师

在审计报告中明确指出被审计单位运用持续经营假设编制财务报表不适当或被审计单位的持续经营能力存在重大不确定性的一种“非标”意见。

根据我国最新持续经营审计准则《中国注册会计师审计准则第1324号——持续经营》(2016年12月23日印发)，注册会计师在执行财务报表审计时，需要对被审计单位管理层运用持续经营假设编制财务报表的适当性和被审计单位整体的持续经营能力获取充分适当的审计证据、得出结论并发表审计意见。注册会计师在实施风险评估程序时，需考虑是否存在可能导致对持续经营能力产生重大疑虑的事项或情况，并在整个审计过程中对相关审计证据保持警觉。如果识别出这些事项或情况，注册会计师还需实施追加的审计程序，以对这些事项或情况可能带来的影响作出结论。

持续经营审计准则的应用指南对如何识别可能导致对持续经营能力产生重大疑虑的事项或情况作了示例。根据《中国注册会计师审计准则第1324号——持续经营》应用指南(2017年2月修订)，注册会计师应关注被审计单位在财务、经营和其他方面出现的以下事项或情况：财务方面如净资产为负、营运资金为负、逾期不能偿还即将到期的定期借款、过度依赖短期借款进行筹资、债权人可能撤销财务支持等；经营方面如计划清算或终止运营、关键管理人员离职且无人替代以及失去主要市场、关键客户、特许权、执照或主要供应商等；其他方面如违反有关资本或其他法定或监管要求、存在未决诉讼、法律法规或政府政策的变化预期产生不利影响等。该应用指南同时强调，这些示例并非涵盖了所有可能的事项或情况，也并不意味着存在其中一个或多个事项就一定表明持续经营能力存在重大不确定性。因此，对持续经营能力的判断仍属于一项职业判断，注册会计师应在此示例的基础上，结合企业的整体情况、所处行业的状况以及经济的整体态势等，充分发挥自身的专业胜任能力和职业判断能力对被审计单位的持续经营能力作出综合评估。

那么，在对持续经营能力得出结论后，注册会计师应当如何发表相应的持续经营审计意见？我国最新持续经营审计准则作出如下规定：如果财务报表已按照持续经营假设编制，但根据判断认为管理层在财务报表中运用持续经营假设是不适当的，注册会计师应当发表否定意见；如果认为运用持续经营假设是适当的，但存在重大不确定性，且财务报表对重大不确定性已作出充分披露，注册会计师应当发表无保留意见，并在审计报告中增加以“与持续经营相关的重大不确定性”为标题的单独部分；如果认为运用持续经营假设是适当的，但存在重大不确定性，且财务报表对重大不确定性未作充分披露，注册会计师应当发表保留意见或否定意见。

虽然审计准则明确要求注册会计师应当就管理层运用持续经营假设的适当性和被审计单位的持续经营能力获取充分、适当的审计证据并得出结论，但这并不意味着要求注册会计师对所有可能导致被审计单位不再持续经营的未来事项都作出预测。注册会计师的关注点是被审计单位在合理期限内无法继续经营或无法偿还其债务等的可能性，该合理期限一般指自财务报表日起的 12 个月。因此，注册会计师未在审计报告中提及与持续经营相关的重大不确定性，不能被视为是对被审计单位持续经营能力的保证。

综上所述，我国的审计准则要求注册会计师在整个审计过程中均保持对持续经营能力的关注，并对管理层运用持续经营假设编制财务报表的适当性和被审计单位的持续经营能力发表审计意见。审计准则赋予注册会计师的这种责任，使得持续经营审计意见成为社会公众评估企业持续经营能力的一种最直接、明确、可靠的信息来源。因此，持续经营审计意见对投资者、债权人、监管机构、企业自身及其他利益相关者而言均具有至关重要的信息含量和决策价值。

第二节　持续经营审计意见研究的理论基础

任何人类社会的实践活动都应有正确理论的指导，审计活动也自当有相应的理论来指导。那么，审计研究的理论基石应是什么？英国审计学家弗林特教授（David Flint，1988）在其著作《审计哲学与原理导论》[①] 一书中将审计置于整个社会政治经济环境中进行考察，提出并全面论证了“审计是一种旨在监督保证受托经济责任全面有效履行的特殊控制机制”的观点，为审计研究增添了不朽的篇章。在此书中，弗林特教授提出七项审计假设，其中第一项和第二项假设分别为：“审计是以受托经济责任关系或公共责任环境的存在为首要前提”和“受托经济责任的内涵太微妙、太复杂、太重要，以致没有审计，该种责任的解除就无法说清楚”。弗林特教授提出的这两项审计假设确立了受托经济责任关系为审计存在的基本前提，并已获得国内外审计学界的公认。审计学界将这两项审计假设概括为“责任关系假设”。

① David Flint. Philosophy and Principles of Auditing: An Introduction [M]. Macmillan Ltd, 1988.

既然审计存在的基本前提是基于这样一种“受托经济责任关系”，那么这种责任关系究竟是什么？其因何而来，又因什么而存在？一般认为，受托经济责任关系伴随着财产所有权和经营权的分离以及委托代理关系的产生而产生。在这种受托经济责任关系中，至少存在委托人和受托人两方，委托人将自己经济资源或财产的管理权及经营权授予受托人，并强调其须对管理好、经营好这种资源负责，而受托人接受这种授权并承担起履行该责任的义务。受托人须履行的这种责任就是受托经济责任。我国审计受托责任学说的奠基人杨时展教授对受托经济责任的定义是：“因受命或受托经营财产或财务收支，并对命令或托付人所负的一种以最大善意充分体现其意志的责任。”①

从受托经济责任的定义来看，受托经济责任的确立须以两组关系的发生和成立为前提，一组关系是委托人对财产的所有权是成立的，因此能够依法让渡财产的管理和经营权，另一组关系是委托人和受托人之间的委托和受托关系是成立的，即存在正式的委托代理关系，受托人真正负有“受人之托，忠人之事”的义务和责任。

因此，通过上述理论分析和推导，本书认为持续经营审计意见研究有着坚实的理论基础作为指导。其中，最底层的理论应为产权理论、委托代理理论和受托责任理论。在这三种理论中，产权理论为基石，受托责任理论为支柱，而委托代理理论则将持续经营审计意见研究与产权理论和受托责任理论紧密联结起来并形成一个完整的理论框架。

除此之外，持续经营审计意见在资本市场上发挥作用还与信息

① 杨时展．国家审计的本质［J］．当代审计，1982（2）．

不对称理论、财务报告理论和破产理论紧密相关。这三种理论能够解释为何持续经营审计意见具有信息含量和经济后果。因此，本书接下来将分别对以上与持续经营审计意见研究须臾不可分离的六种理论展开论述，借此更深入地阐释持续经营审计及审计意见产生并不断发展的内在机理，从理论分析的角度解析持续经营审计意见在资本市场上发挥作用的逻辑与路径，以此更充分地论证持续经营审计意见具有信息含量和预警价值的本质内涵。

一、产权理论

在《牛津法律大辞典》中，产权等同于所有权，并且进一步把所有权解释为包括广泛的因财产而发生的人们之间社会关系的权利约束[①]。产权理论产生的标志是科斯（Ronald H. Coase）于1937年发表的《企业的性质》一文。科斯的产权理论强调交易费用、产权界定和资源配置效率三者之间的关系。在科斯的影响下，现代产权经济学随之建立，人们开始研究如何通过产权制度的合理安排以实现效益最大化。

在市场经济中，产权具有资源配置、激励、约束和协调等重要功能。明晰的产权制度是社会得以正常运行的基础。现行市场经济条件下复杂的财产关系要求必须建立对各主体的产权予以清晰界定、对各财产主体行为予以明确规范的现代产权制度，以协调各种社会关系。而企业建立的现代产权制度，即是明确各种产权主体的权利与义务，使生产资源得到最大效益的利用，以最终提高企业效

① 牛津法律大辞典［M］．北京：商务印刷出版社，2015：992.

率的一种制度安排。

会计学的建立与发展与产权理论密不可分。从帕乔利的《簿记论》（Luca Pacioli，1494）开始，产权思想便成为支配簿记或不簿记的根本思想。产权具有的占有、使用、收益和处置权利都是簿记或会计学反映与控制的对象①。会计准则属于产权制度范畴（刘峰和黄少安，1992），会计信息的交换实质上是一种权利的交换（杜兴强，1998）。概括地说，会计的对象就是种种的产权关系，界定和保护产权是会计产生和发展的动因（钟瑞庆和杨宏图，1998）。

审计的产生与发展也有着深厚的产权理论基础。确切地说，审计是产权结构变化的产物，审计理论与实务的发展与变革追根溯源是为了体现产权结构、反映产权关系及维护产权利益。审计所处的环境无不充满社会经济资源产权主体的身影，而审计制度体系的建立和完善则起到了降低交易费用、保护各个社会产权主体的平等利益、促进社会发展、提高产权效率等方面的作用（雷光勇和崔文娟，2001）。

产权制度是其他制度得以衍生与发展的源泉。市场经济是产权经济，社会资源配置中对权利的合理制度安排是市场经济有效运行的前提，而我国当前一系列会计、审计制度的改革也正是顺应会计改革的大方向进行发展的。

二、委托代理理论

在现代企业中，经营者并非所有者，导致控制权与所有权相分

① 郭道扬．会计史研究：历史 现时 未来（第3卷）［M］．北京：中国财政经济出版社，2008：478.

离。因此，委托代理关系之于现代企业主要是指所有者（全体股东）与经营者（管理层）之间的关系。企业的所有者关心自己的利益，需要了解企业的经营状况和经营成果；企业的经营者凭借企业的经营成果证明委托代理合同的履行并依此索取相应的利益。作为双方利益的集结点，会计报表就此产生。与会计报表同时产生的还有会计信息的供求关系。在委托代理关系中，企业面临的最突出的问题就是全体股东与管理层之间的利益冲突，即管理层可能出于个人私利最大化的目的而使企业的经营偏离股东价值最大化的目标，从而损害股东的利益（Jensen 和 Meckling，1976）。为了保障自身的利益，委托人会与代理人签订委托代理合同，然而契约的不完备性导致委托人无法在契约合同中完全约定代理人的行为，由此产生一系列的委托代理问题。

作为企业经营者的管理层有责任对股东投入的资源进行生产，并保证经营效率和生产利润。然而，管理层可能沉迷于自己的“帝国构建”（Jensen，1988），谋取更多的在职消费（张铁铸和沙曼，2014），可能作出错误的投资决策而过度投资（李云鹤，2014）或投资不足（罗明琦，2014），“懒散的经理人”可能选择偷懒而避免付出（Schmidt，1997），风险厌恶的经理人可能为享受“安逸的生活”而避免寻求突破和创新，这些情况均会导致企业价值的缩小，偏离股东价值最大化的目标，最终影响企业的持续经营能力。同时，由于信息不对称，投资者难以获取充分的信息及时判断管理层的行为是否已经对企业价值造成了损害，从而错过扭转企业持续经营危机的最佳时机。

委托代理问题的广泛存在亟须一种机制对其进行监督和约束，而审计就是这样一种外部治理机制。审计能够对管理层履行契约的状况进行监督，从而最大限度地约束管理层的自利行为，缓解委托代理问题。基于会计博弈论（伍中信和肖美英，1997）的说法，在现代企业的委托代理关系中，企业所有者构成博弈的甲方，企业经营者构成博弈的乙方，博弈规则为会计制度，而裁判正是注册会计师。注册会计师既可以接受企业经营者的委托，以独立、客观、公正的立场为企业所有者作出令人满意的评判，也可以直接接受企业所有者的委托，对经营者的经营及财务状况是否遵守了相关规则作出裁定。因此，注册会计师审计在缓解委托代理矛盾、监督企业契约的执行以及维护市场经济秩序等方面发挥着不可替代的作用。

三、受托责任理论

受托责任起源于财产委托（伍中信，1996）。伴随着财产所有权和经营权的分离以及委托代理关系的产生，受托经济责任关系也随之产生。

有了受托经济责任，才产生了审计的需求。因此，受托经济责任是审计产生的基本前提。英国审计学家弗林特教授在其著作《审计哲学与原理导论》中指出，“只要存在审计的地方，就存在一方关系人对另一方或第三方负有履行受托责任的义务，这种关系的存在是审计产生的重要前提，甚至是最重要的前提”①。在国内，早在1985年，我国审计受托责任学说的奠基人杨时展教授就指出，“过去人们普遍将会计责任人和会计责任的存在认为是理所当然的

① David Flint. Philosophy and Principles of Auditing：An Introduction［M］. Macmillan Ltd，1988：25.

事，在今天看来，它却正是一种支配我们进行审计工作而一直不为人们明白意识到其存在的审计公设。正因为这种会计责任人和会计责任的存在，审计工作才有必要，而审计工作也正是针对这种会计责任人和会计责任而进行的”①。杨时展教授在此所指的会计责任就是受托经济责任。而现在，国内外审计界已就受托责任是审计存在的基本前提这一观点达成一致。

审计本质上是对受托经济责任的监督、鉴证与评价。通过审计，能够保证受托经济责任得到全面有效的履行（蔡春，1994）。其中，“全面”是指受托经济责任中的“行为责任”和“报告责任”都得到履行，而“有效”是指责任中每一项具体内容的履行都真正符合要求。审计通过其独立、客观、公正的检查，对受托经济责任的履行情况予以确认，一旦发现偏离受托经济责任要求的情形，即刻通过审计反馈予以纠偏，最终促进受托经济责任的全面有效执行。

与此同时，受托经济责任中的“责任”反映的是委托人对受托人提出的按照其特定要求经营、管理受托经济资源并按照特定要求进行报告的期望，这种期望反映的是社会的客观需要（蔡春，1994），而社会需要的层次与水平总是随着经济的发展而不断提高与发展的。因此，受托经济责任的内容会随着经济的发展呈现出不断扩展和深化的趋势，而作为对受托经济责任进行监督、鉴证与评价的一种机制，审计及审计报告的内容、形式和种类也不断分化、发展及创新，这正是持续经营审计意见制度演进与变革的内在依据。

---

① 杨时展．审计公设初论［J］．湖北审计，1985（3）．

四、信息不对称理论

持续经营审计意见具有信息含量和风险传导效应与信息不对称理论密切相关。信息不对称理论由美国经济学家乔治·阿克洛夫（George Akerlof，1970）最先提出，它是指在市场经济条件下，市场的买卖双方不可能完全占有对方的信息，信息的拥有方会因追求自身利益最大化而使另一方的利益受到损害。信息不对称现象在资本市场中广泛存在。随着企业所有权和经营权相分离，会计信息的供求关系逐渐形成。作为财务报表的编制者，企业管理层成为会计信息的提供者，而股东和债权人等成为会计信息的需求方。管理层和股东之间天然存在的委托代理冲突使得管理层可能刻意隐瞒其拥有的大量私有信息，而股东和债权人等可能对此无法得知，即便有机会得知，也会产生高昂的交易成本。因此，委托代理问题的广泛存在加剧了资本市场中的信息不对称，导致“逆向选择”[①]，引发劣币驱逐良币的现象（George Akerlof，1970），也导致“道德风险”[②]，造成所有者经济资源的巨大损失。

信号传递理论[③]是解决信息不对称的有力工具。审计师发表的

① 所谓逆向选择，是指在签订契约前由于代理人知道自己的类型，而委托人不知道，因此选择了不恰当的代理人。也就是说代理人在建立委托代理关系之前，利用掌握的对委托人不利的信息签订对自己有利的合同（包括显性的和隐性的），而委托人则由于信息劣势处于不利地位。

② 所谓道德风险是指在签订契约之后，代理人只顾自身利益最大化，而不管委托人的利益是否受损或从自身利益出发蓄意使其受损。如经理的偷窃、滥用在职消费、偷懒、不当投资、资产不当使用等。

③ 信号传递理论由迈克尔·斯宾塞（Michael Spence）提出，是指如何向交易对方传递能让对方感兴趣的信息。

审计意见向市场传递企业会计信息质量的真实信号，缓解了会计信息供求双方之间的信息不对称。被出具标准无保留意见的企业，其筹资能力将会提高，资本成本将会降低，企业价值得到提升；被出具“非标”意见的企业，将会面临来自股东、债权人、供应商等各方的负面反应，导致更高的银行贷款利率（胡奕明和唐松莲，2007）、更严苛的融资约束问题（朱凯和陈信元，2009）以及更差的股价表现。资本市场中传递的真实信号越多，会计信息披露越充分，越有利于公众投资者甄别高质量企业和低质量企业，也就更能避免逆向选择和劣币驱逐良币事件的发生。不仅如此，资本市场中传递的真实信号越多，也越有利于资本市场定价效率的提升和资源配置的有效进行，从而促进市场经济持续稳定地健康发展。

持续经营审计意见向资本市场传递企业持续经营能力存在重大不确定性的风险信号，反映出企业在财务、经营或其他方面存在重大问题，在可预见的将来很可能面临终止经营或破产清算的风险，与其他不涉及持续经营问题的“非标”意见存在本质上的区别。持续经营审计意见传递的风险警讯对公众投资者、债权人、企业管理层等众多主体都具有信息含量，从而缓解了各主体间的信息不对称，提高了信息需求方的决策质量和市场的资源配置效率。这种信息含量具体体现为持续经营审计意见能够为预测公司破产提供有效信息（Chen 和 Church，1996），能够促进投资者在 ST 风险警示制度的基础上进一步降低对公司价值的认定（厉国威等，2010）。不仅如此，持续经营审计意见释放的特殊风险信号对债权人来说也具有额外的信息含量。具体来说，一方面，持续经营审计意见提高了企业贷款利息，增加了契约数量并降低了贷款期限（Francis 等，2013），导致企业信用降级、融资风险增加，使企业难以获得银行和商业信用贷款在内的外部融资（Kim 等，2011）。另一方面，从企业申请破产时的市场反应来看，如果企业破产前曾被出具持续经营审计意见，则公司申请破产时市场负反应程度相对较小（Taffler 等，2004；Chen 和 Church，1996）。由此可见，持续经营审计意见能够为资本市场提供增量的有效信息，从而缓解资本市场中广泛存在的信息不对称问题。

五、财务报告理论

持续经营审计意见在资本市场中具有特定的预警作用还与财务报告理论紧密相关。在受托经济责任关系中，企业经营者必须尽最大善意承担起管理和经营受托经济资源并向所有者进行报告的责任。这种报告主要指财务报告。财务报告的基本原则是充分披露原则（Full Disclosure Principle），即财务报告应揭示所有对使用者的理解和决策有用的重要信息，若某项信息被忽略、遗漏或被证明是错误的，将引起使用者对财务报告的误解或误导，那么该项信息就应该被揭示。

会计信息是财务报告中最重要的信息，会计信息的质量决定财务报告的质量。如果企业提供的会计信息不透明、不可靠，债权人将拒绝债务人的融资请求，阻碍其进入债务市场。Betty 等（2010）研究发现，会计信息质量差的企业更可能进入融资租赁市场而非股权或债权融资市场，因为给予出租人的保障权益使得出租人在企业进入破产保护程序后也可以立即收回他们的资产，而其他债权人则需要通过破产清算程序获得补偿。其他许多学者也通过研究证明了会计信息质量对企业融资的成本、期限和契约的数量等均具有重要影响（Smith 和 Warner，1979；Watts 和 Zimmerman，1990；Ball 等，2007）。

财务报告会计信息的质量关乎市场经济运行的效率和效益，因此，提高财务报告会计信息的质量是投资者、债权人、监管机构等所有利益相关者的共同诉求。审计是提高财务报告会计信息质量的关键，而对企业的持续经营问题进行审计更是关键中的关键。实证研究发现，那些业绩状况不佳、财务风险较高的公司更容易操纵会计信息（廖冠民和吴溪，2013），也就是说，具有持续经营问题的企业会计信息质量往往更差。较低的会计信息质量加剧了信息不对称，使原本就处于弱势的公众投资者更加难以识别与公司持续经营能力相关的重大不确定性风险。而注册会计师发表持续经营审计意见的决策过程不仅依据财务信息，还依据大量非财务信息以及从长期客户关系中得到的私有信息（Chen 和 Church，1996），因此持续经营审计意见是审计师基于自身专业胜任能力对企业持续经营风险最集中的表达，可以作为公众投资者判断企业持续经营重大不确定性风险的可靠依据。

持续经营审计意见对提高资本市场会计信息质量、提升资本市场资源配置的效率具有重大意义。持续经营审计意见是审计师向公众投资者沟通企业持续经营问题的主要手段，它向资本市场传递“红旗”警讯，帮助公众投资者识别那些可能经过“会计包装”的财务困境公司，避免低质量的会计信息误导投资者、降低股票市场定价效率、影响资本市场的资源配置以及导致实体经济中低效率的投资。由此可见，持续经营审计意见对保护公众投资者的财富、提高资本市场会计信息质量、提升资本市场资源配置效率、促进资本市场健康发展以及实现我国经济持续稳定向好发展均起到重要作用。

六、破产理论

持续经营审计意见揭示了企业存在经营难以维系的重大不确定性，其在资本市场中的信息含量及风险传导效应还与破产理论须臾不可分离。

所谓破产，是指债务人的全部资产不足以抵偿债务或债务人不能清偿到期债务的事实状态。在现实中，破产更多是由于债务人无法偿还到期债务引起的。因此，债务结构对企业来说非常重要。即使总的负债水平并不高，但短期负债占比很高，也很可能导致企业破产。

企业破产表明企业经营活动失败，而在企业理论中，破产意味着企业的死亡。企业破产分为破产清算和重整两种模式。在破产清算模式下，企业的资产被拆开卖掉，其收益按债权的优先序列进行分配。此时，资产的价值称为清算价值，适用的会计模式为清算会计，而清算假设即成为会计计量的基础。在实际中，企业破产更可能以重整的方式进行[①]。相比于破产清算模式下对债务人的财产进行立即清算，重整是指在法院的主持下，由债务人与债权人自行拟定重整协议，制订重整计划，规定债务人在一定期限内按照协议中指定的方式全部或部分地清偿债务，同时债务人可以继续开展其业务。因此，重整是一种更为宽容的、再建型的债务清偿程序，是对

① 根据《中华人民共和国企业破产法》，当公司不能清偿到期债务，公司债权人可以向人民法院提出对公司进行重整或者破产清算的申请；当法院受理该申请，公司即正式进入重整或者破产清算程序。另根据我国《股票上市规则》，当公司进入重整或破产清算程序，公司股票交易即实行退市风险警示。

陷入困境企业的一种拯救。破产清算还是重整与债权人的集中度有关。如果债权人比较集中，每个债权人持有的债权数额比较大，那么达成重整协议的可能性就高一些，企业重整的可能性就大；而如果债权人比较分散，单个债权人持有的债权数额相对较小，重整协议就较难达成，那么最后破产清算的可能性就会大一些。

当债权人数量众多且债权人之间的利害冲突关系相对复杂时，破产法律制度的设立就成为一种现实所需。破产法律制度能够通过监督破产还债和监督破产淘汰的机制发挥社会治理功能，维护债权债务关系中双方的合法权利，淘汰没有竞争力的生产方式和经营方式，促进社会的发展与进步。通过这种破产法律制度，债权人之间的利益冲突和债权人集体与债务人的利害关系能够更加公平、合理地得到解决。

破产理论的内容包括破产预防理论、企业死亡理论以及破产法学理论。破产预防理论，顾名思义，其研究目的在于预防破产的发生，最有代表性的研究成果是阿尔特曼判别函数和比佛破产预测模型。阿尔特曼判别函数又称为多元判别模型（MDA），是一种将财务比率分析和精确统计技术相结合的破产预测方式，对两年内的破产企业具有预测能力。而比佛破产预测模型则从股票价格和股息的变化率来判别企业破产的可能。企业死亡理论研究的是企业破产死亡的原因，主要探究导致企业经营失败的经济和管理方面的原因，例如，日本关西大学教授神保一郎对英国豪华轿车公司罗尔斯－罗伊斯、美国铁道公司培恩中心以及日本三光轮船海运公司这三个破产案例的研究。这三个大型企业毫无顾忌地投资导致沉重的资金负担，进而导致固定费用压力过大，同时对外部环境的变化例如替代行业的兴起、市场前景的暗淡以及经济的不景气等缺乏预判而最终破产。破产预防理论和企业死亡理论均以企业为研究基点，研究的最终目的是延长企业的寿命。而破产法学理论则是研究破产事件发生后的一系列法律规范，按照实体法律规范和程序法律规范的区别可分为对破产债权、破产责任、破产救济等的研究以及对破产申请与受理、破产宣告、破产清算等的研究。

我国曾在很长时间里实行“统购统销”的计划经济，企业因此失去了“自主经营、自负盈亏”的机能，充当的只是国家这个大工厂里的一个车间（方军雄，2004），因此也就不存在破产的情况。直到1986年我国第一部企业破产法出台，我国企业才真正可能面临破产。但是，值得一提的是，这部法律只适用于全民所有制企业，并且一直以“试行”的方式实施了20年。直到2006年新企业破产法的审议通过，我国个体和私营企业的破产才真正有法规规则可循。这是我国转型时期的标志性事件，极大地提高了优胜劣汰法则在我国社会主义市场经济中的巨大作用。

持续经营审计意见即是对企业破产风险的一种警示。首先，从理论上看，注册会计师发表持续经营审计意见的原因是企业以持续经营假设编制财务报表不再合理，或者企业以持续经营假设编制财务报表是合理的，但企业的持续经营能力存在重大不确定性。持续经营假设的核心概念就是企业在可预见的将来不拟也不必终止经营或破产清算。如果持续经营假设不再适用，则意味着企业在可预见的将来会终止经营或破产清算。在这种情况下，企业的财务报表应当从持续经营假设改为清算假设，并适用清算会计。其次，从企业能力上看，持续经营能力是确保企业能够生存下去的第一层次的能力，是最为基础的能力。倘若持续经营能力存在重大不确定性，则意味着企业正在丧失最基本的生存能力，企业生命难以维系。企业破产在企业理论中意味着企业的死亡。因此，无论从持续经营假设不再合理来看，还是从持续经营能力存在重大不确定性来看，持续经营审计意见都是对企业破产风险的预警。

不仅如此，从实证研究的结果来看，Louwers 等（1999）证明了与同类型没有被出具持续经营审计意见的财务困境公司相比，被出具了持续经营审计意见的公司更可能破产；Taffler 等（2004）和 Chen 和 Church（1996）证明了如果企业在破产前曾被出具持续经营审计意见，则公司破产时市场负反应程度相对较小。还有许多学者从融资约束的角度证明了持续经营审计意见会导致企业融资成本增加、融资难度增加，从而加重企业流动性和偿债能力的危机，进一步降低企业生存的概率。然而，也有部分学者研究发现持续经营审计意见对公司破产的预测准确性并不高。例如，Geiger 和 Rama（2006）研究发现，美国 80%—90% 被出具持续经营审计意见的公司在随后的一年并没有破产。但综合来看，大多数学者还是认为持续经营审计意见对预测公司破产具有一定的信息含量。

从上述分析来看，持续经营审计意见是注册会计师对企业破产风险的最集中的表述，在资本市场中具有特殊的风险提示作用，应当给予充分的重视。当前，我国经济正处于结构性转型期，许多竞争能力不强、风险抵御能力不高的企业正面临被市场淘汰的风险。充分认识持续经营审计意见的预警功能有助于公众投资者作出正确的决策，避免自身利益遭受重大损失。同时，我们也要看到，持续经营审计意见引起的市场负反应会加重企业的持续经营危机，加速企业破产。这一方面有助于市场淘汰落后的产能和落后的生产方式，提高市场经济资源配置的效率，另一方面也可能夺去一些原本有机会重获新生的企业的最后一丝生存希望。因此，我国亟须加强对持续经营审计及其准则的全面、系统的研究，进一步加强注册会计师在持续经营审计方面的执业能力，使注册会计师发表持续经营审计意见的决策过程足够地严谨、细致，并建立起适应我国社会主义市场经济发展要求的持续经营审计制度和企业破产预警系统。建立并完善持续经营审计制度和企业破产预警系统对于提高我国市场经济运行的效益和效率、避免个人和社会财富遭受重大损失以及提升监管机构的监管效能而言至关重要。

第三节　文献综述

前文已对本书的主要概念和理论基础进行了较为详尽的阐释。本节将对持续经营审计意见现有的研究成果进行全面回顾和评述，从中提炼主要观点，借助国内外学者研究成果中闪耀着的智慧火花，为本书的研究提供指引。

一、发表持续经营审计意见的动因

国内外学者针对持续经营审计意见动因的研究大致可分为三种视角：审计师专业胜任能力的视角、审计独立性的视角和审计环境的视角。审计师发表持续经营审计意见的决策过程可分为两个阶段，第一阶段评估持续经营能力，属审计师的专业胜任能力范畴；第二阶段选择具体的审计意见类型，属审计独立性范畴。专业胜任能力和独立性构成了审计师发表持续经营审计意见的内环境。而由审计准则、法律责任、诉讼风险和公众投资者的审计期望等构成的审计外环境也会影响审计师的决策。因此，本部分从审计师专业胜任能力、审计独立性和审计环境这三个方面进行文献述评。

（一）审计师专业胜任能力的视角

能否提前察觉企业的持续经营危机？如何对企业的持续经营能力进行预判？探索这两个问题的答案是开启持续经营审计意见研究的第一步。Boritz（1991）较早提出企业经营失败过程观理论，认为企业经营失败并不是某天突然发生的事情，而是一个渐进积累转化的过程，企业持续经营能力的强弱转变是一个动态发展的过程。其他学者也认为，企业持续经营能力衰变是从轻微不确定、逐渐恶化到无法逆转的渐进过程（吴世农和卢贤义，2001；方军雄，2002）。这些理论表明，企业持续经营能力的丧失是有一个过程的，对持续经营能力作出判断并非无章法可循，只要对持续经营能力恶化的机理和表征进行分析，对相关风险信号进行识别和把控，审计师可以对持续经营能力加以综合判断。

既然企业持续经营能力的判断有理论支撑且切实可行，那么与企业持续经营能力相关的风险信号有哪些？应当如何识别？一般认为，企业持续经营能力存在不确定性最直观的信号是财务指标的恶化。方军雄（2004）认为，财务质地是企业维持生存的直接动因。Patrick（1932）最早通过财务指标研究企业的持续经营能力，他通过分析持续经营危机公司和健康公司的财务指标来探究持续经营危机出现的表征，开创了持续经营能力研究的先河。此后，许多学者开始对持续经营危机的风险信号和持续经营假设不再成立的界定方法进行系统研究。Sterling（1968）通过推理认为，如果企业的经营一再亏损，收入不能弥补支出，企业就不可能继续存在下去。Lau（1987）认为现金短缺是企业出现财务危机的直接因素，他基于美国的情况提出企业财务危机可分为财务健康、股利减少或停止发放、无法清偿到期债务、受破产法第 10 章和第 11 章保护、破产及清算这五个阶段（Five - state Model）。我国台湾学者陈肇荣（1983）也基于财务的视角，提出企业经营失败可分为财务危机阶段、财务失调阶段、破产倒闭阶段这三个阶段。在财务危机阶段，企业现金短缺、周转不畅、债务延迟支付；在财务失调阶段，企业现金严重短缺、支票退票、债务违约；在破产倒闭阶段，企业资不抵债、丧失偿债能力。Boritz（1991）构建了企业持续经营危机的动态模型，认为企业持续经营危机的发酵过程总是先受到不利的经济环境（例如，技术变革或市场巨变等）和管理缺陷等因素的综合影响而导致企业陷入持续经营危机的“酝酿期”，此后，企业开始不断作出不可逆转的错误的经营决策，导致企业出现现金流异常紧张的情况，迫使企业以高成本举新债还旧债以及抛售资产等，形成恶性循环，最后企业无力偿还到期债务而破产。Boritz（1991）的模型纳入了企业经营决策和宏观环境等因素的影响，不仅仅局限于财务因素，为企业持续经营危机的研究提供了新的视角。但是，该模型同样表明，企业难以持续经营的最终导火索依然是流动性危机，即企业无力清偿到期债务。因此，综合现有文献，绝大多数学者都认为财务指标的恶化、流动性危机的出现是企业持续经营能力存在不确定性最重要且最直接的判断依据。

实证研究发现，企业的财务状况是审计师进行持续经营审计意见相关决策时最为关注的核心因素。例如，朱小平和余谦（2003）研究发现审计师在发表持续经营审计意见时最为关注的三个指标依次是净资产收益率、资产负债率和净资产收益率的变化量。暴瑞藏和唐玉莲（2010）研究发现 2007 年沪市 A 股上市公司中，资产负债率、总资产收益率以及经营性现金流量净额除以总负债的比率与审计师的持续经营审计决策尤为相关。廖义刚（2007）将财务困境企业分为ST族和非ST族两类，发现审计师对ST族财务困境企业进行持续经营审计意见的决策时，会更多地依据企业的财务状况，比如依据流动比率、资产负债率、当年是否亏损以及上年度是否被出具持续经营审计意见，相对不受其他因素干扰；而对非ST族的决策，则还会受到客户重要性程度、第一大股东的持股比例以及会计师事务所自身规模等因素的影响。此外，该研究还发现，审计师对于财务指标重要性水平的选择每个年度都不同，且对于同一年度的不同公司也不尽相同，当财务状况恶化的程度比较严重时，审计师更可能发表持续经营无法表示意见。由此可见，企业的财务状况是审计师在进行持续经营审计意见的决策时最为关注的方面，甚至是出具持续经营审计意见最直接的动因。

一些研究发现，除财务状况外，企业的经营状况也会影响审计师发表持续经营审计意见。Mutchler（1985）研究发现，企业经营管理的水平、客户和供应商的变化情况会对审计师的持续经营审计决策产生重要影响。审计师应当关注经营方面的指标的观点得到了许多学者的认同。方军雄（2004）指出，经营质量是企业持续经营的内在基础。因此，除了财务指标，审计师还应当关注诸如企业市场份额的减少、人力资源的短缺、供应商和客户的流失等影响经营的因素（Behn，1999）；经营能力、管理能力、外部环境等难以量化的信息也应该在评估持续经营能力时予以考虑（陈朝晖，1999）。张晓岚等（2007）也提出经营效率的概念，认为经营效率是衡量企业经营状况的核心指标，在进行持续经营能力判断时引入经营效率的指标能提高持续经营能力判断的正确率。

此外，企业的巨额担保也是审计师重点关注的对象。张俊瑞等（2014）研究发现，上市公司的高风险担保行为会引起审计师的重点关注，担保规模越大，审计师出具持续经营审计意见的可能性也越大。并且，相对于为子公司提供担保，上市公司对非子公司提供担保更容易导致持续经营审计意见。

一些学者还基于我国特殊的制度背景对审计师发表持续经营审计意见的影响因素展开研究。廖义刚和王艳艳（2008）考察了我国上市公司大股东持股比例以及政企关系对持续经营审计意见的影响，发现对于存在持续经营问题的公司，第一大股东持股比例与公司被出具持续经营审计意见呈负相关关系，而第二大股东相对于第一大股东的持股比例，以及第二、第三大股东持股比例之和相对于第一大股东的持股比例与公司被出具持续经营审计意见呈正相关关系。该研究还发现，政府控制的上市公司被出具持续经营审计意见的概率显著高于非政府控制的上市公司，地方政府控制的公司被出具持续经营审计意见的概率显著高于中央政府控制的公司和非政府控制的公司。吴芃等（2018）研究发现，公司在财务重述的当年更可能被出具持续经营审计意见，并且该可能性与财务重述的频次呈正相关关系；在发生财务重述的企业中，国有企业被出具非标审计意见的概率低于非国有企业，然而该现象之于持续经营审计意见却不显著，这说明国有企业的性质对减弱财务重述与持续经营审计意见正向关系的作用并不明显。

（二）审计独立性的视角

在对企业的持续经营能力作出评估之后，审计师需要决定是否发表持续经营审计意见。并且，针对企业不同程度的持续经营风险，审计师还需要确定具体的持续经营审计意见类型。审计师是否秉持了应有的独立性在此阶段尤为重要。

廖义刚（2007）研究发现，非 ST 族的财务困境公司相对于事务所的重要性程度与其被出具持续经营审计意见的可能性呈正相关关系，并且当审计师为国际“四大”时，其被出具持续经营审计意见的可能性也越大。Li（2010）的研究部分地证明了该结论，即审计收费占事务所总收入的比例越高的财务困境客户越容易被出具持续经营审计意见。

张晓岚和杨春隆（2010）研究发现，本期发生了审计师变更的企业，其后期被出具持续经营审计意见的可能性会降低，因此经营困境公司可能会为了获得更有利的审计意见而进行审计意见购买。而另一些研究则发现，变更审计师并不能显著改善审计意见，反而会使审计意见更加稳健（Mutchler，1985）。针对审计师变更能否改善持续经营审计意见的研究存在两种完全相反的结论的部分原因在于，在比较公司变更审计师前后获得的审计意见类型的差异时，一些学者未能考虑到公司财务状况、经营状况在变更审计师后可能发生的变化，因此出现研究结论不一致。

此外，一些学者对事务所规模是否会影响审计师发表持续经营审计意见进行研究。Mo 等（2015）以 2001—2010 年我国财务困境公司为样本，发现“四大”会计师事务所和本土会计师事务所相比，在发表持续经营审计意见时并没有更加稳健。Foroghi 和 Shahshahani（2012）基于伊朗的情况，对其在 2001—2010 年进入破产程序的公司进行研究，也得出了类似的结论。但与此同时，也有另外一些研究发现，会计师事务所的规模越大，发表持续经营审计意见越稳健。

（三）审计环境的视角

现有研究从审计准则、监管法案、破产法案、证券市场变革以及内部控制等角度对审计环境变化究竟会给持续经营审计行为带来哪些影响进行探究。Raghunandan 和 Rama（1995）从审计准则实施的角度展开研究，发现在 SAS No. 59 实施后，审计师发表持续经营审计意见的倾向有所增加，由此证明 SAS No. 59 强化审计师的报告责任起到了一定效果。Fargher 和 Jiang（2008）从法律层面展开研究，发现 SOX 法案的出台增大了审计师的法律责任和潜在的诉讼风险，因此，在 SOX 法案颁布之后，审计师发表持续经营审计意见的意愿增加。Gramling 等（2011）从监管层面进行研究，发现非“四大”会计师事务所在被 PCAOB 检查的当年发表持续经营审计意见的可能性会显著增加。

一些学者基于我国特殊的制度情景进行了类似的研究。Mo 等（2015）研究发现，由于新企业破产法加大了审计师潜在的法律责任和诉讼风险，在新企业破产法出台后，“本土十大”会计师事务所的审计师发表持续经营审计意见的倾向有所增加，表明严苛的法律环境有利于审计师发表高质量的审计意见。张立民等（2018）研究发现，“沪港通”实施后，标的股票被出具持续经营审计意见的可能性增加，说明“沪港通”这一互联互通机制的落地，促使审计师声誉成本与潜在诉讼风险增加，从而提高了审计意见的质量和资本市场信息披露的质量。

此外，一些研究基于内部控制、企业所有权性质以及管理层盈余操纵等视角研究审计环境对审计师发表持续经营审计意见的影响。廖义刚（2015）研究发现，对于财务困境公司而言，公司的环境不确定性与被出具持续经营审计意见的可能性存在正相关关系，并且对于民营企业而言，维持良好的内部控制有利于降低被出具持续经营审计意见的可能性，然而，在国有企业中并未发现类似现象，表明政府的隐性担保和天然的政治关联使得国有财务困境公司不需要凭借高质量的内控来缓解审计师对其的疑虑。吴芃等（2017）研究发现，财务困境公司投机性的应计盈余管理行为会导致监管机构和审计师的额外关注，最终使企业陷入更严重的持续经营困境。

二、持续经营审计意见的经济后果

持续经营审计意见是注册会计师对企业持续经营风险的最集中的表达，它反映出企业在财务、经营或其他方面存在重大问题，在可预见的将来很可能面临终止经营或破产清算的风险，与其他不涉及持续经营问题的“非标”意见存在本质上的区别。因此，持续经营审计意见在资本市场中具有特殊的风险警示作用，会对投资者、债权人和其他利益相关者带来重大影响。那么，该影响是会被市场识别而“一石激起千层浪”，还是会由于其他“噪声”的干扰而湮没在信息的“洪流”中？持续经营审计意见会带来哪些经济后果？投资者、债权人等对其会有何种反应？这些问题都是本书试图探索和研究的对象。任何一项科学研究都是“站在巨人的肩膀上”的活动。本部分将对持续经营审计意见经济后果的相关研究进行梳理，具体从引起的市场反应和融资约束两个方面展开。

（一）持续经营审计意见的市场反应

国内外学者研究发现，市场对持续经营审计意见有着显著的负反应。例如，Firth（1978）研究发现，英国市场对持续经营审计意见有着显著的负反应。Melumad 和 Ziv（1997）将“非标”审计意见分为事后可避免和事后不可避免两种类型进行对比研究。事后可避免的“非标”意见是指因企业与审计师之间存在分歧而产生的、可通过按照审计师的意见进行调整而避免的“非标”意见，而事后不可避免的“非标”意见是指企业无法通过调整财务报表避免的“非标”意见，如持续经营审计意见。该研究发现，事后不可避免的“非标”意见市场反应为负，而事后可避免的“非标”意见市场反应具有不确定性。我国学者以不同年度的样本为研究对象，且采用不完全相同的方法进行研究，均得出持续经营审计意见市场反应显著为负的结论（张晓岚和宋敏，2007；郭志勇和陈春龙，2008；黄秋敏和张天西，2009）。

虽然国内外学者均得出持续经营审计意见市场反应显著为负的结论，但对于市场能否有效识别不同类型和不同严重程度的持续经营审计意见并未获得一致结论。Bessell 等（2003）研究发现，市场对于持续经营无保留意见和持续经营保留意见的反应不存在显著差别。黄秋敏和张天西（2009）、邢春玉等（2016）也发现，我国证券市场不能很好区分持续经营无保留意见和持续经营保留意见。黄秋敏和张天西（2009）还发现，在年报公布后较短时间内，我国证券市场对持续经营无法表示意见的负反应显著强于对持续经营无保留意见和持续经营保留意见的负反应。但张晓岚和宋敏（2007）研究发现，我国证券市场不能区分持续经营无保留意见和持续经营无法表示意见，与黄秋敏和张天西（2009）的研究结论不一致。任主恩等（2012）以年报公布日前后 21 天的平均股价衡量市场反应，发现我国证券市场对于持续经营审计意见的负反应要显著强于对非持续经营“非标”审计意见的负反应。张晓岚和宋敏（2007）研究发现，我国证券市场对于持续经营审计意见的认知程度经历了一个不断上升的过程，持续经营审计意见和非持续经营“非标”审计意见的市场反应差异先后经历了不显著、逐渐显著、显著性不断提升的过程，表明我国持续经营审计准则的制定具有积极的引导效果。

Webb 和 Wilkins（2000）对依据不同审计准则作出的持续经营审计意见的市场反应差异进行研究。该研究发现，在美国市场中，被出具依据旧准则 SAS No. 34 作出的持续经营审计意见的公司在宣布破产时市场负反应程度较高，而被出具依据新准则 SAS No. 59 作出的持续经营审计意见的公司在破产时市场负反应程度较低，说明新准则的实施提高了审计师发表审计意见的恰当程度，同时也说明新准则下市场对持续经营审计意见的认知程度有了提高。

Taffler 等（2004）考察了持续经营审计意见对公司申请破产时市场反应的影响。他们将破产公司分为已向市场传递持续经营风险的公司和未向市场传递持续经营风险的公司，将破产之前被出具持续经营审计意见视为已向市场传递持续经营风险，而将破产之前未被出具持续经营审计意见视为未向市场传递持续经营风险。该研究发现，如果公司破产前被出具了持续经营审计意见，则公司申请破产时市场负反应程度相对较小，说明持续经营审计意见具有一定的信息含量。Chen 和 Church（1996）也发现，被出具了持续经营审计意见的公司在破产日前后的市场负反应程度更小，得出了与 Taffler 等（2004）一致的结论。

从证券市场的表现来看，持续经营审计意见引起的这种负反应具体表现为股价下跌、企业价值下降（Dopuch，1986）等。邢春玉和曾铁兵（2017）研究发现，公众对财务困境公司的价值评估方式在持续经营审计意见出具后骤然改变，从原来估值时采取的双报表关注转向重视资产负债表、轻视利润表的偏向关注。该研究结论与 Blay 等（2011）的结论基本一致。进一步研究还发现，持续经营审计意见还会导致资本市场看低存货和无形资产、重视固定资产和长期负债。厉国威等（2010）研究发现，持续经营审计意见能够导致更低的盈余价值相关性，并在 ST 的基础上进一步促使投资者降低对公司价值的认定，这意味着持续经营审计意见在我国特有的 ST 风险警示制度下为投资者提供了增量的决策有用性。Dong 等（2015）也发现，持续经营审计意见会进一步加剧市场对于持续经营困境企业的价值的看低。

（二）持续经营审计意见的融资约束效应

从融资约束的角度来看，余玮（2012）认为银行在其信贷决策的过程中，能够对持续经营无法表示意见、持续经营保留意见和持续经营无保留意见这三种不同类型的持续经营审计意见在风险程度上的差异作出区别对待。周楷唐等（2016）研究发现，持续经营审计意见具有的融资约束效应会在非国有企业、被小规模事务所审计的企业以及市场化程度低地区的企业中显现出更强的效应。廖义刚等（2010）也发现，国有企业的性质会对持续经营审计意见的融资约束效应产生影响，国有企业在被出具持续经营审计意见后，其次年银行贷款的水平并未显著下降。

对于风险较高的借贷人，债权人可以选择在债务合同条款里增加约束性条件或公司必须达到的财务指标，一旦公司财务指标不达标就触发立即还款条件。当然，触发立即还款条件的后果是加重公司的流动性危机和偿债能力危机。在 20 世纪 80 年代的英国，就有研究发现审计师发表的持续经营和资产计价两类保留意见会影响公司的借款规模（Firth，1980）。另有学者也发现财务困境公司的贷款利息在被出具持续经营审计意见后显著提高，同时契约数量也显著增加，而贷款期限则显著缩短（Francis，2013）。周楷唐等（2016）研究发现，持续经营审计意见对债务规模和债务成本的影响程度最高，分别比非标准审计意见高66%和9.4%，比非持续经营非标准审计意见高约6倍和16.7%。从现有文献来看，持续经营审计意见的特殊风险警示作用对于债权人具有增量的信息含量，能够导致企业信用降级，融资成本增加，融资渠道变窄，更难以获得银行和商业信用等在内的外部融资（Kim等，2011），从而进一步降低持续经营困境企业的生存概率。

（三）持续经营审计意见与破产预测

大多数学者认为，持续经营审计意见对于预测公司破产具有额外的信息含量及价值。Chen和Church（1996）认为，持续经营审计意见对于预示公司破产具有价值是由于审计师在进行持续经营审计时获取了大量的财务及非财务信息，以及从长期的客户关系中获得的私有信息。而Louwers等（1999）认为，持续经营审计意见对于公司破产有着一种“自我实现”的预言机制，即由于持续经营审计意见向市场传递了企业生存难以维系的风险信号，这将引起投资者的看低、供应商的拒绝合作、债权人的恐慌等，由此致使企业陷入四面楚歌的境地而不可避免地走向失败。然而，也有部分学者研究发现持续经营审计意见对于预测公司破产的准确性并不高。Geiger和Rama（2006）基于美国市场的情况进行研究，发现在被出具持续经营审计意见的公司中，有80%—90%的公司在意见出具后的一年内并没有破产。

（四）持续经营审计意见对管理层行为的影响

现有文献还表明，持续经营审计意见可能导致管理层行为的变化。Zaher（2015）研究发现，持续经营审计意见向股东传递了高管经营存在缺陷的风险信号，股东为了保证自己的财富最大化，会要求通过更换高管来扭转公众对上市公司的不良预期。因此，持续经营审计意见可能带来高管变更。宋琛等（2012）研究了持续经营审计意见与管理层业绩预告行为间的关系，发现在上一年度被出具持续经营审计意见后，公司管理层会对业绩预告的精确度和偏误方向进行操纵。具体来说，如果公司上一年度被出具持续经营审计意见，则公司本年度的业绩预告精确度会降低，并且上一年度是否是首次被出具持续经营审计意见、被出具持续经营审计意见的次数以及持续经营审计意见的具体类型都会对管理层业绩预告的精确度造成影响。Ababneh（2015）研究发现，被出具持续经营审计意见后，管理层为了扭转公众的不良预期，会更多地通过应计盈余管理和真实盈余管理的行为进行盈余操纵。由此可见，持续经营审计意见的出具会对管理层形成压力，从而对管理层的业绩预告和盈余管理等行为产生影响。

三、文献评述

从以上研究可以发现，国内外学者围绕持续经营审计意见进行了诸多探究，也取得了较为丰硕的研究成果。从审计师发表持续经营审计意见的过程来看，审计师的专业胜任能力和审计独立性构成了持续经营审计的内环境，而持续经营审计准则、相关法律法规及监管制度等则构成了持续经营审计的外环境。在外环境的众多因素中，又以持续经营审计准则的影响最为重要。持续经营审计准则构筑了审计师开展持续经营审计工作的制度框架，是持续经营审计外环境中最关键的一环，同时又对审计师的专业胜任能力和审计独立性等提出明确的要求，加强并巩固了持续经营审计的内环境。因此，对持续经营审计准则展开研究，对于促进持续经营审计工作的有效开展、提升持续经营审计质量以及加强持续经营审计意见的决策价值等均具有十分重要的意义。

从目前的研究现状来看，从持续经营审计准则变迁的角度对持续经营审计意见的制度背景展开研究的文献仍较为缺乏。并且，目前也尚未有学者对我国近年来持续经营审计准则的实施现状及我国最新持续经营审计准则的实施效果进行深入探究。这为本书的研究提供了一个契机。因此，本书将持续经营审计意见的制度演进作为研究重点，梳理持续经营审计准则的发展过程，探究其演进的内在机理及产生的作用，并在此基础上探究我国近年来实施的持续经营审计准则是否具有积极的引导效果，我国最新持续经营审计准则的全面实施是否提升了持续经营审计意见的信息含量及决策价值，以及持续经营审计意见在我国资本市场中发挥预警作用的机制与路径。

对持续经营审计意见制度背景的研究有助于持续经营审计准则的持续改进，对于促进持续经营审计质量的提升以及加强持续经营审计意见的预警作用和沟通价值等具有重要意义。同时，这也有助于促进持续经营审计相关制度的建立与完善，在审计准则责任导向、会计师事务所质量控制、资本市场法治建设、审计行业监管等众多方面形成推动持续经营审计工作有效开展的合力，齐力提升我国持续经营审计质量，不断加强持续经营审计意见的决策价值，促进我国资本市场长久、稳定、健康发展。

本章小结

本章首先通过概念界定阐释了持续经营审计意见产生、存在及发挥作用的内在机理，接着详细论述了持续经营审计意见研究的理论基础，为本书后续的实证研究厘清思路，建立理论分析框架，最后通过文献综述梳理了持续经营审计意见研究的主要研究成果，并针对研究现状进行了几点思考。

现代企业具有可持续发展的特征。因此，现代会计制度是建立在持续经营假设基础上的，有了持续经营假设，才有了会计分期，也才有了费用分摊、收入确认、资产计价、负债确认、资本保持、损益计算、信息披露等具体会计原则。也正是因此，持续经营假设成为会计基本假设，是财务报表编制的基础，是会计确认、计量和报告的前提。然而，在市场经济中，激烈的市场竞争、持续变化的客户需求、变幻无常的外部环境等无一不对企业的经营造成压力。一些缺乏核心竞争力的企业逐渐陷入持续经营危机，难以继续经营，甚至丧失最基本的生存能力，企业生命危在旦夕。若企业的经营难以持续，则以持续经营假设为基础编制财务报表不再合理，企业应当采用其他基础编制财务报表。此时若仍错误地以持续经营假设为基础编制财务报表，收入和费用的配比原则不再适用、资产和负债的流动与非流动划分等均不再合理，财务报表整体将存在广泛的重大错报而不再反映企业的真实状况。而财务报表是企业财务报告中最关键的信息，是投资者、债权人等进行决策的重要依据。财务报表整体的重大错报将对投资者、债权人等利益相关者造成广泛的、巨大的、难以挽回的经济损失。因此，对企业以持续经营假设编制财务报表的适当性作出判断必要而又重要。

现代企业中，所有权与经营权相分离，所有者与经营者之间形成委托代理关系和受托经济责任关系。管理层成为企业的经营者，对企业的所有者负有受托经济责任。这种受托经济责任体现为管理层需要尽最大善意管理好、经营好企业的经济资源并报告经营状况。因此，企业管理层是编制财务报表、进行财务报告的主体，应当对运用持续经营假设编制财务报表的适当性负首要责任。除此之外，受托经济责任也赋予管理层对企业的持续经营能力作出专门评估并披露的责任。企业的持续经营能力是企业得以维持生存的能力，是第一层次的、最为基础的能力。倘若企业的持续经营能力存在重大不确定性，则表明企业的生存难以维系，即使当前能够维系，“生命讯号”也终将衰弱直至枯竭。作为企业的经营者，管理层是企业持续经营能力的直接责任人，应当对评估企业的持续经营能力负首要责任。因此，管理层既需要对运用持续经营假设编制财务报表的适当性负责，又需要对企业持续经营能力的专门评估和披露负责。这种责任是管理层履行受托经济责任不可避免的内在要求。

然而，委托代理理论指出，企业的所有者与经营者之间存在内在利益冲突，管理层可能出于个人私利最大化的目的而使企业的经营偏离股东价值最大化的目标。也就是说，管理层可能未必会勤勉尽责地履行受托经济责任。因此，需要一种机制对管理层履行受托经济责任的情况进行监督、鉴证和评价。

审计就是一种通过独立、客观、公正的检查，对受托经济责任的履行情况予以监督、鉴证和评价的机制。而持续经营审计就是对管理层履行持续经营受托责任的情况予以确认和评价的机制。持续经营审计准则要求注册会计师在财务报表审计中就管理层编制财务报表时运用持续经营假设的适当性以及企业的持续经营能力获取充分、适当的审计证据、得出结论并发表审计意见。而无论是持续经营假设不再适用，还是持续经营能力存在重大不确定性，都反映了企业可能面临终止经营或破产清算的风险。因此，持续经营审计意见反映的是注册会计师对企业生存能力的判断，与其他不涉及持续经营问题的“非标”审计意见有着本质的区别。持续经营审计意见向资本市场传递了企业生存难以维系的风险信号，这种特殊的风险警示作用对投资者、债权人等而言具有重要的信息含量。它将引起股价下跌、企业价值下降，将使企业债务融资的难度进一步增加，体现为融资规模缩小、融资成本上升、债务契约增加，将使市场进一步看低企业的盈余价值相关性，也可能引起高管变更、企业重整或加速企业破产。

持续经营审计意见对缓解资本市场中的信息不对称、降低财务报告中的信息风险、保护投资者和债权人的合法权益以及保障资本市场资源配置的有效运行等均具有重要作用，这使得持续经营审计的质量应当被格外重视。持续经营审计质量的提升离不开持续经营审计准则的制定。持续经营审计准则应当加强注册会计师与持续经营相关的审计责任，加强持续经营审计意见的沟通价值。同时，审计行业监管机构应当加强注册会计师在持续经营审计方面的执业能力。当然，公众投资者、债权人等利益相关者也应当加强对持续经营审计意见特殊风险警示作用的认知。

第三章 持续经营审计意见的制度背景

对任何事物的研究都不能脱离其所处的环境，对持续经营审计意见的研究也不能脱离其制度背景。本章将对持续经营审计意见制度演进的主要过程和最新发展动向进行全面分析。通过对美国、国际和我国持续经营审计意见历次制度变更的内容与前因后果进行梳理，将能更准确地把握最新一次制度变革在持续经营审计意见整体发展脉络中所处的地位与可能起到的作用。

第一节 持续经营审计意见的制度演进：美国审计准则的视角

美国是最早出现持续经营审计意见的国家，也是最早制定持续经营审计准则的国家。本节将详细地阐述持续经营审计意见及其准则在美国产生和不断演进的过程，借此从历史发展的视角深入认识持续经营审计意见的本质内涵、存在的症结及美国持续经营审计准则未来修订的方向。

一、持续经营审计意见的雏形："受限于"审计意见

持续经营审计意见的雏形最早可追溯至20世纪20年代的美国。第一次世界大战之后，美国经济飞速发展，高风险的投资活动盛行，而财务报告因缺乏相应的制度规范对报表使用者造成的误导与日俱增，审计师面临的风险也随之加大。为应对该风险并保护自己免除相关责任，审计师开始尝试在审计报告中使用"受限于"（Subject to）的措辞来表示被审计单位存在不确定性事项带来的风险，以此警示公众投资者。此时的"受限于"意见既包括持续经营不确定性，也包括未决诉讼和或有事项等，使用并不规范。因此，在持续经营审计萌芽的初期，审计师对企业持续经营能力存在疑虑而发表的审计意见就是指"受限于"审计意见。

到了20世纪60年代至70年代，由于审计准则未能对"受限于"审计意见的适用范围作出明确规定，"受限于"意见遭受了不恰当的使用，许多原本应该出具保留意见的审计报告却被肆意地用"受限于"意见来替代，扭曲了审计师发表"受限于"意见是为了披露企业存在不确定性风险的初衷。针对当时的审计行业乱象，美国注册会计师协会审计准则委员会（ASB）于1974年发布了《审计准则公告第2号——审计报告》（SAS No. 2），对"受限于"审计意见的适用范围作出规定，并对"不确定性事项"进行了明确的定义，"不确定性事项是指该事项的发生将影响报表使用者对财务报表的正确理解，或者对该事项的披露无法依据合理的估计"。随后，美国财务会计准则委员会（FASB）于1975年发布《会计准则第5号——或有事项会计》（SFAS No. 5），阐释了或有收益和或

有损失等概念。ASB 颁布的 SAS No. 2 和 FASB 颁布的 SFAS No. 5 为审计师发表“受限于”审计意见提供了规则指引。

虽然 ASB 对不确定性事项作出了释义，但这一时期的注册会计师审计仍然存在对不确定性的概念进行随意使用的现象。于是在 1978 年，ASB 提出取消“受限于”审计意见。ASB 认为，被审计单位是否存在不确定性事项，不应该由审计师进行评估，而应该由被审计单位通过财务报表附注的形式自行披露，审计师的责任是评估被审计单位的信息披露是否充分。只要被审计单位的财务报表附注对不确定性事项进行了详尽的披露，就表明财务报表符合公认会计原则，审计师应当发表无保留意见；反之，如果未进行充分披露，审计师应当按照违反公认会计原则发表保留意见，情节严重时应发表否定意见或无法表示意见。基于上述理由，ASB 认为已经没有必要保留“受限于”审计意见。然而，该项提议在随后的听证会中遭遇了美国证券交易委员会（SEC）的反对。SEC 认为，规定在财务报表附注中披露不确定性事项应是 FASB 的责任，而非 ASB 的职责范围。

二、SAS No. 34 时期：增设“中间段”的“受限于”审计意见

此时学界和业界对于审计师是否应当承担评估被审计单位持续经营不确定性的责任存在两种截然不同的观点。一种观点认为，当被审计单位的管理层没有能力预测持续经营不确定性时，审计师应当运用职业判断努力预测不确定性事项的存在和风险；另一种观点认为，只要被审计单位按照 SFAS No. 5 的要求在财务报告过程中对不确定性事项进行了充分披露，审计师就可以发表标准无保留意

见。综合以上两种意见，ASB 于 1981 年发布了《审计准则公告第 34 号——审计师对主体持续经营能力的考虑》（SAS No. 34），突破性地允许审计师在审计报告意见段之前增加“中间段”[1]，专门描述导致被审计单位持续经营不确定性的事项，并在随后的意见段中使用“受限于”的措辞说明上述事项对财务报表整体公允性产生的影响。审计报告增设“中间段”使公众投资者对企业的持续经营不确定性格外关注。不少银行家和分析师表示，在评估企业的不确定性风险时，他们会首先查看审计报告中是否对不确定性事项进行了描述。另有许多公众投资者也认为，带“中间段”的“受限于”审计意见包含了从公司财务报表附注中无法获取的信息，其体现的不确定性风险比财务报表附注中披露的不确定性风险更重要，也更具有决策相关性和有用性（Manna，1982）。在此后的数年里，带有“中间段”的“受限于”审计意见在向公众投资者传递企业持续经营不确定性风险方面发挥了举足轻重的作用。

三、SAS No. 59 时期：审计师责任与管理层责任日渐明晰

在 SAS No. 34 的指引下，带“中间段”的“受限于”审计意见是专门针对被审计单位的持续经营不确定性而发表的审计意见。然而，一些学者研究发现，SAS No. 34 指引下的“受限于”审计意见没有发挥应有的预警作用，原因是有大约一半的破产企业在破产前最后一个会计年度没有被出具“受限于”审计意见。为进一步

① “中间段”是指在意见段前增加一个段落专门用于描述导致对被审计单位持续经营能力产生疑虑的事项和情况；在随后的意见段中，使用“Subject to the effects on the financial statements of...”的措辞说明上述情况对财务报表的影响。

提高资本市场信息质量，ASB 于 1988 年相继发布两项审计准则，分别是《审计准则公告第 58 号——财务报表审计报告》（SAS No. 58）和《审计准则公告第 59 号——审计师对主体持续经营能力的考虑》（SAS No. 59）。SAS No. 58 取代了 1974 年发布的 SAS No. 2，对除持续经营不确定性之外的其他不确定性事项（例如或有负债、未决诉讼等）在审计报告中的披露进行了规定，即当被审计单位存在这些事项时，审计师需要在意见段之后增加说明段对该类事项进行强调说明，而不需要出具“受限于”意见。SAS No. 58 的发布，确认了审计师需要对导致持续经营不确定性的事项或情况进行单独考虑，明确了持续经营不确定性需要和其他不确定性进行区别。SAS No. 59 取代了 1981 年发布的 SAS No. 34，要求审计师在整个审计过程中均需保持对持续经营不确定性的关注，而此前的 SAS No. 34 只要求审计师在觉察到被审计单位存在持续经营风险时对该问题进行重点考虑。因此，SAS No. 59 相比 SAS No. 34 来说，加大了审计师对持续经营不确定性风险的关注，加强了审计师评估持续经营能力的责任。

此外，SAS No. 59 还为审计师的持续经营审计过程提供了较为详细的指南。该准则指出：首先，审计师应在实施审计程序的过程中判断是否存在对被审计单位的持续经营能力的实质性怀疑。如果不存在实质性怀疑，审计师应当发表标准无保留意见；如果存在实质性怀疑，则需要进一步评估被审计单位的管理层是否有对持续经营能力进行改善的计划。若认为管理层的改善计划不足以消除实质性怀疑，审计师需要评估客户的管理层是否对持续经营不确定性进行了充分披露。如果披露充分，审计师发表无保留意见，并在意见段后增加说明段，说明导致持续经营不确定性的事项或情况；如果披露不充分，审计师发表保留意见或否定意见。若认为管理层的改善计划足以消除实质性怀疑，审计师仍然需要评估管理层是否就最初导致实质性怀疑产生的事项及其拟进行的改善计划进行了披露。如果披露充分，审计师发表标准无保留意见；如果披露不充分，审计师发表保留意见或否定意见。图 3－1 列示了 SAS No. 59 指引下的持续经营审计逻辑判断路线。

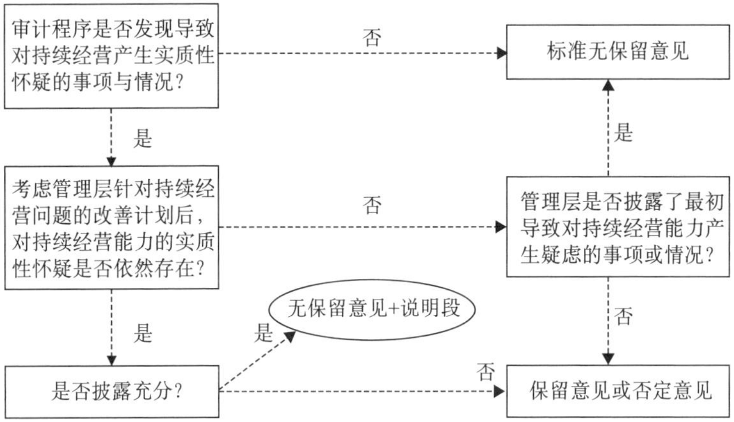

图 3－1　SAS No. 59 指引下的持续经营审计逻辑判断路线

SAS No. 59 给持续经营审计意见带来了新的变革：（1）它强调审计师在整个审计过程中均需保持对持续经营不确定性的关注，加大了审计师的责任；（2）坚持持续经营不确定性应当由被审计单位的管理层进行披露，审计师的责任在于评估管理层的披露是否充分、适当；（3）取消了“受限于”审计意见，改为在意见段后增加说明段来提请公众投资者关注被审计单位的持续经营不确定性事项。SAS No. 59 在规范审计师的责任与管理层的责任、弥合社会公众的审计期望差等方面发挥了重要的作用。

四、后 SAS No. 59 时期：持续经营审计意见遭受信任危机

2001 年 4 月之后，美国经济进入新一轮衰退期。2001 年末和 2002 年上半年，美国资本市场相继曝出安然公司和世通公司的财务造假及破产丑闻，投资者信心遭受重创。在 2001 年，美国有 257 家上市公司申请破产保护，约 2585 亿美元的市值蒸发，而 2002 年申请破产保护的上市公司数量虽然下降至 191 家，但破产金额却达到历史性的 3680 亿美元。美国历史上规模最大的 20 宗破产案中有 12 宗发生于 2001 年和 2002 年。更令人诧异的是，这 12 宗破产案中的主角——破产企业，却无一例外地均在破产前最后一个会计年度被出具无保留意见的审计报告，并且所有审计报告均未带有反映审计师对企业持续经营能力存在重大疑虑的说明段。此外，有学者通过研究 2001 年破产的 257 家上市公司中的 202 家公司的审计报告发现，只有 48% 的审计报告包含了带与持续经营相关的说明段（Venuti，2004）。公众投资者开始质问审计师是否按照 SAS No. 59 的规定尽到了审计责任？SAS No. 59 准则的实施是否对提高审计质量无效？众多的审计失败案例使公众对审计师以及审计准则制定机构产生了严重的信任危机。

事实上，自 SAS No. 59 发布之后，许多学者就开始对该准则的施行能否提高审计质量进行了研究。一类研究显示，自 SAS No. 59 生效后，审计师对处于财务困境但未破产的企业以及破产企业破产前最后一个会计年度均更多地发表了带说明段的持续经营审计意见，从而得出 SAS No. 59 提高了审计质量的结论（Raghunandan 和 Rama，1995）。另一类研究发现，虽然 SAS No. 59 实施后，持续经

营审计意见的形式与之前的“受限于”审计意见相比有很大的不同，但信息含量并没有显著提升，从而得出该准则未能提高审计质量的结论（Pringle 等，1990；Schaub 和 Michael，2003）。Venuti（2004）研究发现，自 SAS No. 59 实施后，破产企业中有将近40%—50%的企业并没有在破产前最后一个会计年度被出具带说明段的持续经营审计意见。

在 SAS No. 59 指引下的持续经营审计意见遭受信任危机之际，权威评级机构 Weiss 公司通过一份递交给国会的调研报告质疑了 SAS No. 59 的有效性。该报告指出，审计师的责任应体现在两个方面：一是鉴定被审计单位的财务报表是否按照公认会计原则编制；二是为财务报表使用者提供关于被审计单位破产风险的警示。该报告一针见血地指出审计失败的频发与 SAS No. 59 在规范审计师责任方面的不合理性有很大关系。比如 SAS No. 59 规定，被审计单位可能在获得了未提及任何持续经营不确定性的审计报告后破产，即使破产是发生于资产负债表日后一年内，也不能以此判定审计师未充分履行其职责。Weiss 的报告认为，正是 SAS No. 59 准则中的类似规定导致审计失败时审计师可以将自身的责任降到最低，因此，该准则不能达到提高审计质量、弥合公众审计期望差的目的。Weiss 的报告在一定程度上反映出自 SAS No. 59 生效后，公众对于审计师在提供公司破产预警信息方面提出了更高的期望和要求。

安然、世通等公司的财务造假与破产事件的频发使得公众对于审计师提供公司破产预警信息方面有了更高的期望和要求，SAS No. 59 指引下的持续经营审计显然已不能满足社会公众的审计期望，美国开始着手审计准则的修订计划并把眼光投向国际审计准则

(International Standards on Auditing, ISA)[①]。2004 年，ASB 开始着手启动“明晰项目”（Clarity Project)[②]，该项目的目标是以明晰起草惯例重新起草审计准则公告汇编[③]中的所有审计准则，使美国公认审计准则（U. S. GAAS）更易于阅读、理解和实施。与此同时，ASB 希望新起草的美国公认审计准则可以基本包括国际审计准则中的所有要求，并保留原有美国审计准则中仍适用的特殊条款和惯例。

五、从 SAS No. 126 到 SAS No. 132：审计期望差距不断弥合

2008 年美国发生次贷危机，并迅速蔓延至其他国家和地区形成全球性的金融危机，其波及范围之广、对经济的破坏性之严重令人瞠目。在金融危机的阴霾下，美国市场在全球市场中的中心地位岌岌可危，公众投资者对美国市场及其相关制度的信任再次遭受重创，投资者信心指数在风雨中摇摇欲坠。无论是从企业风险管理和内控、宏观经济政策、政府监督、诉讼制度，还是会计准则抑或审计准则，美国体系下的各项制度无不面临着反思及修缮的必要性。2008 年 10 月，FASB 紧急发布关于持续经营的征求意见稿，期望对持续经营相关会计准则进行修订。随后，FASB 决定将该修订项目分为独立的两阶段进行，第一阶段为在 2012 年第二季度发布关于清算会计的征求意见稿，第二阶段为在 2012 年第四季度发布关于持续经营的征求意见稿。与此同时，美国政府会计准则委员会

---

① 国际审计准则（International Standards on Auditing，ISA）由国际会计师联合会（International Federation of Accountants，IFAC）下属的国际审计与鉴证准则理事会（International Auditing and Assurance Standards Board，IAASB）制定并发布。

② 此时，IAASB 也于 2004 年开始启动国际审计准则的明晰项目。

③ Codification of Statements on Auditing Standards.

（GASB）也积极行动起来，将州和地方政府财务报表编制者的持续经营相关责任纳入准则[①]，明确规定政府财务报表编制者有责任对政府在财务报表日后12个月内的持续经营能力作出评估。并且，GASB的准则还进一步规定，若财务报表编制者已知悉超出合理期间不久（例如超出合理期间3个月）可能导致对主体持续经营能力产生重大疑虑的信息，编制者应当在评估持续经营能力时考虑该因素。2012年6月28日，作为"明晰项目"的阶段性成果，ASB发布《审计准则公告第126号——审计师对主体持续经营能力的考虑》（SAS No. 126），取代了SAS No. 59。SAS No. 126按照明晰起草体例对原准则进行了改写和修订，主要体现为加大了审计师的责任以及使该准则更易于理解与实施。但由于考虑到当年第四季度FASB将对持续经营相关会计准则发布征求意见稿，为了与FASB的准则保持一致性，此次发布的SAS No. 126没有在SAS No. 59的基础上作出重大修订或拓展，也没有按照原计划与《国际审计准则第570号：持续经营》（ISA 570）进行趋同，而是仅按照明晰起草体例在审计师对被审计单位持续经营能力是否存在重大疑虑的评估方面进行了一些修订。

2014年8月，FASB颁布了《会计准则更新（ASU）2014年第15号：财务报表列报——持续经营（副主题205－40）》[②]。该准则更新规定管理层有责任评估所在实体的持续经营能力并提供相关的附注披露。至此，FASB和GASB都在准则层面规定了财务报

① GASB Statement No. 56, *Codification of Accounting and Financial Reporting Guidance Contained in the AICPA Statements on Auditing Standards.*

② Accounting Standards Update (ASU) No. 2014－15, *Presentation of Financial Statements—Going Concern* (*Subtopic 205－40*): *Disclosure of Uncertainties About an Entity's Ability to Continue as a Going Concern.*

表编制者有责任对所在主体的持续经营能力作出评估并披露。为应对该会计准则的变化，在短期内解决会计准则变化对持续经营审计带来的影响，ASB 于 2015 年 1 月发布了重新起草的 SAS No. 126①，并提出四项新的审计解释，包括：（1）“主体持续经营能力的重大疑虑”的定义；（2）“合理期间”的定义；（3）中期财务信息；（4）对财务报表影响的考虑。ASB 表示希望能在不久之后实施更为全面的项目，以将重新起草的 SAS No. 126 与各项会计和审计准则更好地契合。

2017 年 2 月，ASB 发布《审计准则公告第 132 号——审计师对主体持续经营能力的考虑》（SAS No. 132），取代了 SAS No. 126，并适用于 2017 年 12 月 15 日及以后结束的会计年度的财务报表审计。SAS No. 132 在持续经营审计的目标和相关结论等方面作出重大修订，明确审计师的目标为以下三方面：（1）对管理层以持续经营假设编制财务报表的适当性得出结论；（2）对主体在合理期间内的持续经营能力得出结论；（3）评估上述两项结论对财务报表的影响，包括评估管理层对主体在合理期间内的持续经营能力所作的披露是否充分。不仅如此，该准则还就管理层的责任进行了全面修订，明确管理层负有对主体持续经营能力进行评估并披露的责任，明确审计师的评估是基于管理层评估的再评估，以及审计师的评估应当包括考虑管理层的评估是否已涵盖审计师觉察到的所有相关信息。因此，SAS No. 132 在审计准则层面明确了持续经营审计中审计师的责任与管理层的责任，厘清了两者之间的逻辑关系，为

① Statement on Auditing Standards No. 126, *The Auditor's Consideration of an Entity's Ability to Continue as a Going Concern*（*Redrafted*）（AICPA *Professional Standards*, AU - C Section 570）.

审计师高质量地履行审计责任、发表适当的审计意见扫清了制度上的障碍。

除此之外，SAS No. 132 还就第三方或主体的所有者经理（Entity's Owner - manager）为管理层针对持续经营问题的改善计划提供财务支持的情况作出全新的规定，明确管理层的改善计划中若存在第三方或主体的所有者经理提供财务支持的情况，审计师需要就支持方提供财务支持的意图及能力获取审计证据，其中对财务支持的意图需获取书面证据，否则不能认为审计师获取了充分适当的审计证据。若审计师未能对财务支持的意图获取书面证据，审计师应当得出管理层的改善计划不足以减轻对主体持续经营能力的疑虑的结论。

在审计结论的出具和审计报告的格式上，SAS No. 132 作了如下规定：（1）如果审计师认为管理层以持续经营假设编制财务报表是不适当的，应当发表否定意见；（2）如果审计师在考虑了已识别的情况或事项以及管理层的改善计划后，仍然对主体在合理期间内的持续经营能力存在重大疑虑，审计师应当在审计报告中增加强调事项段①，对主体的持续经营能力存在重大不确定性进行说明；（3）如果财务报表中对主体在合理期间内的持续经营能力披露不充分，则审计师应当发表保留意见或否定意见。

从 SAS No. 126 到 SAS No. 126（重新起草）再到 SAS No. 132，持续经营审计准则历经多次修订，不断完善，在明确管理层的责任、加大审计师的责任、规范审计报告格式及措辞、指引审计意见的出具等方面不断地弥合社会公众的审计期望差距，与其他会计及审计准则的契合度也不断提升。SAS No. 132 最大的贡献是厘清了

① 强调事项段：Emphasis - of - matter Paragraph.

持续经营审计中审计师的责任和管理层的责任，并使持续经营审计前、中、后三阶段中审计师应当考虑的事项和应当实施的审计程序得到了前所未有的细化。明确的审计程序有利于约束审计师的行为，避免审计师陷入“道德困境”，从而提升审计质量。SAS No. 132 遵循的程序理性原则对我国持续经营审计准则的制定和完善具有一定借鉴意义。

第二节　持续经营审计意见的制度变更：国际审计准则的视角

美国是制定持续经营审计准则最早的国家，为随后其他国家和地区制定相关准则提供了借鉴。1978 年，国际审计实务委员会（IAPC）成立，初期的工作致力于研究和制定财务报表审计的目标与范围，业务约定书以及一般审计指引（General Auditing Guidelines）。1991 年，IAPC 制定的一般审计指引重新汇编为国际审计准则，并随后发布了持续经营审计准则（ISA 570）。自此，持续经营审计准则在国际上形成了两套主要的体系：美国持续经营审计准则体系和国际持续经营审计准则体系。2002 年，IAPC 重组并改名为国际审计与鉴证准则理事会（IAASB），专门致力于制定高质量的国际审计准则并在全球范围推广。目前，国际审计准则已在全球 79% 的国家和地区的法定审计中适用[①]，我国审计准则也在 2006

① 资料来源于国际会计师联合会（IFAC）发布的《2017 年度全球采用国际准则情况报告》（International Standards: 2017 Global Status Report）。

年与国际审计准则基本实现实质性趋同。ISA 570 在发布后的很长一段时间里，实际上并没有与美国的持续经营审计准则存在重大差异，直至 2015 年 IAASB 完成国际审计报告改革、对 ISA 570 作出重大修订，才与美国持续经营审计准则产生实质性差异。本节将对国际审计报告改革下 ISA 570 作出重大修订的背景、修订的内容、产生的影响等进行详细阐述与分析，借此深刻理解此次重大修订的实质及可能带来的效应。

一、国际审计报告改革：ISA 570 作出重大修订

2015 年初，IAASB 完成国际审计报告改革，并发布了一系列的新国际审计报告准则。此次国际审计报告改革，是对现行审计报告体系的革命性变革，其目的是大力加强审计报告之于投资者和其他财务报告使用者的信息含量和决策价值，提高审计报告的效用。在此次改革中，IAASB 主要制定或修订了以下国际审计准则：ISA 700、ISA 701、ISA 705、ISA 706、ISA 260、ISA 720 以及 ISA 570。

在此次所作的多项改进中，ISA 570 是修订后产生较大变化的准则。修订后的 ISA 570① 对管理层和审计师与持续经营相关的责任进行重新表述，加强了审计师对持续经营假设及持续经营能力的关注，强化了审计师对持续经营的审计投入，并在审计报告中增强审计师所做持续经营审计工作的透明度。在这次所作的所有改进中，最重大且最具变革性的举措是要求审计师在审计报告中单设段

① International Standard on Auditing（ISA）570（Revised），*Going Concern* 原文可参阅以下网址：www. ifac. org/publications – resources/international – standard – auditing – isa – 570 – revised – going – concern#node – 32606.

落对持续经营能力存在重大不确定性的情况予以突出强调。这意味着修订后的ISA 570将不再以强调事项段的形式对持续经营存在重大不确定性的情况进行说明，“与持续经营相关的重大不确定性”在审计报告中的优先次序得到大大提升，需优先于强调事项进行说明。这也从另一侧面反映，“与持续经营相关的重大不确定性”是公众投资者最为关注的事项之一，具有特殊而重要的信息含量，其信息的有用性和决策相关性与其他强调事项具有明显区别。修订后的ISA 570在满足公众投资者对持续经营相关信息的需求、弥合审计期望差距方面又迈进了一步。

二、改革背后的逻辑：回应持续经营问题，强化审计投入

IAASB对ISA 570进行修订的决议基于长期的调研，并有着鲜明的时代烙印。2008年全球金融危机，投资者对未能在金融机构轰然倒塌前被警示持续经营风险而感到沮丧，这种沮丧触发了对当时审计报告模式的不满[①]。社会公众开始对现行的审计报告模式提出质疑[②]：“金融危机如此猛烈地袭来，作为资本市场看门人的审计师为何没能发挥作用？审计师是否履行了应尽的职责？为何没能在审计报告中提及持续经营问题？现行的审计报告模式是否具有可怕的弊端及缺憾？”美国公众公司会计监督委员会（PCAOB）委员Steven B. Harris也承认，审计师在金融危机中没能就积聚的财务报表风险向投资者发出任何有意义的信号，而实际上，审计师所掌握

① 资料来源：Statement on Concept Release on Possible Revisions to PCAOB Standards Related to Reports on Audited Financial Statements. www. pcaob. org。

② 资料来源：中国注册会计师协会行业发展研究资料（No. 2015 -1）。

的信息要比在审计报告中告诉投资者的多得多。由此可见，现行审计报告模式的信息含量及决策价值具有较大的缺陷，并已不能继续满足社会公众的审计期望差距。在此背景下，一场审计报告改革势在必行。

2008 年美国财政部审计职业咨询委员会（ACAP）[①] 发布了一份报告[②]，建议 PCAOB 即刻启动一项改进审计报告模式的准则制定工作。ACAP 认为，在当前的情况下，亟须通过改进审计报告模式，以为财务报表使用者提供更相关的信息，并在审计报告中沟通审计师的工作及作用。2010 年 6 月，英格兰与威尔士特许会计师协会（ICAEW）发布了一份报告——《银行审计：从危机中汲取的教训》，详尽地总结了在审计报告中应如何充分地展示审计工作，以提高银行审计的质量。2010 年 10 月，欧盟发布《审计政策：从危机中汲取的教训》（绿皮书）[③]，向社会公开征求关于审计报告改革的措施及建议。绿皮书指出，在 2007—2009 年的金融危机中，许多金融机构的表内外头寸发生巨额损失，但审计师对这些机构的财务报表却发表了标准无保留意见。审计师未能在审计报告中就已识别的风险进行沟通，出现了异常严重的“审计缺位”现象。欧盟认为有必要进行彻底的讨论，以明确地界定哪些相关信息应作为审计报告中的一部分提供给报告使用者，使审计报告起到应

① 美国财政部（The U. S. Department of the Treasury）于 2007 年 10 月成立了审计职业咨询委员会（Advisory Committee on the Auditing Profession，ACAP），负责审查审计行业的集中度、财务稳健性、审计质量、行业队伍的补充和保持等议题。

② Final Report of the Advisory Committee on the Auditing Profession to the U. S. Department of the Treasury.

③ EU，2011，Proposal for a regulation on the European parliament and of the council on specific requirements regarding statutory audit of public - interest entities，Green Paper.

有的作用。绿皮书的建议向公众传达了重要讯息，即审计报告改革亟待提上议程，并且新的审计报告模式应能够起到与报告使用者进行充分沟通的目的，将审计师所掌握的具有决策价值的信息进行充分有效地传达。2012 年 6 月，英国上议院发布了一份调查报告——《持续经营和流动性：对公司和审计师的教训》，建议审计师在审计报告中明确地说明，其是否有关于被审计单位持续经营能力的需额外增加或强调的内容。随后，IAASB 综合了以上调查报告及建议，就彼时审计报告模式的不足①与全球范围的投资者、监管部门、审计准则制定机构、审计师和财务报告编制人员进行了深入的沟通和讨论，开始着手进行国际审计报告改革，制定或修订一系列的新国际审计报告准则，以提高审计报告的信息含量和沟通价值，并在改革中重点回应了持续经营问题。

第三节　我国持续经营审计意见的历史沿革和最新发展

本章的第一节和第二节分别从美国审计准则和国际审计准则的视角对持续经营审计意见的制度演进作了较为详尽的梳理与分析。本节将对我国持续经营审计意见的历史沿革和最新发展进行阐述，并在此基础上提出完善我国持续经营审计相关制度建设的几点启

① 对彼时审计报告不足的总结：除审计意见外，全是千篇一律的套话，信息含量不足，相关性下降；不能作为展示审计工作的窗口；对持续经营假设合理性阐述不够；独立性强调不够；审计师的责任需进一步明确；顺序结构不利于突出最终的审计意见等。

示。从1999年我国首次发布持续经营审计准则至今，我国持续经营审计准则历经4次修订。从最初参照美国模式，到2006年基本实现与国际审计准则实质性趋同，再到2016年汲取国际审计报告改革的最新成果、继续保持与国际审计准则趋同，我国的持续经营审计准则朝着弥合社会公众审计期望差距的目标不断迈进，并在降低资本市场中的不确定性和信息不对称带来的风险等方面发挥了重要作用。值得一提的是，在2016年最新一次的修订中，我国的持续经营审计准则迎来重大制度变革，这无疑将对注册会计师未来执业带来全新的挑战。我们不禁疑问，新持续经营审计准则能否达到预期的效果？能否提升持续经营审计的质量、加强持续经营审计意见的信息含量？在本章结束后的后续章节中，本书将试图对这些问题进行解答。

一、持续经营审计准则首次发布：与SAS No. 59原则一致

在我国，持续经营审计意见最早出现于1997年。受红光事件①等的影响，当时的注册会计师为了规避风险和进行自我保护，对审计意见的发表采取了较为谨慎的态度。因此，在持续经营审计准则还未颁布的1997年和1998年，我国资本市场上已经分别有3

① 1997年6月，成都红光实业股份有限公司在上海证券交易所挂牌上市，募集资金4.1亿元。然而该公司上市半年即报出巨额亏损，募集资金亏掉近一半，创出中国证券市场的一个“纪录”。1998年1月，红光公司董事会发布公告，称公司重要设备因超期服役要停产维修及改造，但在半年多之前的公司招股书中对此严重影响公司业绩的重大事件却未进行任何披露。同年4月，红光公司发布1997年年报，全年亏损1.98亿元，每股亏损0.997元。同年11月，证监会公布对该公司的调查结果，指出该公司存在编造虚假利润、骗取上市资格、少报亏损、欺骗投资者、隐瞒重大事项、挪用募集资金违规买卖股票及未履行重大事项披露义务等欺诈及违规行为。

份和23份审计报告明确提及被审计单位的持续经营不确定性（廖义刚，2007）。

为了规范注册会计师发表持续经营审计意见的行为，为持续经营审计提供更多执业指引，我国首部持续经营审计准则——《独立审计具体准则第17号——持续经营》于1999年发布。该准则基本参照美国的SAS No. 59，规定注册会计师在财务报表审计中负有考虑持续经营假设合理性的责任，并应当在编制审计计划、执行审计程序以及评价审计结果时均保持对持续经营假设合理性的关注。在该准则的指引下，注册会计师发表持续经营审计意见应遵循逻辑判断框架如图3－2所示。

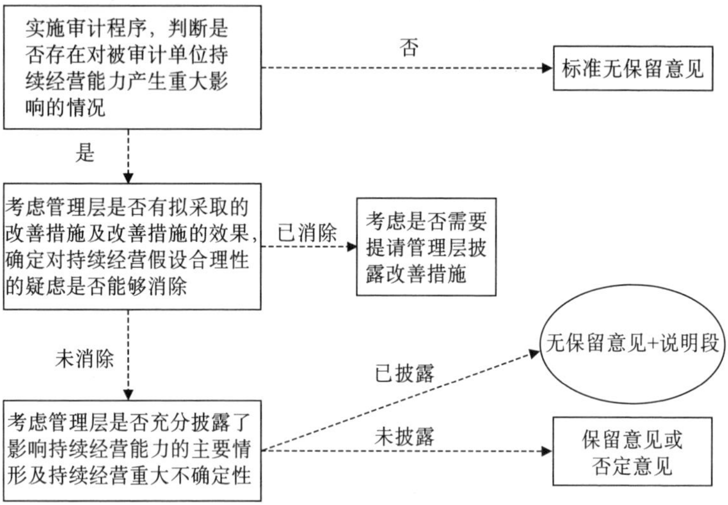

图3－2 《独立审计具体准则第17号——持续经营》指引下的持续经营审计逻辑判断路线

除图3－2所示情况外，该准则还规定：如果注册会计师认为被审计单位以持续经营假设为基础编制财务报表将对报表使用者造成严重误导，应当发表保留意见或否定意见；如果注册会计师未能对持续经营假设的合理性获取必要的审计证据，则应发表拒绝表示意见。

《独立审计具体准则第 17 号——持续经营》为注册会计师的持续经营审计工作提供了框架与指南，对注册会计师发表持续经营审计意见的行为具有明显的规范作用。然而，该准则仅对注册会计师的责任进行了说明，对管理层的责任却未作明确规定。同时，与美国的 SAS No. 59 相比，我国首部持续经营审计准则在应循审计程序的规定及表述上仍然不够全面、清晰，为注册会计师实际运用该准则留下较大自主判断的空间，容易造成注册会计师对准则把握不准而产生理解偏差。例如，该准则未能明确指出在管理层的改善措施能够消除注册会计师的疑虑的情况下，注册会计师是否需要进一步考虑管理层最初的披露情况，并据此发表标准无保留意见、保留意见或否定意见。因此，我国首部持续经营审计准则并未完全参照 SAS No. 59，而是为适应当时我国的经济发展状况而在 SAS No. 59 的基础上有所保留。

二、持续经营审计准则首次修订：明确管理当局的责任

我国首部持续经营审计准则自 1999 年 7 月 1 日起实施后，在一定程度上提升了持续经营审计质量，但同时也存在不尽如人意之处。其中最大的问题是注册会计师在理解与运用该准则上存在“定性不准”的问题，即被注册会计师在审计报告中提及持续经营问题的上市公司所具有的持续经营问题以及对问题的披露并不存在显著差异，注册会计师在审计报告中对这些持续经营问题的表述也

不存在显著差异，但出具的审计意见类型却差异很大①。这反映了现行持续经营审计准则未能充分阐释注册会计师应如何针对不同严重程度的持续经营问题发表相应的无保留意见、保留意见、否定意见及无法表示意见。因此，修订持续经营审计准则迫在眉睫。

2003 年 4 月，财政部发布由中国注册会计师协会修订的《独立审计具体准则第 17 号——持续经营》，自 2003 年 7 月 1 日起施行。该准则首次明确地界定和阐释了管理层的责任以及注册会计师的责任，清楚地指出管理层负有评估及披露企业持续经营能力的责任，而注册会计师的责任是评价持续经营假设的合理性以及管理层对持续经营能力的评估及披露的合理性。至此，管理层和注册会计师各自与持续经营相关的责任就显得较为清晰明确了，这对于注册会计师充分明确自身的角色和定位、有序开展持续经营审计工作并保证执业质量至关重要。图 3－3 描绘了该准则指引下的持续经营审计逻辑判断路线。

除图 3－3 所示情况外，该准则还规定，如果注册会计师因无法对持续经营假设的合理性获取必要的审计证据而出具无法表示意见的审计报告，则应当在审计意见段之前增加说明段，对无法表示意见的理由作出充分说明。并且，该准则还首次规定禁止在审计报告中使用附加条件的措辞来描述被审计单位的持续经营能力问题，理由是类似措辞没有直接、明确地提及被审计单位的持续经营重大不确定性，从而可能误导投资者。因此，综合来看，相较于原准则，修订后的准则在应循审计程序的规定上明显更加清晰、合理，

① 资料来源于中国注册会计师协会专业标准部在 2003 年 3 月发布的“关于修订《独立审计具体准则第 17 号——持续经营》的说明”。

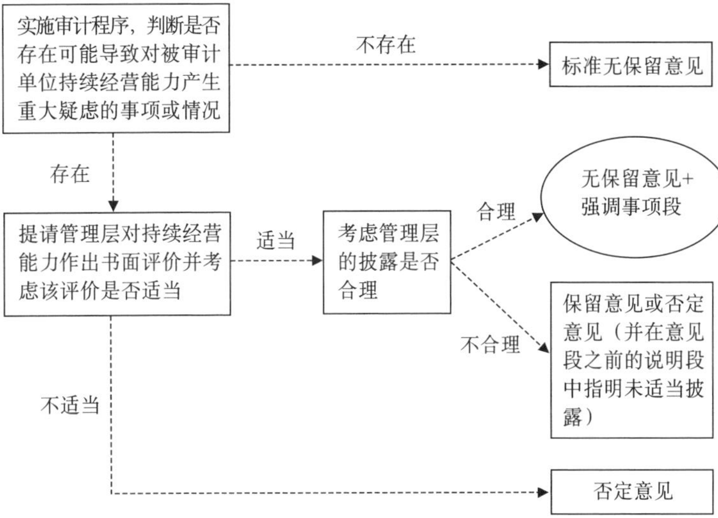

图 3－3 修订后的《独立审计具体准则第 17 号——持续经营》逻辑判断路线

也更具有可操作性，能够较为有效地提高注册会计师理解与运用准则的一致性。

三、持续经营审计准则第二次修订：与国际审计准则全面趋同

2006 年 2 月，《中国注册会计师审计准则第 1324 号——持续经营》发布，自 2007 年 1 月 1 日起施行。该准则标志着我国持续经营审计准则首次实现与 ISA 570 实质性趋同，不仅是我国持续经营审计准则发展历程中的标志性事件，也是一座里程碑，具有极其重大的历史意义。《中国注册会计师审计准则第 1324 号——持续经营》在保留前准则应循审计程序的同时，进一步明确了注册会计师与持续经营相关的责任，规定注册会计师的责任是对管理层所作评

估的再评估。该准则还针对注册会计师发表无法表示意见的情况作了更详尽的补充说明，规定只有在注册会计师因审计范围受到限制而无法获取充分适当的审计证据来判断持续经营假设的合理性时，才能发表无法表示意见；并且，如果财务报表存在多项重大不确定性，注册会计师也应当考虑发表无法表示意见，而非在审计报告意见段后增加强调事项段。此外，该准则还取消了此前禁止使用附加条件措辞的规定。这意味着我国审计准则制定机构对附加条件措辞的看法产生了微妙的变化，即认为在审计报告中使用附加条件措辞并不一定会误导报告使用者，相反还可能为报告使用者提供额外的信息含量。

四、持续经营审计准则第三次修订：强化审计师责任与管理层责任

2008 年底，国际审计准则“明晰项目”宣告完成。按照“明晰体例”重新起草后的国际审计准则在表述及范式上都有了诸多改进。为继续保持我国审计准则的国际趋同，中国注册会计师协会也于 2009 年初启动审计准则修订项目，并于 2010 年 11 月发布了修订后的《中国注册会计师审计准则第 1324 号——持续经营》，自 2012 年 1 月 1 日起施行。该准则在旧准则的基础上按照“明晰体例”进行了改写，并在以下方面作出革新：

1. 规定只要是通用目的财务报表，管理层就需要在编制财务报表时评估企业的持续经营能力，即使财务报告编制基础对此未作明确要求。这意味着管理层评估持续经营能力的责任得到进一步加强。

2. 重新定义注册会计师的责任，强调注册会计师除了需要对管理层运用持续经营假设的适当性获取充分、适当的审计证据外，还需要对被审计单位的持续经营能力是否存在重大不确定性得出结论。由此，注册会计师的责任从“评价管理层对持续经营能力的

评估”演变为“对持续经营能力得出结论”，表明注册会计师的责任得到进一步明确与加强。

3. 修订了对超期事项审计责任的规定。在原准则中，注册会计师除实施询问程序外，没有责任设计和实施其他审计程序，以对超出评估期间的涉及持续经营能力问题的事项或情况进行测试。而此次准则修订，则将相关表述修改为注册会计师应当实施询问程序，以对超期事项是否会引起对持续经营能力的重大疑虑获取证据。对比修订前后审计准则中的措辞，不难发现，修订后的准则实际上强调了注册会计师在必须实施询问程序外，也可以实施其他审计程序以充分了解超出评估期间的重大疑虑事项。这充分表明审计准则制定机构希望注册会计师加强对持续经营的审计投入，扩大持续经营审计的覆盖面，以尽可能地提升持续经营审计质量。

4. 加强审计师与治理层沟通的责任，提升治理层的监督效能。该准则首次规定注册会计师应就识别出的可能导致对持续经营能力产生重大疑虑的事项或情况与治理层进行充分有效的沟通。此项新规有助于治理层充分了解企业的持续经营能力现状，从而更有效地履行对财务报告的监督责任，从治理环境的层面降低审计失败的风险，也更有助于审计师充分地履行其职责，以对持续经营相关风险获取更多的审计证据，从而提升持续经营审计的执业能力。

五、持续经营审计准则重大变革：持续经营重大不确定性单设段落

前文已提到，自 2008 年全球金融危机之后，国际上对于提高审计质量、提升审计报告信息含量的呼声日益高涨。各国政府部门、监管机构和利益相关者开始持续地商讨如何改进审计报告模式，提高审计报告的信息含量及决策有用性，以进一步发挥审计在

维护市场经济秩序和金融稳定中的作用。2015 年初，IAASB 完成了以增强审计报告沟通价值为目的的国际审计报告改革，对现行审计报告模式作出重大革新，极大地丰富了审计报告的信息含量。在这次改革中，ISA 570 是重点修订的对象。修订后的 ISA 570 不仅进一步加强了注册会计师与持续经营相关的责任，还就在审计报告中增强持续经营审计工作的透明度等诸多方面做出重大变革。

为顺应我国资本市场发展的新要求，积极借鉴国际审计报告改革的最新成果以及继续保持与国际审计准则的全面趋同，我国于 2016 年 12 月 23 日发布 12 项新审计报告准则，并于 2018 年 1 月 1 日起在所有上市公司中实施，其中就包括经实质性修订后的《中国注册会计师审计准则第 1324 号——持续经营》（最新持续经营审计准则或新准则）。新准则的变化与 ISA 570 的变化保持一致，其最大的变革是取消了在强调事项段中对持续经营能力重大不确定性进行说明的规定，要求注册会计师在审计报告中增加带“与持续经营相关的重大不确定性”标题的单独段落，对持续经营能力问题单独地予以突出说明。该变革是近十多年来我国持续经营审计意见制度演进历程中最重大的制度变革。这样的调整充分表明持续经营能力重大不确定性与其他强调事项存在本质上的区别，对于报告使用者而言具有极为特殊且重要的决策价值，因此需要通过带标题的单独段落予以突出强调说明。

不仅如此，新准则还首次明确地规定注册会计师应对管理层运用持续经营假设的适当性以及被审计单位的持续经营能力得出结论。这表明新准则要求注册会计师不仅是评估管理层的评估及披露是否适当，而且需要就获取的审计证据得出自己的明确结论，注册会计师与持续经营相关的责任由此加强。因此，新准则实施后，注册会计师应能进一步强化持续经营审计投入，并在审计报告中作出更多的相关沟通，持续经营审计意见的信息含量及决策价值应当能够得到有效提升。图 3－4 描述了最新持续经营审计准则指引下的持续经营审计逻辑判断路线。

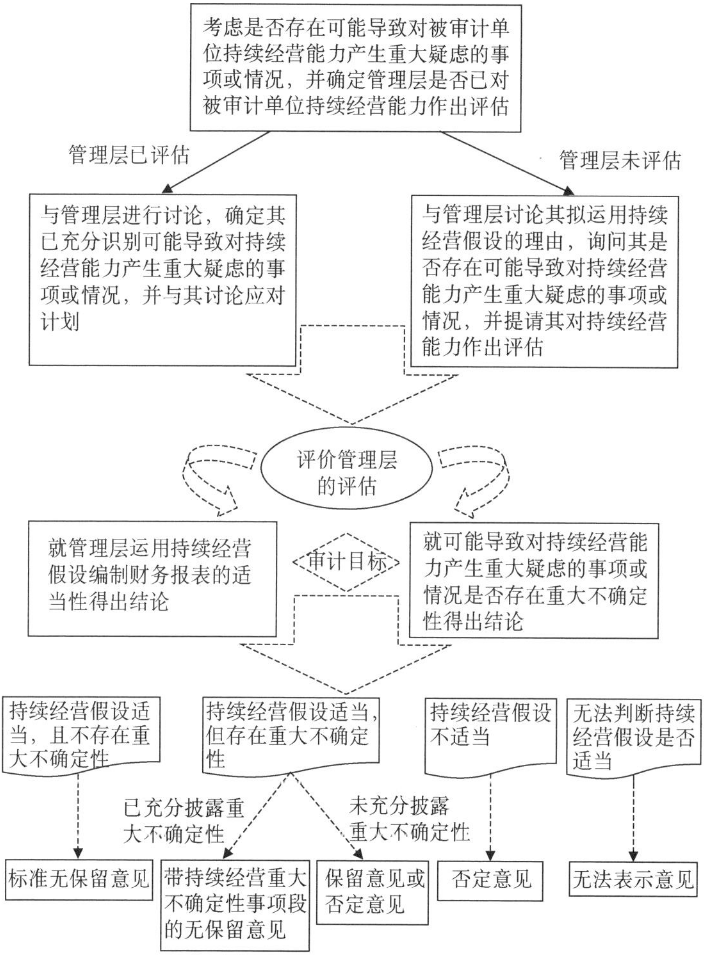

图 3－4　《中国注册会计师审计准则第 1324 号——持续经营》（2016 年 12 月 23 日修订）指引下的持续经营审计逻辑判断路线

本章小结

本章以美国、国际和我国持续经营审计准则历史演进的过程为主线，清晰地描绘了持续经营审计意见制度演进的主要历程、内在逻辑和最新发展动向。

如本章第一节所述，持续经营审计意见最早萌芽于20世纪20年代的美国，起因是源于审计师的自我保护。当时正值第一次世界大战结束，美国经济飞速发展，企业高风险的投资活动盛行。许多企业的持续经营不确定性风险与日俱增，而审计准则却迟迟未对审计师与持续经营相关的责任作出规定。为了避免企业破产后遭受诉讼，审计师自发地在审计意见中以“受限于”的措辞披露企业的持续经营不确定性，形成持续经营审计意见的雏形。因此，持续经营审计意见产生的直接原因在于审计师期望通过披露企业的持续经营不确定性而使自己免除被诉讼的风险。

持续经营审计意见从最初的“受限于”意见发展至今，历经诸多变化，而推动持续经营审计意见不断发展与变化的根本动力则是社会各界对弥合持续经营审计期望差距的共同诉求。审计期望差距是指公众希望审计职业界承担的责任与审计准则所要求审计职业界承担的责任之间的差异。投资者和债权人希望审计师承担更多的与持续经营相关的审计责任，加强持续经营审计意见的信息含量，以满足自己对持续经营相关信息的需求；审计师希望自己所做的持续经营审计工作能为公众提供充分的与持续经营相关的风险警示，满足公众的审计期望和信息需求，以降低自身遭受诉讼的风险；监管机构和政府部门也希望持续经营审计工作能够满足资本市场健康发展的基本需求，以保障市场经济平稳有序地运行，避免社会公众的财富遭受重大损失。社会各界对弥合持续经营审计期望差距的共同诉求促成了持续经营审计准则的不断修订与完善。在持续经营审计准则的指引下，持续经营审计意见相关制度不断地演进、发展，在弥合审计期望差距的同时，也与其所在市场经济的发展程度相匹配。

公众对审计师所承担的审计责任的期望值往往在市场经济进入转折期时骤然提高，这也是几乎每一次持续经营审计意见制度变更都发生在市场经济发展的转折期的原因。在市场经济发展的转折期，经济面临下行压力，企业持续经营不确定性风险增加，社会各界对持续经营审计工作的关注度也随之增加。公众迫切地要求审计师提供更加准确的持续经营风险预警，甚至希望审计师能摇身一变，成为预测公司破产的“预言家”。在这种情况下，现时的持续经营审计工作已不能满足公众的信息需求，持续经营审计期望差距随之加大。持续经营审计意见相关制度不得不作出调整与改进，使其与公众的审计期望相适应，这也是由独立审计的工作是对受托经济责任进行监督、鉴证和评价，而受托经济责任反映的是以委托人为代表的社会需要的本质决定的。因此，越是经济进入转折期，越是凸显持续经营审计责任的重大。倘若此时个别或少数审计师未能勤勉、尽责，引起的诉讼或索赔案件势必影响审计行业整体的公信力。因此，越是经济面临下行压力的时期，越是审计师应当充分履行持续经营审计责任的时期。审计师应当通过提高持续经营审计的质量，提高持续经营审计意见的信息含量，为市场经济平稳度过下行期保驾护航。

持续经营审计准则不仅规范了审计师与持续经营相关的责任，为审计师发表持续经营审计意见提供规则指引，也为审计师在遭受诉讼时提供了制度上的保护。从美国的 SAS No. 34 开始，持续经营审计准则就延续了程序理性原则，即在准则中对审计师的责任、目标以及应该遵守的审计程序等进行明确的规定。程序理性原则意味着，只要审计师能够证明自己按照持续经营审计准则的规定承担了与持续经营相关的所有责任，按照应循审计程序完成了持续经营审计工作，并已做到勤勉、尽责，就能够在遭受诉讼时使自己处于有利地位。程序理性原则对正常开展持续经营审计工作至关重要。对企业的持续经营能力作出判断自始至终都是一项需要考虑诸多因素的复杂而专业的职业判断，即使是最有经验的审计师也很难对企业的持续经营能力作出完全准确的判断。如果没有程序理性原则作为支撑，持续经营审计准则将难以对持续经营审计工作进行规范，也难以保护审计工作的成果，审计师遭受不公正诉讼的概率会大大增加，长久以往，势必导致审计行业的信任危机。审计行业的公信力就是审计事业的生命。在持续经营审计准则的制定过程中始终坚守程序理性原则，在规范审计师的责任与行为、保证持续经营审计工作的有序开展、降低审计师的诉讼风险以及维护审计行业的公信力等方面具有重大意义。

第四章

我国持续经营审计准则的实施现状及审计意见的描述性分析

本章将对2010—2018年我国持续经营审计准则实施的总体情况及审计意见的出具情况进行全面分析，具体将从以下三个方面展开：我国持续经营审计准则实施的总体情况、持续经营审计意见的描述性分析以及持续经营审计意见预警价值分析[①]。

第一节　我国持续经营审计准则实施的总体情况

2010—2018年是我国经济飞速发展的9年。在这期间，我国的经济建设取得了一系列举世瞩目的成就，不仅人均GDP即将迈入1万美元大关[②]，在推动经济全球化、贸易与投资自由化便利化

① 本章审计意见相关数据来自CSMAR数据库，并经与上市公司年报审计报告中的信息逐一手工比对。

② 在2019年11月1日上午10时举行的中国共产党十九届四中全会新闻发布会上，中央财经委员会办公室副主任韩文秀介绍，2019年我国人均GDP将超过1万美元。

以及“人类命运共同体”[①] 的构建等方面更是作出了卓越贡献，凸显了大国风范。然而，在经济持续增长的同时，不可否认的是，我国经济正处于供给侧结构性改革的攻坚期，经济增长的新旧动能正在加速切换，众多产业面临转型升级，经济增速有明显放缓的趋势。与此同时，“人口红利”[②] 逐渐消失、中美贸易摩擦不断升级以及“中等收入陷阱”[③] 的魔咒等也均导致我国经济运行过程中不确定性风险增加，经济在整体上面临着较大的风险与挑战。

资本市场是经济的“晴雨表”。为防范与化解我国资本市场中的系统性风险，维护金融稳定，我国的持续经营审计准则在2010—2018年进行了两次修订（见表4-1）。如前文所述，这两次修订加强了注册会计师的持续经营审计责任，使得持续经营审计工作的内容更加明晰，审计报告与持续经营相关的披露也更加透明。尤其是2016年12月修订并已于2018年1月1日起在我国所有上市公司中全面实施的新持续经营审计准则更是将持续经营审计意见在我国资本市场中的预警功能和决策价值提升至尤为突出的地位。

---

① 2015年9月，习近平主席在出席第七十届联合国大会一般性辩论时提出“人类命运共同体”的理念，指出当今世界各国相互依存、休戚与共，各国要在联合国宪章的宗旨和原则的引领下，构建以合作共赢为核心的新型国际关系，打造人类命运共同体。党的十九大报告中也再次强调了人类命运共同体的治国理政方针，呼吁全世界人民齐心协力，朝着建设持久和平、普遍安全、共同繁荣、开放包容、清洁美丽的世界而奋斗。

② “人口红利”是指一个国家中劳动年龄（15—64岁）人口占总人口的比重较高，同时抚养率较低，整个国家呈现高储蓄、高投资、高增长的态势。根据中国社会科学院公布的数据，2010年我国劳动年龄人口占比达到最高点，人口红利达到峰值，随后持续减弱；而到2014年，我国65岁以上人口占比已超过10%，我国已成为严重老龄化国家。

③ “中等收入陷阱”是指中等收入国家向高收入国家迈进过程中，不能顺利实现经济发展方式的转变，导致新的增长动力不足，最终出现经济徘徊不前的状态。

表4-1 2010—2018年我国沪深两市上市公司年报审计适用的持续经营审计准则

年报年度	适用的持续经营审计准则
2010	《中国注册会计师审计准则第1324号——持续经营》（2006年修订）
2011—2015	《中国注册会计师审计准则第1324号——持续经营》（2010年修订）
2016	A+H公司：《中国注册会计师审计准则第1324号——持续经营》（2016年修订） 其他公司：《中国注册会计师审计准则第1324号——持续经营》（2010年修订）
2017—2018	《中国注册会计师审计准则第1324号——持续经营》（2016年修订）

如表4-2所示，在2010—2018年，我国沪深两市上市公司年报审计报告中，持续经营审计意见占“非标”意见的比例一直较高，最低的年份比例为44.44%，最高的年份比例为72.60%，平均占比为56.84%。由此可见，持续经营能力存在重大不确定性是我国上市公司被出具“非标”审计意见的最主要原因之一。其次，在2010—2018年，平均每年有2.47%的上市公司被出具持续经营审计意见，可见每年还是有相当数量的上市公司存在持续经营问题。值得注意的是，在2013—2017年，被出具持续经营审计意见的公司占所有上市公司的比重一直维持在2%以下，而到2018年，该比例大幅提高，由2017年的1.82%骤然上升至3.70%，增幅高达103%。这种情况可能有两方面的原因。一方面是源于2018年我国经济整体态势，供给侧结构性改革下产业结构加速调整，新旧动能加速切换，导致那些产能落后、不具有核心竞争力且经营状况不佳的上市公司大规模地陷入持续经营危机；另一方面是源于新持续经营审计准则的全面实施使得注册会计师与以往相比发表了更多的持续经营审计意见。

表 4－2　2010—2018 年我国沪深两市上市公司年报审计报告中持续经营审计意见的总体情况

年报年度	持续经营审计意见数量	“非标”意见数量	持续经营审计意见占“非标”意见	上市公司总数	持续经营重大不确定性公司占比
2010	85	117	72.60%	2128	3.99%
2011	83	115	72.20%	2363	3.51%
2012	56	90	62.22%	2492	2.25%
2013	40	90	44.44%	2536	1.58%
2014	47	98	47.96%	2652	1.77%
2015	54	101	53.47%	2842	1.90%
2016	53	107	49.53%	3136	1.69%
2017	64	130	49.23%	3513	1.82%
2018	133	222	59.91%	3595	3.70%
	总数：615		平均值：56.84%		平均值：2.47%

从另一个角度来看，如图 4－1 所示，在 2010—2018 年，我国持续经营审计意见的数量经历了先下降，后逐年攀升，并在 2018 年出现爆发式增长的过程。在 2018 年，持续经营审计意见的数量为 133 例，较 2017 年增加 69 例，增长比例高达 107.81%，比 2016 年和 2017 年两年之和还要多。并且，持续经营审计意见占“非标”意见的比例也相较 2017 年增加 10.68%，是近 6 年来占比最高的一年。2018 年是新持续经营审计准则在我国所有上市公司中全面实施的第二年，历经 2017 年的平稳过渡后，2018 年的情况更能反映新准则的实施成效。而从上述分析来看，在 2018 年，持续经营审计意见的数量、被出具持续经营审计意见的公司占所有上

市公司的比例以及持续经营审计意见占“非标”意见的比例均出现较为惊人的增长，这在一定程度上表明，新准则全面实施后，注册会计师加大了持续经营审计投入，且比以往更加重视持续经营能力重大不确定性的判断与披露。由此可以初步判断，新准则的全面实施初显成效。

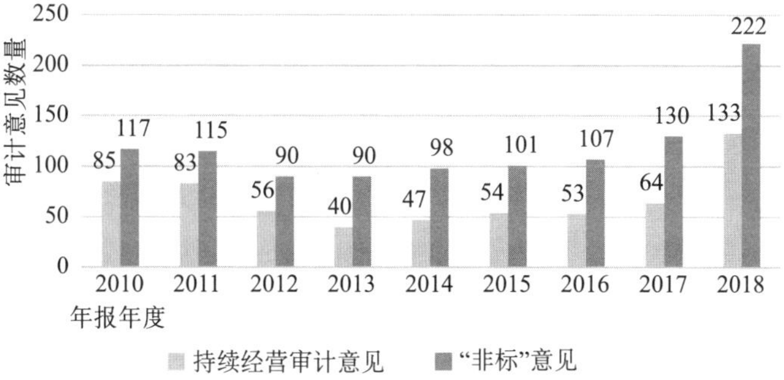

图 4－1　2010—2018 年年报审计报告中持续经营审计意见和“非标”意见数量增长情况

与此同时，由表 4－3 可见，在 2010—2016 年，我国持续经营审计意见的具体类型为在强调事项段中强调持续经营能力存在重大不确定性的无保留意见、持续经营保留意见以及持续经营无法表示意见三类。而自 2017 年年报审计报告开始，由于新准则的全面实施，持续经营无保留意见不再以强调事项段的形式出现①，而是改为带“与持续经营相关的重大不确定性”标题的单独段落的形式。因此，自 2017 年年报审计报告开始，我国持续经营审计意见的具

① 在 2017 年年报审计报告中，仍有 3 份持续经营无保留意见是以强调事项段的形式出现的，这显然不符合新准则的规定。因此，这在一定程度上表明部分注册会计师存在对新准则的变化把握不准或理解不够透彻的问题。

体类型变为带持续经营重大不确定性单独段落的无保留意见、持续经营保留意见以及持续经营无法表示意见三类。为方便叙述，本书将这三类持续经营审计意见简要表述为持续经营无保留意见、持续经营保留意见以及持续经营无法表示意见。

表 4－3　2010—2018 年我国沪深两市上市公司年报审计报告中审计意见类型总体分布情况

年报年度	无保留意见			非无保留意见		
	带持续经营重大不确定性单独段落的无保留意见	带强调事项段或其他事项段的无保留意见	标准无保留意见	保留意见	无法表示意见	否定意见
2010	0	87（71）	2011	23（8）	7（6）	0
2011	0	92（71）	2248	19（8）	4（4）	0
2012	0	72（48）	2402	15（5）	3（3）	0
2013	0	61（32）	2446	22（3）	7（5）	0
2014	0	71（38）	2554	18（3）	9（6）	0
2015	0	81（45）	2741	14（7）	6（2）	0
2016	0	76（38）	3029	21（10）	10（5）	0
2017	33	37（3）	3383	37（14）	23（14）	0
2018	59	41	3373	82（41）	40（33）	0

注：括号中数字为在该审计意见类型中，提及持续经营能力重大不确定性的报告数量。

如图 4－2 所示，在 2017 年年报审计报告中，持续经营保留意见和持续经营无法表示意见这两类持续经营审计意见的数量与 2016 年相比均有较大幅度增长，尤其是持续经营无法表示意见相较 2016 年增加 9 例，增幅高达 180%。在 2018 年年报审计报告中，这种增长势头愈发明显。2018 年，持续经营无保留意见由 2017 年的 33 例增长至 59 例，增幅为 78.79%；持续经营保留意见和持续经营无法表示意见分别增加 27 例和 19 例，增幅分别为 192.86% 和 135.71%。由此可见，新持续经营审计准则全面实施后，各类型持续经营审计意见均出现较大幅度的增长。这种现象再次表明，新准则的全面实施加强了注册会计师对持续经营问题的关注，提高了注册会计师在持续经营审计工作中的勤勉度，并在审计报告中增强了与持续经营相关的透明度。

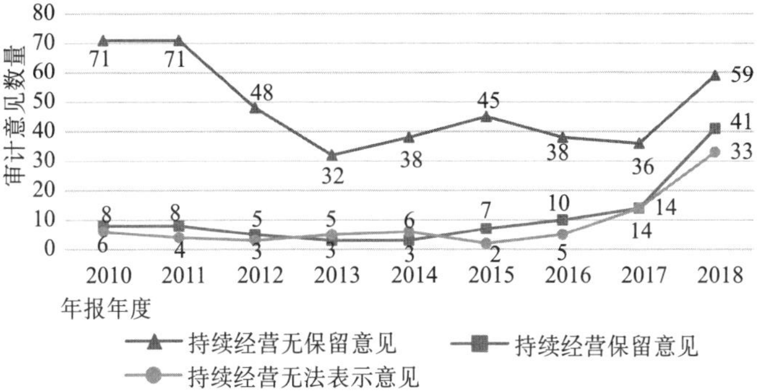

图 4－2　2010—2018 年年报审计报告中各类型持续经营审计意见数量增长情况

注：持续经营无保留意见按照最新持续经营审计准则实施前后分为两种形式：实施前为在强调事项段中强调持续经营能力存在重大不确定性的无保留意见，实施后为带持续经营重大不确定性单独段落的无保留意见。

一、2010—2016 年情况分析

在概述了 2010—2018 年我国持续经营审计准则实施的总体情况后，仍有必要分别针对 2010—2016 年和 2017—2018 年的情况进

行具体分析，借此更详尽地展现这段时期我国持续经营审计工作的成果和全貌。

受2008年全球金融危机余波的影响，在2010年年报审计报告中，持续经营审计意见的数量、占“非标”意见的比例以及占上市公司总数的比例都处于一个较高的水平。而在2010年之后，持续经营审计意见的数量逐年下降，并在2013年达到最低点。在2013年年报审计报告中，持续经营审计意见占“非标”意见的比例和被出具持续经营审计意见的公司占所有上市公司的比例都达到近9年来的最低点，表明2013年是我国上市公司抵御持续经营危机整体情况最好的一年。而在2014—2015年，持续经营审计意见的数量又呈现攀升的趋势，并在2016年保持稳定。

由表4-4可见，从2010—2016年各类型持续经营审计意见的占比情况来看，持续经营无保留意见占比最高，平均占比为81.52%；持续经营保留意见和持续经营无法表示意见各占6%—18%和3%—12%的比例。因此，发表无保留意见并在强调事项段中对持续经营能力存在重大不确定性的情况作强调说明是这段时期持续经营审计意见的最主要形式，持续经营保留意见次之，而持续经营无法表示意见则相对最为少见。

表4-4　2010—2016年年报审计报告中各类型持续经营审计意见占比情况

年报年度	持续经营无保留意见	持续经营保留意见	持续经营无法表示意见	持续经营审计意见合计
2010	83.53%	9.41%	7.06%	100%
2011	85.54%	9.64%	4.82%	100%
2012	85.71%	8.93%	5.36%	100%

续表

年报年度	持续经营无保留意见	持续经营保留意见	持续经营无法表示意见	持续经营审计意见合计
2013	80.00%	7.50%	12.50%	100%
2014	80.85%	6.38%	12.77%	100%
2015	83.33%	12.96%	3.70%	100%
2016	71.70%	18.87%	9.43%	100%
	平均值：81.52%	平均值：10.53%	平均值：7.95%	

除此之外，图4－3还反映出在此期间各类型持续经营审计意见占比的变化趋势。在2010—2016年，持续经营无保留意见虽占绝大多数，但占比呈现下降的态势；持续经营保留意见的占比则呈现明显上升的趋势，直至2016年已占到18.87%；而持续经营无法表示意见的占比在此期间变化较大，在2013—2014年曾一度大幅提高，而此后又呈现下降的态势。

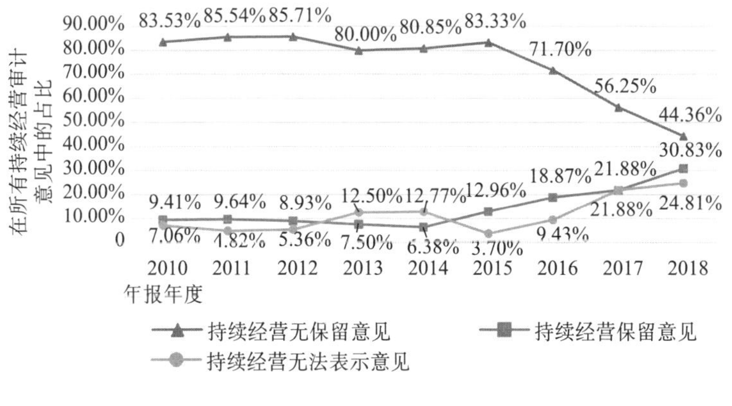

图4－3　2010—2018年年报审计报告中各类型持续经营审计意见占比的变化趋势

二、2017—2018 年新准则实施后的情况分析

如前文所述，新持续经营审计准则已于 2018 年 1 月 1 日起在我国所有上市公司中全面实施。因此，2017—2018 年年报审计报告中持续经营审计意见的整体情况直接反映新准则的实施效果。

（一）2017 年情况分析

2017 年年报审计报告反映了新准则实施后首年的情况。这一年，在所有 3513 家上市公司中，被出具持续经营审计意见的公司有 64 家，占比为 1.82%，该比例较上一年增加 0.13%。从持续经营审计意见的具体类型来看，带持续经营重大不确定性单独段落的无保留意见有 33 例，占持续经营审计意见总数的 51.56%；持续经营保留意见 14 例，占到 21.88%；持续经营无法表示意见同样有 14 例，占比为 21.88%。值得注意的是，该年度仍然存在 3 份在无保留意见后增加强调事项段强调持续经营能力存在重大不确定性的审计报告。如前文所述，新持续经营审计准则的最大变化就是不再以强调事项段的形式强调持续经营能力存在重大不确定性。因此，这 3 份仍然以强调事项段的形式出现的持续经营无保留意见审计报告显然不符合新准则的规定。这也从另一个侧面反映出，在任何一项新准则颁布前，有必要针对准则实施过程中可能出现的共性问题对注册会计师开展技术指导和专题培训，以尽可能地消除因对准则把握不准或理解偏差而导致的各种问题，确保新准则的各项规定得到全面执行。倘若将这 3 份不太合规的审计报告考虑在内，2017 年度持续经营无保留意见一共为 36 例，占到持续经营审计意见总数的 56.25%。

图 4－3 显示了这段时期各类型持续经营审计意见占比的变化趋势。从图中可见，2017 年年报审计报告中，持续经营无保留意见的占比由 2016 年的 71.70% 下降至 56.25%，为近 9 年来最大降幅；而与此同时，持续经营保留意见和持续经营无法表示意见的占比则均有上升，尤其是持续经营无法表示意见的占比相较 2016 年增加了 12.45%，增幅高达 132.03%。持续经营无保留意见占比的急速下降和持续经营无法表示意见占比的急剧上升一并反映出，在 2017 年度，上市公司深陷持续经营危机的状况与以往相比基本面更差、整体形势更为严峻，上市公司持续经营能力受限的总体态势令人担忧。

另外，在 2017 年共 64 例持续经营审计意见中，有 41 例来自制造业上市公司，占比为 64.06%。在所有持续经营能力受限的上市公司中制造业公司“独占鳌头”的情况表明，随着供给侧结构性改革的持续深入，我国制造业企业进一步分化，部分低端制造业企业受到需求低迷、转型失败、融资困难等因素的影响，在激烈的行业竞争中败下阵来，或生产停顿，或经营资金匮乏，因而在破产的边缘苦苦挣扎。例如个别主营光伏设备的上市公司存在大量长期不良资产，在该年度未连续生产，导致持续经营能力遭受重创。

（二）2018 年情况分析

经过 2017 年的平稳过渡，2018 年年报审计报告的情况更能准确反映新准则的实施效果。在 2018 年年报审计报告中，持续经营审计意见的数量由 2017 年的 64 例激增至 133 例，为这 9 年来增长最为迅猛的一年；持续经营审计意见占“非标”意见的比例由 2017 年的 49.23% 增长至 59.91%，同样为 9 年来最大增幅。此外，被出具持续经营审计意见的公司占所有上市公司的比例也由 2017

年的1.82%骤然上升至3.70%，是除2010年外占比最高的一年。

进一步来看，在2018年，持续经营无保留意见、持续经营保留意见以及持续经营无法表示意见的数量均继续增长，增幅分别达到78.79%、192.86%和135.71%。值得注意的是，持续经营保留意见和持续经营无法表示意见这两类持续经营审计意见的增长势头异常迅猛，为9年来最大增幅。在此背景下，这两类持续经营审计意见在所有持续经营审计意见中的比重持续上升，已分别占到30.83%和24.81%，在占比上与持续经营无保留意见的差距越来越小，逐渐显现三分天下的趋势。这两类持续经营审计意见增长愈发迅速、比重连年上升的现象反映出，2018年我国上市公司持续经营生存困境的严峻态势在2017年的基础上继续加剧，值得监管机构予以充分重视。同时，公众投资者和债权人等也需要对这两类持续经营审计意见比重连年上升所传递的重大风险信号给予充分关注。

此外，更具体地来看，2018年持续经营保留意见在所有保留意见中的占比由2017年的37.84%上升至50%，持续经营无法表示意见在所有无法表示意见中的占比也由2017年的60.87%增至82.50%，这表明有半数的保留意见审计报告和绝大多数的无法表示意见审计报告都提及了上市公司的持续经营能力问题，审计报告中与持续经营相关的透明度得到有效加强。

综合上述分析，本书初步认为，新持续经营审计准则在经过两年的平稳实施后成效显著。新准则不仅加强了注册会计师在持续经营审计工作中的勤勉度，还有效提升了持续经营审计意见在揭示、防范和化解资本市场系统性风险中的作用。由此本书认为，审计报告改革对持续经营审计准则作出重大革新，是对持续经营审计意见预警效能的一次空前释放，也是对加快培育公开透明、长期稳定健康发展的资本市场的有力支撑。

第二节　持续经营审计意见的描述性分析

本节将系统地对持续经营审计意见的类型及其表述进行分析，归纳不同类型持续经营审计意见出具的原因，比较各类型持续经营审计意见之间的差异，借此更为深入地认识各类型持续经营审计意见的本质。

一、持续经营无保留意见

前文已提到，新持续经营审计准则的全面实施标志着我国持续经营审计准则的重大变革，其中最为主要的革新就是改变了持续经营无保留意见的格式及表述，即不再以强调事项段的形式强调持续经营能力存在重大不确定性，而是在审计报告的正文中以带标题的单独段落的形式对持续经营能力存在重大不确定性进行披露说明。因此，持续经营无保留意见在新准则实施前后分别是指在强调事项段中强调持续经营能力存在重大不确定性的无保留意见和带持续经营重大不确定性单独段落的无保留意见。

（一）在强调事项段中强调持续经营能力存在重大不确定性的无保留意见

如图 4－4 所示，在 2010—2016 年，在强调事项段中强调持续经营能力存在重大不确定性的无保留意见在非标准无保留意见[①]中的比例呈逐年下降的趋势，但直至 2016 年仍保持在 50% 的水平，表明持续经营能力存在重大不确定性仍是导致注册会计师发表非标准无保留意见的主要原因。

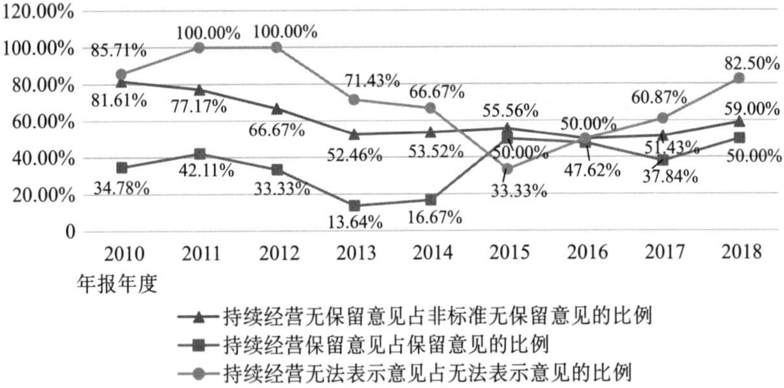

图 4－4　2010—2018 年持续经营审计意见在各审计意见类型中的占比情况

本书分析了 2010—2016 年共 343 份持续经营无保留意见审计报告，经比较、归纳和总结后认为，导致注册会计师发表无保留意见并增加强调事项段对被审计单位的持续经营能力重大不确定性进行强调说明的原因主要包括以下三类。

1. 被审计单位财务指标恶化、偿债能力恶化。此类原因占比 84.21%，是最为主要的原因。具体表现为：连续亏损或累计净亏损、扣除非经常性损益后的净利润为负、经营性现金流量为负、营运资金为负、流动负债高于流动资产、净资产为负、借款或银行贷

① 非标准无保留意见是指除标准无保留意见以外的无保留意见类型，包括带强调事项段、其他事项段以及带持续经营重大不确定性单独段落的无保留意见。

款等债务逾期且无力偿还。

2. 被审计单位生产经营能力存在重大不确定性。此类原因是导致持续经营能力存在重大不确定性的第二大原因。具体表现为：分公司或子公司出现停产的迹象或已经关停、已终止经营原主营业务尚处于形成稳定盈利模式的转型期、生产装置设备老化需投入大量资金进行技术改造才能恢复生产而目前尚未获得资金支持、因国家政策等原因未能取得生产许可、建设用地未能按期建成投产等。

3. 被审计单位重整计划存在重大不确定性。此类原因是导致被审计单位持续经营能力存在重大不确定性的第三大原因。具体表现为：尚未引入重组方、重大资产重组事项尚未确定或完成、重大资产重组尚未获得证监会的审批等，因而通过重整计划恢复持续经营能力或持续盈利能力尚存在重大不确定性。

由此可见，注册会计师在强调事项段中强调的持续经营能力重大不确定性相关事项无一不与企业能否继续生存这件头等大事息息相关、与公众投资者的切身利益息息相关。在强调事项段中强调持续经营能力存在重大不确定性本质上是对企业破产风险的警示，这使得其与其他强调事项存在本质上的区别，不应当被同等对待。也正是因此，新持续经营审计准则作出重大变革，将持续经营能力存在重大不确定性与其他强调事项区别开来，以带标题的单独段落置于审计报告正文的醒目位置进行说明，在优先次序上明确了持续经营能力存在重大不确定性是与报告使用者的切身利益最为相关的首要事项，在所有披露事项中应居于首要地位，与以往准则相比更加合理。因此，新持续经营审计准则的制定与实施是我国持续经营审计准则制度演进历程中的重大进步。

（二）带持续经营重大不确定性单独段落的无保留意见

自2017年年报审计工作开始，最新持续经营审计准则全面实施，进一步强化了注册会计师与持续经营相关的责任，持续经营无保留意见也开始以带持续经营重大不确定性单独段落的形式出现。

由前文的图4-4可知，2017—2018年，带持续经营重大不确定性单独段落的无保留意见在非标准无保留意见中的占比有一定程度的上升，在2018年该比例为59%。通过对2017—2018年共92份带持续经营重大不确定性单独段落的无保留意见审计报告进行比较研究，本书发现，在新准则实施后，注册会计师在持续经营重大不确定性单独段落中描述的事项和情况与以往相比更加集中于被审计单位的财务状况恶化及偿债能力恶化，例如，连续亏损或累计净亏损、扣除非经常性损益后的净利润为负、经营性现金流量为负、营运资金为负、流动负债高于流动资产、净资产为负、借款或银行贷款等债务逾期且无力偿还等。并且，注册会计师对这些事项和情况的描述也更加具体，在结尾处也无一例外地均使用了“表明存在可能导致对公司持续经营能力产生重大疑虑的重大不确定性”或“表明持续经营能力存在重大不确定性”这样的规范措辞，以对持续经营能力作出明确的结论。这种现象再次证明，在新准则实施后，注册会计师对持续经营能力重大不确定性的判断更加谨慎、严格及明确，极大地提升了持续经营审计意见的沟通价值及决策价值。同时，注册会计师对持续经营能力的判断更加集中于企业财务状况的现象也表明，财务状况，尤其是现金流状况，是守护企业持续经营能力的“生命线”。看护好企业的现金流、管理好企业的财务质地，是企业谋求长期、稳定、可持续发展的基石。

二、持续经营保留意见

本书分析了2010—2018年共99份持续经营保留意见审计报告的本文，发现在这类审计报告中，注册会计师提及持续经营能力重大不确定性的形式主要有三种：（1）注册会计师发表保留意见是因为被审计单位的持续经营能力存在重大不确定性，但财务报表对此未作充分披露，因此注册会计师在“形成保留意见的基础”部分对该情况进行说明；（2）注册会计师因其他原因发表保留意见，但被审计单位的持续经营能力存在重大不确定性，因此注册会计师在“形成保留意见的基础”之后增加持续经营重大不确定性单独段落，以提醒财务报表使用者关注；（3）被审计单位的持续经营能力存在重大不确定性，财务报表也对此作了披露，但注册会计师无法就管理层的应对计划获取充分适当的审计证据，因此未能对被审计单位自财务报表日起12个月的持续经营能力作出明确判断。在这种情况下，注册会计师发表保留意见，并在“形成保留意见的基础”部分说明上述审计范围受限的情况。在这三种形式中，第二种形式占比最多，且在2017—2018年更有数量显著增加的趋势。

此外，值得一提的是，新持续经营审计准则的文本中并未明确规定注册会计师须在“形成保留意见的基础”之后增加持续经营重大不确定性单独段落对持续经营能力问题进行说明。因此，在“形成保留意见的基础”之后增加持续经营重大不确定性单独段落是注册会计师的自发行为。注册会计师自发地增加对持续经营能力问题的披露在一定程度上反映出两方面的问题：一方面是被出具保留意见的上市公司同时也较为普遍地存在持续经营能力问题；另一方面是自新持续经营审计准则实施后，注册会计师在审计报告中沟通持续经营能力问题的意愿明显加强。

三、持续经营无法表示意见

在 2010—2018 年，我国沪深两市共有 78 份持续经营无法表示意见的审计报告，其中 60% 来自 2017—2018 年度。更具体来说，在 2010—2016 年，平均每年仅有 4.43 份持续经营无法表示意见的审计报告，而 2017 年一年就出现了 14 份，2018 年更是出现了 33 份此类型的审计报告。2017—2018 年度持续经营无法表示意见审计报告数量骤然增加的情况值得监管机构予以充分关注。

与此同时，在所有无法表示意见的审计报告中，持续经营无法表示意见的比例在 2015 年之后明显增长，到 2018 年该比例已达到 82.50% 。这说明被出具无法表示意见的上市公司普遍存在持续经营能力问题。持续经营能力存在重大不确定性已成为上市公司被出具无法表示意见的首要原因。

在 2010—2018 年共 78 份持续经营无法表示意见的审计报告中，其形式有以下两种：（1）在“形成无法表示意见的基础”部分说明由于无法获取充分适当的审计证据，因此无法判断公司运用持续经营假设的适当性以及公司的持续经营能力；（2）注册会计师未在“形成无法表示意见的基础”部分使用“无法判断”等措辞，但在此后增加了持续经营重大不确定性单独段落，说明公司除存在“形成无法表示意见的基础”部分提及的情况外，还存在与持续经营相关的一项或多项重大不确定性。在这两种形式中，第二种形式的持续经营无法表示意见在2018年度出现显著增长，且在数量上已超过半数。

与此同时，通过分析这78份持续经营无法表示意见审计报告的文本，可以发现相关上市公司除了存在货币资金短缺、巨额亏损、债务逾期等财务方面的情况外，还存在非常严重的内部控制失效、面临多项诉讼或索赔、大面积停工、员工离职、银行账户冻结、实际控制人被捕或失联等经营方面或其他方面的重大事项，公司治理异常混乱，公司的基本面更差，也更加濒临破产边缘。例如，股票代码为000018的神州长城公司在2018年被出具的持续经营无法表示意见就具有较强的代表性，而限于本书篇幅的局限，该审计意见中与持续经营相关的内容未能在此展现。总而言之，通过对这些企业的审计报告文本进行分析，本书认为，被出具持续经营无法表示意见的企业终止经营、破产或退市的风险最高。因此，持续经营无法表示意见应是风险警示级别最高的一类持续经营审计意见，值得引起投资者、债权人和监管机构等的充分关注。

第三节　持续经营审计意见的预警价值分析

如前文所述，持续经营审计意见是注册会计师对企业在财务报表日后12个月内存在破产风险的警示。那么，在我国证券市场，持续经营审计意见究竟在多大程度上具有准确预测企业破产的作用？到底有多少上市公司会在被出具持续经营审计意见后的较短时期内因失去持续经营能力而被终止上市、退市或进入退市整理期？此外，不同类型的持续经营审计意见是否在这种预警价值上存在一定程度的差异？毫无疑问，探究上述问题的答案有助于更加全面地认识持续经营审计意见在我国资本市场中的作用机制及预警效能。

本书通过观察企业在被出具持续经营审计意见后的1—2年及3—5年内发生的经济事项来考察持续经营审计意见的预警价值。首先，通过观察企业被出具持续经营审计意见后1—2年内发生的经济事项，本书发现，在我国证券市场，持续经营无法表示意见是风险警示效用最强、预警价值最高的一类持续经营审计意见。以2016年被出具持续经营无法表示意见的上市公司为例，所有5家上市公司无一例外地均在被出具该意见后的12个月内被暂停上市、终止上市或股票交易实行退市风险警示，并在此后的两年内走完退市程序从而正式退出资本市场。因此，2016年出具的持续经营无法表示意见100%准确无误地预测了企业的破产风险，极大地体现了该类型持续经营审计意见的预警价值。其次，在2017年被出具持续经营无法表示意见的14家上市公司中，有5家公司已退市，占比35.7%；6家公司被暂停上市，占比42.9%；另有一家公司因业绩预告中经测算的期末净资产为负而可能被暂停上市。而最后两家公司虽未被暂停上市，也分别因涉嫌违反《证券法》和年报财务数据含有虚假记载而正在接受证监会的立案调查和行政处罚。因此，被出具持续经营无法表示意见的上市公司有极大的可能性会退市。持续经营无法表示意见是对企业终止经营、破产或退市风险的最强烈警示，应当受到投资者、债权人及监管机构的充分关注。

表4-5列示了2017—2020年初因失去持续经营能力而退市的15家上市公司。在这15家公司中，有10家公司在退市前一个会计年度被出具持续经营无法表示意见，占比66.67%；有3家公司被出具持续经营保留意见，占比20%；另有两家公司被出具持续

经营无保留意见，占比13.33%。这种情况反映出，不同类型持续经营审计意见在退市预警价值上存在一定程度的差异，并再次表明持续经营无法表示意见是退市风险预警价值最高的一类持续经营审计意见，而持续经营保留意见的风险预警价值次之，持续经营无保留意见的风险预警价值相对最弱。

表4－5　2017—2020年沪深两市A股被出具持续经营审计意见后退市的上市公司一览

股票代码	股票简称	退市日期	退市前一个会计年度被出具的审计意见
300372	欣泰退	2017.08	持续经营无法表示意见
600806	退市昆机	2018.07	持续经营无保留意见
600432	退市吉恩	2018.07	持续经营保留意见
000511	烯碳退	2018.07	持续经营无法表示意见
000979	中弘退	2018.12	持续经营保留意见
600680	退市上普	2019.05	持续经营无保留意见
000693	华泽退	2019.07	持续经营无法表示意见
002070	众和退	2019.07	持续经营无法表示意见
600401	退市海润	2019.07	持续经营无法表示意见
002477	雏鹰退	2019.10	持续经营无法表示意见
002018	华信退	2019.11	持续经营保留意见
002143	印记退	2019.11	持续经营无法表示意见
600747	大控退	2019.12	持续经营无法表示意见
000018	神城A退	2020.01	持续经营无法表示意见
600240	退市华业	2020.02	持续经营无法表示意见

然而，值得一提的是，尽管持续经营审计意见具有预测企业破产的价值，但我国尚未形成完善的破产机制，加上资本市场中壳资源较为稀缺，导致市场各方保壳动机强烈，因此许多被出具了持续

经营审计意见的上市公司，甚至是连续多年被出具持续经营审计意见的上市公司实际上并未退市，而是以并购重组的方式改头换面、形成新的业务主体，从而得以继续留存于资本市场。这种情况在被出具持续经营无保留意见的上市公司中更为多见。由于被出具持续经营无保留意见的上市公司相较于被出具持续经营保留意见以及持续经营无法表示意见的上市公司，会计信息质量更好，持续经营危机的严重程度更弱，因此较不易被市场过分看低。于是，一些被出具持续经营无保留意见的企业通过并购重组的方式迎来转机，从而走出持续经营困境。

总体来说，持续经营审计意见具有较高的预警价值。倘若将企业被出具持续经营审计意见后的观察期延长至3—5年，可以发现绝大多数被出具持续经营审计意见的企业都发生了重整、破产清算、退市或被并购等经济事项，证明这些企业确实在财务质地、经营质量以及治理效能上存在严重的缺陷，企业明显缺乏核心竞争力，持续经营能力始终处于异常薄弱的状态，在市场的大浪淘沙中终将退出历史的舞台。因此，持续经营审计意见不仅能够帮助投资者和债权人进行投资价值与风险的判断，提升资本市场资源配置的效率，还能够引导监管机构对财务质地低下、公司治理异常混乱且濒临破产的企业加强监管，形成良性退出机制，维护金融市场的稳定。由此可见，不断完善持续经营审计意见的制度环境、持续加强并最大限度地释放持续经营审计意见的预警效能是我国建立公开透明、长期稳定健康发展的资本市场的现实所需，对激发市场活力、促进企业培育核心竞争力以及防范与化解市场的系统性风险大有裨益。

本章小结

本章全面地分析了我国 2010—2018 年持续经营审计准则的实施情况及审计意见的出具情况，并对不同类型持续经营审计意见出具的原因、表述方式及准则规定等进行了详尽的比较分析，最后对持续经营审计意见的预警价值作了分析与评价。

在 2010—2018 年，我国的持续经营审计准则进行了两次修订。这两次修订加强了注册会计师与持续经营相关的责任及审计投入，使持续经营审计工作的内容更加明晰、审计报告与持续经营相关的披露也更加透明。尤其是 2018 年起全面实施的新持续经营审计准则前所未有地强调了持续经营能力重大不确定性的披露，将持续经营审计意见的预警功能和决策价值提升至新的高度。该准则实施后，我国持续经营审计意见的数量出现爆发式增长。在 2018 年，被出具持续经营审计意见的公司占所有上市公司的比重由 2017 年的 1.82% 上升至 3.70%，增幅高达 103%。并且，在各类型持续经营审计意见中，持续经营保留意见和持续经营无法表示意见的增长势头异常迅猛，2018 年的增幅分别达到 192.86% 和 135.71%。这种现象反映出两方面的情况。一方面是近两年我国经济的整体态势，供给侧结构性改革下产业结构加速调整、新旧动能加速切换，导致那些产能落后、不具有核心竞争力且经营状况不佳的上市公司大规模地陷入持续经营危机；另一方面是新准则的实施效果显著，注册会计师与以往相比更加重视持续经营重大不确定性的判断与披露，显著地提升了持续经营审计工作的成效。

不同类型的持续经营审计意见反映出不同程度的持续经营问题。被出具持续经营无法表示意见的企业，除了存在货币资金短缺、巨额亏损、债务逾期等财务方面的问题外，还存在非常严重的内部控制失效、面临多项诉讼或索赔、大面积停工、实际控制人被捕或失联等其他方面的重大问题，公司的基本面更差，也更加濒临破产边缘。因此，持续经营无法表示意见反映最严峻的持续经营危机，是对企业破产或退市风险的最强烈警示，应当受到投资者、债权人及监管机构等的充分关注。

在我国证券市场，持续经营审计意见具有较高的预警价值，但不同类型持续经营审计意见的预警价值存在一定程度的差异。从预测企业退市的角度来看，被出具持续经营无法表示意见的上市公司在该意见出具后的较短时期内退市的可能性最大，持续经营保留意见次之。因此，持续经营无法表示意见是对企业退市风险警示效用最强、预警价值最高的一类持续经营审计意见。而被出具持续经营无保留意见的企业则更可能以并购重组的方式避免退市。倘若将企业被出具持续经营审计意见后的观察期延长至一段较长的时期，如3—5年，可以发现绝大多数被出具了持续经营审计意见的企业都发生了重整、破产清算、退市或被并购等经济事项，表明这些企业确实在财务质地、经营质量以及治理效能上存在严重的缺陷，在市场的大浪淘沙中终将不复存在。因此，我国的持续经营审计意见能够起到正确引导社会公众进行投资价值与风险的判断、有效提升资本市场资源配置的效率以及防范与化解市场系统性风险的作用。

第五章

我国持续经营审计意见的市场反应

第一节　问题引出

前文已论述到，对审计的经济需求促成审计这一事物的产生与演进，这一需求具体而言主要是指审计报告使用者的需求。报告使用者依赖审计报告中的信息进行决策，而审计意见最直接地反映审计结果，是审计报告中最为关键的信息，也是报告使用者最为关注的信息。作为最重要的审计信息，审计意见能够反映财务报表信息与既定标准间的符合程度，将财务报表中潜藏的信息风险[①]揭示出来，缩小信用差距[②]；能够明确地告知包括委托人在内的所有利益相关者受托经济资源是否安全完整，是否在以经济、有效的方式进行经营；还能够引导经济资源向着社会资源的最优配置合理流动，提高经济运行的整体效率。

---

① 信息风险（Information Risk）是指经济信息中含有错误信息的可能性。对于财务报表而言，它是指未经审计的财务报表信息中含有不正确或不准确信息的可能性。

② 信用差距（Credibility Gap）指未经审计的经济信息存在较大的信息风险而导致其可信度较低或较差。

审计意见的经济功能使得审计意见对于委托人来说更像一个风向标和指示器（蔡春，2000）。“好”的审计意见反映受托人管理和经营受托经济资源的能力，从而吸引更多的委托人将其所拥有的资源进行托付，而“坏”的审计意见则可能导致受托人不仅得不到新的委托，还可能致使原有的委托被撤回。如前文所述，持续经营审计意见是注册会计师在审计报告中明确指出被审计单位的持续经营能力存在重大不确定性的一种“非标”意见，表明企业在自财务报表日起的12个月内很可能会发生终止经营、重整、破产清算或被并购等经济事项，是注册会计师对企业生存前景发出的最严厉警示，理应导致委托人（股东）的负面反应。

那么，持续经营审计意见的信息含量和风险信号是否真的能够被市场所识别？不同类型持续经营审计意见引起的市场反应是否存在一定程度的差异？对于这两个问题，国内外学者已进行过一些探索，也取得了较为丰硕的成果，但遗憾的是未能达成相对一致的意见（Firth，1978；Melumad 和 Ziv，1997；Bessell 等，2003；张晓岚和宋敏，2007；郭志勇和陈春龙，2008；黄秋敏和张天西，2009；任主恩等，2012）。并且，由于我国的持续经营审计准则在2010—2018年进行了两次修订，尤其是2018年起全面实施的最新持续经营审计准则改变了持续经营无保留意见的格式及表述方式，并前所未有地加大了注册会计师与持续经营相关的责任及审计投入，凸显了持续经营审计意见与其他“非标”意见具有本质区别的实质，这是否能够引起市场对持续经营审计意见给予更多的关注？是否如预期般加强了持续经营审计意见的沟通价值？是否更有利于持续经营审计意见发挥其预警功能及决策价值？毫无疑问，上述问题的答案对于判断我国资本市场中持续经营审计意见预警价值的实现机制是否有效、其风险传导机制是否奏效具有重大意义，对于全面认识审计报告改革和最新持续经营审计准则的实施效果及现实意义具有重大意义，同时也有助于全面了解我国投资者对持续经营审计意见的理解与认知是否与持续经营审计意见的本质内涵相一致。

因此，本书将对我国 2010—2018 年持续经营审计意见的市场反应进行深入探究，并根据不同类型持续经营审计意见具有不同本质内涵的实质，将持续经营审计意见分为持续经营无保留意见、持续经营保留意见以及持续经营无法表示意见三类来研究其市场反应的异质性。此外，本书将进一步研究最新持续经营审计准则实施前后持续经营审计意见市场反应的差异，以此为审计报告改革背景下持续经营审计准则重大变革是否有助于提升持续经营审计意见的沟通价值提供经验证据。

第二节　理论分析与假设提出

现有研究普遍认为，信息引导股价的形成。根据有效市场假说，在一个有效的金融市场中，股票价格能够及时、准确地反映所有已知的与股票相关的信息（Fama，1970）。因此，“好消息”能够提升股价，而“坏消息”将导致股价下降。市场中的信息越充分，信息的质量越高，资本市场的这种价格发现能力越强，股价对信息的反应越及时，资本市场资源配置的效率也就越高（Verrecchia，1980；Callen 等，2000）。

作为投资者分析公司投资价值时最重要的信息，会计信息对股价的形成至关重要（Ball 和 Brown，1968；Beaver 等，1980；Ohlson，1995）。然而，也正是因为会计信息显著影响股票市场定价，许多管理者对会计信息进行操纵（Teoh 等，1998；Erickson 和 Wang，1999；Bergstresser 和 Philippon，2006）。会计信息中潜藏的信息风险以及资本市场中普遍存在的信息不对称现象均极大地阻碍了资本市场的价格发现功能。审计正是降低会计信息风险、缓解信息不对称现象的有力机制。审计的本质功能即是提高会计信息的可信度以及增强会计信息的价值。审计师发表的审计意见通过信号传递功能向市场传递关于企业会计信息质量的真实信号，缓解了投资者与管理层之间的信息不对称，显著提高了资本市场的有效性水平。如前文所述，“好”的审计意见反映企业管理层管理和经营受托经济资源的能力，从而吸引更多的投资者将其所拥有的资源进行托付，而“坏”的审计意见则可能导致管理层不仅得不到新的委托，还可能致使原有投资者的委托也被撤回。实证研究证明，那些被出具标准无保留意见的企业，其筹资能力将会提高，资本成本将会降低，企业价值得到提升；而那些被出具“非标”意见的企业，将会面临来自股东、债权人、供应商等各方的负面反应，导致更高的银行贷款利率（胡奕明和唐松莲，2007）、更严苛的融资约束问题（朱凯和陈信元，2009）以及更差的股价表现。

持续经营审计意见是注册会计师在审计报告中明确指出被审计单位的持续经营能力存在重大不确定性的一种“非标”意见，表明企业在自财务报表日起的 12 个月内很可能会发生终止经营、重整、破产清算或被并购等经济事项，是注册会计师对企业生存前景发出的严厉警示。现有关于持续经营审计意见市场反应的研究主要有两方面：一方面是研究持续经营审计意见的市场反应是否为负；

另一方面是分析不同类型持续经营审计意见的市场反应是否具有显著差异。

国内外许多学者基于不同国家的数据、不同年度的样本并使用不完全相同的方法检验市场对持续经营审计意见的反应，均得出市场对其有显著负反应的结论（Firth，1978；Melumad 和 Ziv，1997；张晓岚和宋敏，2007；郭志勇和陈春龙，2008；黄秋敏和张天西，2009；Dopuch，1986）。然而，国内外学者对不同类型持续经营审计意见的市场反应是否存在显著差异并未获得一致结论。Bessell 等（2003）研究发现市场并不能很好地区分持续经营无保留意见和持续经营保留意见。张晓岚和宋敏（2007）基于我国证券市场进行研究，发现市场并不能区分持续经营无保留意见和持续经营无法表示意见；而黄秋敏和张天西（2009）则发现我国市场对于持续经营无法表示意见的负反应显著强于对持续经营无保留意见和持续经营保留意见的负反应。此外，任主恩等（2012）发现市场对于持续经营审计意见的负反应显著强于对非持续经营“非标”审计意见的负反应。还有学者通过检验公司破产日前后的市场反应，发现市场对于破产前被出具了持续经营审计意见的公司的负反应显著小于对破产前未被出具持续经营审计意见的公司的负反应（Chen 和 Church，1996；Taffler 等，2004）。

基于相关文献的论述，本书认为持续经营审计意见向资本市场传递了企业存在持续经营能力重大不确定性的风险信号，反映出企业在财务、经营或其他方面存在重大问题，是对企业破产风险的一种警示。随着我国资本市场的日渐成熟、注册会计师专业胜任能力的持续提高，持续经营审计意见的预警价值也在持续增强，而投资者对持续经营审计意见的认知水平也不断提升。因此，本书提出以下假设：

假设5－1：在审计报告公布前后较短的时间窗口内，持续经营审计意见的市场反应显著为负。

目前我国证券市场存在三种类型的持续经营审计意见：持续经营无保留意见、持续经营保留意见以及持续经营无法表示意见。前文已论述到，注册会计师需根据持续经营能力问题的严重程度以及对财务报表整体公允性的影响程度来发表相应的持续经营审计意见。并且，通过前文对不同类型持续经营审计意见的描述性分析可知，被出具持续经营无法表示意见的上市公司持续经营困境的形势最严峻，公司的基本面最差，企业经营得以维系的可能性最低，运用持续经营假设编制财务报表的适当性最值得商榷。而注册会计师对此类公司发表无法表示意见而非否定意见更多是出于对审计委托双方利益的一种考量。因此，本书认为，持续经营无法表示意见所传递的风险信号在警示级别上最为强烈，是最严厉的一类持续经营审计意见，投资者对持续经营无法表示意见的市场反应最为强烈。依据上述推断逻辑，本书认为持续经营保留意见在警示级别上次之，其引起的市场反应会弱于持续经营无法表示意见，而持续经营无保留意见释放的风险信号最弱，其引起的市场反应最小。因此，本书提出以下假设：

假设5－2：在审计报告公布前后较短的时间窗口内，不同类型持续经营审计意见的市场负反应存在显著差异。

第三节　研究设计

一、样本选取与数据来源

本章研究选取的样本为2010—2018年沪深两市A股所有被出具持续经营审计意见的上市公司。持续经营审计意见数据经手工查询审计报告获得，审计报告来源于CSMAR数据库及巨潮资讯网。其他数据来自Wind数据库并经手工整理获得。当审计报告中出现“持续经营能力存在重大不确定性”“对持续经营能力产生重大疑虑的重大不确定性”“无法判断按照持续经营假设编制财务报表是否适当”等字样时，认为该公司被出具了持续经营审计意见。此外，选取该时间段的数据进行研究是由于：（1）时间跨度较大，数据量较大，得出的结论较有说服力；（2）在该时间段内进行过两次持续经营审计准则的修订，能够在一定程度上反映准则的实施效果。本章在上述数据的基础上进一步做了如下筛选：剔除金融行业上市公司、剔除关键数据缺失样本，并对连续变量进行1%的winsorizc处理，最终得到2010—2018年沪深两市A股（剔除金融行业公司）被出具持续经营审计意见的样本公司共609家。本章使用的主要数据处理和统计分析软件为Excel 2016和Stata 14.0。

二、模型设计与变量说明

本章采用超额收益率（AR）和累计超额收益率（CAR）作为市场反应的代理变量，研究样本公司审计报告披露日前后特定研究窗口期内的超额收益率和累计超额收益率，并通过对这两个指标的偏离程度来判断不同类型持续经营审计意见市场反应的差异。超额收益是指实际收益减去正常（期望）收益后的收益，即事件收益，也就是由某一事件引起的当日公司价值变动的估计值。超额收益率（AR）的计算方式如模型（5－1）所示。

$$AR_{it}=R_{it}-R_{mt} \tag{5-1}$$

其中，AR_{it}表示公司 i 在第 t 日的超额收益率；R_{it}表示公司 i 在第 t 日的日收益率；R_{mt}为公司 i 在第 t 日的日正常（预期）收益率。

目前，计算正常（预期）收益率主要有三种方法：均值调整收益率法（Mean Adjusted Returns）、市场调整收益率法（Market Adjusted Returns）以及市场和风险调整收益率法（Market and Risk Adjusted Returns）。在综合考虑了三种方法的优缺点之后，借鉴已有研究，本章采用市场调整收益率法来估计某证券的期望正常收益率，即以相应股票市场大盘的日市场收益率作为R_{mt}的估计。

样本组的日平均超额收益率为$\overline{AR_{it}}$，其计算公式如模型（5－2）所示。

$$\overline{AR_{it}}=\frac{1}{n}\sum AR_{it} \tag{5-2}$$

样本组在研究窗口期（t_1，t_2）内的累计平均超额收益率为

CAR，其计算方式如模型（5－3）所示。

$$CAR(t_1, t_2) = \sum \overline{AR_{it}} \tag{5-3}$$

因此，针对假设5－1的检验，可通过AR和CAR的均值检验来得以验证；而针对假设5－2的检验，本章设定模型（5－4）来进行验证。

$$CAR_{it} = a_0 + a_1 UGCO_{it} + a_2 QGCO_{it} + a_3 DGCO_{it} + a_4 MI + a_5 UGCO_{it} \times MI + a_6 QGCO_{it} \times MI + a_7 DGCO_{it} \times MI + Controls_{it} + \alpha_i + \alpha_t + \varepsilon_{it} \tag{5-4}$$

其中，$UGCO_{it}$为虚拟变量，如果i公司当年被出具持续经营无保留意见，则该变量取值为1，否则为0；$QGCO_{it}$为虚拟变量，如果i公司当年被出具持续经营保留意见，则该变量取值为1，否则为0；$DGCO_{it}$为虚拟变量，如果i公司当年被出具持续经营无法表示意见，则该变量取值为1，否则为0；MI为市场化环境指数，选用樊纲等（2016）发布的分省市场化环境指数，加入该调节变量能够在变化的市场环境中考察不同类型持续经营审计意见的市场反应。

除此之外，本章借鉴以往研究，选用每股收益变动率（ΔEPS）、净资产报酬率（ROE）、企业规模（SIZE）、企业性质（STATE）、会计师事务所级差特征（RANK）、上年度审计意见（OPN）、股票交易风险警示（ST）以及行业和年度变量等作为回归模型的控制变量。变量定义及说明如表5－1所示。

考虑到国有企业相对于非国有企业能够得到更多的政府扶持和社会资源，且在一定程度上担负着保民生、稳就业、促发展的功能，市场对于国有企业和非国有企业被出具持续经营审计意见所作的反应可能存在一定差异，因此引入企业性质（STATE）这一控

表 5-1　　　　变量定义及说明

变量类型	变量符号	变量名称	变量定义
因变量	CAR	累计超额收益率	窗口期内日平均超额收益率的累计
	AR	超额收益率	样本公司当日收益率与以市场调整收益率法计算的期望收益率的差值
自变量	UGCO	持续经营无保留意见	虚拟变量，被出具该意见取值为1；否则为0
	QGCO	持续经营保留意见	虚拟变量，被出具该意见取值为1；否则为0
	DGCO	持续经营无法表示意见	虚拟变量，被出具该意见取值为1；否则为0
调节变量	MI	市场环境	樊纲等（2016）市场化指数
控制变量	ΔEPS	每股收益变动率	样本公司第t年每股收益与第t-1年每股收益之差，与第t-1年每股收益的比率
	ROE	净资产报酬率	当期净利润/期末净资产
	SIZE	企业规模	期末总资产的自然对数
	STATE	企业性质	虚拟变量，国有控股公司取值为1；否则为0
	RANK	会计师事务所级差特征	虚拟变量，若当年聘请的会计师事务所年度业务收入排名前10，取值为1；否则为0
	LOPN	上年度审计意见	虚拟变量，若样本公司上年度被出具非标审计意见，取值为1；否则为0
	ST	股票交易风险警示	虚拟变量，若样本公司当年被实施股票交易风险警示（ST），取值为1；否则为0
	IND	行业虚拟变量	依据中国证监会行业分类标准设定
	YEAR	年度虚拟变量	按照不同年度设定

制变量。同时，聘请的会计师事务所是否为排名前10的大所、公司是否为ST以及上年度是否被出具“非标”意见也均会影响市场对持续经营审计意见的反应。因此将会计师事务所级差特征（RANK）、上年度审计意见（LOPN）和股票交易风险警示（ST）也纳入控制变量。

第四节　实证结果及分析

一、描述性统计

表5－2显示了最终用于检验2010—2018年持续经营审计意见市场反应的样本情况。通过该表可以看出，在每年被出具持续经营审计意见的公司中，有超过半数都是被ST的公司。与此同时，在这些被出具持续经营审计意见的公司中，国有企业只占较小比例，而大部分都是民营企业，反映出民营企业的生存困境形势更为严峻。此外，在被出具持续经营审计意见的公司中，有46.5%的公司上年度的审计意见是“非标”意见，有42.2%的公司聘请的会计师事务所是当年业务收入排名前10的会计师事务所。表5－3和图5－1分别显示了被出具持续经营审计意见的公司在审计报告披露日前后各相对日期的AR描述性统计和AR均值情况。

表 5-2　　检验持续经营审计意见市场反应的样本描述性统计

变量	2010 年	2011 年	2012 年	2013 年	2014 年	2015 年	2016 年	2017 年	2018 年	合计	占比（%）
GCO	83	81	56	40	46	54	53	64	132	609	100
UGCO	69	69	48	32	37	45	38	36	58	432	70. 9
QGCO	8	8	5	3	3	7	10	14	41	99	16. 3
DGCO	6	4	3	5	6	2	5	14	33	78	12. 8
STATE	8	16	10	6	9	7	12	13	26	107	17. 6
RANK	32	31	24	21	19	24	23	25	58	257	42. 2
LOPN	35	37	25	18	22	26	25	32	63	283	46. 5
ST	49	50	31	38	43	36	32	39	76	394	64. 7

表 5-3　　各相对日期的 AR 描述性统计

相对日期	-5	-4	-3	-2	-1	0	1	2	3	4	5
均值	0. 00932	0. 00719	0. 00761	0. 00597	0. 00312	0. 00328	-0. 00931	-0. 00409	-0. 00887	0. 00432	0. 01226
中位数	-0. 00561	-0. 00322	-0. 00349	-0. 00311	-0. 00351	-0. 01587	-0. 00467	-0. 00324	-0. 00232	-0. 00171	-0. 00551
标准差	0. 02862	0. 02995	0. 03021	0. 03151	0. 03247	0. 03121	0. 03229	0. 03548	0. 03077	0. 02545	0. 02936

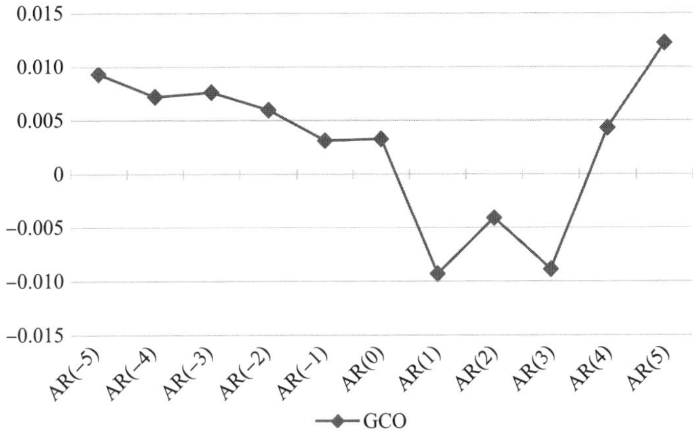

图 5-1　被出具持续经营审计意见的公司各相对日期的 AR 均值

表5-4是窗口期为［-1，1］、［-2，2］和［-5，5］的CAR均值T检验结果。从中可知，这三个窗口期的CAR均值均显著为负。由此可见，在审计意见公布前后的较短时间窗口内，持续经营审计意见的市场反应显著为负。由此，假设5-1得到验证。

表 5-4　被出具持续经营审计意见的公司的 CAR 均值及 T 检验结果

研究窗口	均值	T 值	P 值
［-1，1］	-0.02537	-5.89991	0.00000
［-2，2］	-0.02729	-5.51673	0.00000
［-5，5］	-0.03511	-5.54395	0.00000

二、主回归分析

在进行了初步的描述性统计分析之后，有必要通过多元回归模型（5－4）来控制除审计意见以外的其他重要因素的影响来进行进一步研究，使分析结果更具说服力。

不同窗口期的CAR多元回归结果如表5－5所示。UGCO表示持续经营无保留意见的市场反应，在［－1，1］、［－2，2］和［－5，5］三个窗口期内均为负数，但未通过显著性检验。QGCO表示持续经营保留意见的市场反应，在三个窗口期均为负数，但也没有通过显著性检验。DGCO表示持续经营无法表示意见的市场反应，在三个窗口期内均为负数，并且都通过了显著性检验。由此可见，不同类型持续经营审计意见的市场反应存在差别，在较短的窗口期内，市场能够显著识别持续经营无法表示意见，但不能区分持续经营无保留意见和持续经营保留意见。当将市场环境考虑在内后，可发现不同类型持续经营审计意见与市场环境的交乘项在三个窗口期均显著为负，说明在市场化程度越高的地区，市场区分不同类型持续经营审计意见的能力越强，持续经营审计意见的信号传递越有效、信息含量越明确。由此，假设5－2得到验证。

表5－5　　　　CAR多元回归结果

因变量	CAR［－1，1］	CAR［－2，2］	CAR［－5，5］
CAR	系数（T值）	系数（T值）	系数（T值）
UGCO	－0.0235	－0.0513	－0.0187
	（－0.87）	（－0.32）	（－0.53）
QGCO	－0.0251	－0.0083	－0.0562
	（－0.95）	（－1.07）	（－0.53）
DGCO	－0.0451**	－0.0519***	－0.0492***
	（－2.37）	（－2.82）	（－3.01）
MI	0.0016**	0.0037**	0.0289***
	（2.17）	（2.31）	（2.77）

续表

因变量 CAR	CAR [-1, 1] 系数（T值）	CAR [-2, 2] 系数（T值）	CAR [-5, 5] 系数（T值）
UGCO × MI	-0.0075***	-0.0089***	-0.0021**
	(-3.81)	(-4.53)	(-2.42)
QGCO × MI	-0.0027**	-0.0038***	-0.0075**
	(-2.31)	(-4.18)	(-2.25)
DGCO × MI	-0.0370***	-0.0399***	-0.0266***
	(-3.83)	(-4.02)	(-2.72)
ΔEPS	0.0021*	-0.0173*	0.0035
	(1.67)	(-1.81)	(1.32)
ROE	-0.0008**	0.0012*	0.0009**
	(-2.03)	(1.67)	(2.35)
SIZE	0.0013	0.0021	-0.0037
	(0.71)	(0.56)	(-1.15)
STATE	0.0121*	0.0203*	0.0032*
	(1.72)	(1.79)	(1.71)
RANK	0.0138	0.0094*	0.0032*
	(0.53)	(1.73)	(1.67)
LOPN	0.0017	0.0083*	0.0129*
	(0.79)	(1.92)	(1.72)
ST	0.0067	0.0127**	0.0112**
	(0.83)	(2.33)	(2.29)
_CONS	0.0052	-0.0036	-0.1753
	(0.57)	(-1.05)	(-0.72)
IND	Yes	Yes	Yes
YEAR	Yes	Yes	Yes
Adj - R^2	0.0476	0.0582	0.1531
F	8.943	9.127	12.341

注：括号内为t值，***、**、*分别表示在1%、5%和10%的显著性水平上显著。

除此之外，企业性质（STATE）在三个时间窗口内的系数均显著为正，而会计师事务所级差特征（RANK）和上年度审计意见（LOPN）的系数均显著为负，说明被出具持续经营审计意见的公司的性质、签发意见的会计师事务所是否为排名前10的大所以及上年度审计意见是否为“非标”意见均会影响市场对持续经营审计意见的反应。

三、进一步分析

在此部分，本书将进一步研究最新持续经营审计准则实施前后持续经营审计意见市场反应的差异，以此为审计报告改革背景下持续经营审计准则的重大变革是否有助于提升持续经营审计意见的信息含量及沟通价值提供经验证据。

前文已提到，审计报告改革的目的在于增强审计报告的决策价值。因此，作为新审计报告准则重要组成部分的最新持续经营审计准则不仅前所未有地加强了注册会计师与持续经营相关的责任，还改革了持续经营无保留意见的格式，要求持续经营重大不确定性须与其他强调事项区别开来，以带标题的单独段落置于审计报告的醒目位置进行披露。本章认为，上述改革及举措有助于投资者充分识别持续经营审计意见是关乎企业存亡的最高级别的风险警示，其在资本市场中引起的负反应会显著增强。因此，本章提出以下假设：

假设5-3：最新持续经营审计准则全面实施后，持续经营审计意见的市场负反应显著增强。

在此部分的实证研究中，本章采用倾向得分匹配和双重差分法（PSM+DID）检验最新持续经营审计准则的实施效果。首先，以最新持续经营审计准则全面实施的时间节点为依据构建分组变量，并根据企业规模（SIZE）、资产负债率（LEV）和每股收益/亏损（EPS）这三个指标对分组变量进行Probit回归，然后按照近似1:1的比例保留样本中与处理组三个特征相似的样本，组成新的分组变量 treat。在上述倾向得分匹配（PSM）的过程中，同时考虑了样本个体被出具的持续经营审计意见类型，以尽可能地使匹配后的处理组与控制组中各类型持续经营审计意见的数量也约等于 1:1 的比例。经过上述操作，最终得到 312 个样本。

与此同时，由于双重差分法（DID）能够有效避免内生性等问题，借鉴 Bertrand 和 Mullainathan（2003）和胡宁等（2019）的研究，对形成的分组变量 treat 进行控制公司固定效应和年度固定效应的经典 DID 检验，以研究最新持续经营审计准则的全面实施是否有利于增强持续经营审计意见的市场负反应。该方法如模型（5－5）所示。

$$CAR_{i,t} = \beta_0 + \beta_1 treat_i \times Post_t + Control_{i,t} + \beta_i + \beta_t + \varepsilon_{i,t} \quad (5-5)$$

在此模型中，treat 为倾向得分匹配后的分组变量；Post 为最新持续经营审计准则全面实施的年度标识变量，新准则全面实施后的持续经营审计意见样本取值为 1，否则为 0；β_i 为公司固定效应，β_t 为年度固定效应。因此，treat × Post 的系数 β_1 可以用来衡量最新持续经营审计准则全面实施对持续经营审计意见市场负反应产生的影响，即当 β_1 显著为负时，表明最新持续经营审计准则的全面实施增强了持续经营审计意见的市场负反应，否则相反。

表 5－6 列示了对分组变量使用 Ranksum 秩和检验的结果。可以看出，最新持续经营审计准则实施后的样本（Post＝1）和实施前的样本（Post＝0）在市场反应上存在显著差异，在［－1，1］、［－2，2］和［－5，5］这三个窗口期，最新持续经营审计准则实施后的样本所引起的市场负反应更为强烈，表明最新持续经营审计准则实施后，持续经营审计意见的信息含量显著增强，其所传递的风险信号更能为市场所识别。

表 5-6　倾向得分匹配后分组变量的 CAR 差异性检验

研究窗口	Post = 0		Post = 1		Z 值	P 值
	样本量	均值	样本量	均值		
[-1, 1]	156	-0.02159	156	-0.03017	-7.105***	0.000
[-2, 2]	156	-0.02316	156	-0.03263	-7.612***	0.000
[-5, 5]	156	-0.03145	156	-0.03821	-8.126***	0.000

注：***、**、*分别表示在1%、5%和10%的显著性水平上显著。

表5-7报告了模型（5-5）的OLS回归结果。从中可以看到，treat × Post 的系数在［-1，1］、［-2，2］和［-5，5］这三个窗口期均显著为负，且分别具有5%和1%水平上的显著性，表明新准则的全面实施的确增强了持续经营审计意见的市场负反应，并且这种作用在年报公布前后5天的时间窗口更为明显。由此，假设5-3得到验证。

表 5-7　最新持续经营审计准则实施对持续经营审计意见市场反应的影响

因变量	CAR [-1, 1]	CAR [-2, 2]	CAR [-5, 5]
CAR	系数（T值）	系数（T值）	系数（T值）
treat × Post	-0.0231** (-2.17)	-0.0267*** (-2.72)	-0.0282*** (-3.89)
ΔEPS	0.0019* (1.73)	-0.0194* (-1.82)	0.0128** (2.17)
ROE	-0.0012** (-2.01)	0.0039* (1.86)	0.0025** (2.05)
SIZE	0.0008 (0.61)	0.0027 (0.93)	-0.0035 (-1.05)
STATE	0.0121* (1.79)	0.0193* (1.81)	0.0083* (1.67)
RANK	0.0121 (0.67)	0.0082* (1.72)	0.0075* (1.68)

续表

因变量	CAR [-1, 1]	CAR [-2, 2]	CAR [-5, 5]
CAR	系数（T值）	系数（T值）	系数（T值）
LOPN	0.0021 (0.82)	0.0094 * (1.73)	0.0121 * (1.79)
ST	0.0108 ** (2.02)	0.0135 ** (2.12)	0.0162 ** (2.36)
_CONS	0.0062 (0.03)	-0.0035 (-1.09)	-0.0751 (-0.74)
IND	Yes	Yes	Yes
YEAR	Yes	Yes	Yes
Adj - R^2	0.041	0.063	0.082
F	5.341	4.926	5.235

注：括号内为 t 值，***、**、* 分别表示在 1%、5% 和 10% 的显著性水平上显著。

第五节 稳健性检验

一、更换市场反应衡量方法

为保证研究结果的稳健，针对假设 5-1 和假设 5-2 的研究，本章使用 AR 代替 CAR 对模型进行再次检验，并在计算 AR 时改变了 R_{mt} 的估计方式，即采用市场和风险调整收益率法而非市场调整收益率法来重新计算证券的日正常收益率，并同时将市场反应的观察窗口期延长至审计报告公布日前后 9 天共 19 个相对日期，通过上述调整来进行稳健性检验。表 5-8 列示了该稳健性检验的结果。

表 5-8　以 AR 衡量持续经营审计意见市场反应的多元回归结果

相对日期	-9	-8	-7	-6	-5
因变量 AR	系数（T 值）	系数（T 值）	系数（T 值）	系数（T 值）	系数（T 值）
UGCO	-0.0037 (-0.85)	-0.0045 (-0.61)	-0.044 (-0.73)	0.0058 (0.82)	-0.0090 (-1.07)
QGCO	-0.0065 (-0.83)	-0.0046 (-1.07)	-0.0052 (-0.72)	-0.0047 (-0.91)	-0.0081 (-1.12)
DGCO	-0.0039 (-0.45)	-0.0057 (-0.88)	-0.0095 (-1.06)	-0.0076 (-0.97)	-0.0084 (-1.13)
MI	0.0012 (0.20)	0.0008 (0.43)	0.0016 (0.78)	0.0020 (0.85)	-0.0027* (-1.77)
UGCO × MI	-0.0038 (-0.85)	-0.0019 (-0.51)	-0.0029* (-1.68)	-0.0022 (-1.32)	-0.0040* (-1.78)
QGCO × MI	-0.0029 (-0.81)	-0.0034 (-1.12)	-0.0031 (-1.03)	-0.0027 (-0.77)	-0.0025* (-1.69)
DGCO × MI	-0.0021 (-0.84)	-0.0325** (-2.07)	-0.0293** (-2.18)	-0.0408** (-2.21)	-0.0693** (-2.37)
ΔEPS	-0.0019 (-0.87)	-0.0028 (-1.02)	-0.0034 (-0.93)	-0.0025 (-1.27)	-0.0031* (-1.74)
ROE	0.0007 (0.61)	0.0012 (0.83)	-0.0002 (-0.34)	0.0003 (0.47)	0.0019 (1.02)
SIZE	-0.0012 (-0.56)	-0.0039 (-0.87)	0.0027 (0.74)	0.0019 (0.59)	0.0045 (0.82)
STATE	-0.0023 (-0.59)	0.0055 (1.04)	-0.0048 (-0.63)	0.0015 (0.70)	0.0036 (0.47)
RANK	0.0032 (0.71)	0.0049 (0.96)	0.0052 (1.07)	0.0094 (0.83)	-0.0065 (-0.79)
LOPN	0.0054 (0.92)	0.0089 (1.02)	0.0102 (1.27)	0.0092 (0.87)	0.0083 (1.58)
ST	0.0097** (2.07)	0.0102** (2.31)	0.0085** (2.17)	0.0105** (2.08)	0.0125*** (3.12)
IND	Yes	Yes	Yes	Yes	Yes
YEAR	Yes	Yes	Yes	Yes	Yes
_CONS	0.0067 (0.58)	0.0108 (1.12)	-0.0134 (-0.71)	-0.0157 (-0.69)	0.0389 (1.21)
Adj-R^2	0.0237	0.0145	0.0389	0.0271	0.0458
F	1.3463	1.2232	3.3667	3.1627	3.1251

续表

相对日期	-4	-3	-2	-1	0
因变量 AR	系数（T 值）	系数（T 值）	系数（T 值）	系数（T 值）	系数（T 值）
UGCO	-0.0387 (-0.83)	-0.0525 (-1.12)	-0.0339 (-0.97)	-0.0412 (-1.34)	-0.0292 (-1.19)
QGCO	-0.0065 (-0.83)	-0.0046 (-1.07)	-0.0052 ** (-2.27)	-0.0047 (-0.91)	-0.0081 ** (-2.08)
DGCO	-0.0218 ** (-2.13)	-0.0193 ** (-1.99)	-0.0324 *** (-3.18)	-0.0195 ** (-2.39)	-0.0337 ** (-2.41)
MI	-0.0008 (-0.57)	-0.0031 (-0.63)	-0.0029 (-0.34)	-0.0016 (-0.72)	-0.0045 (-0.89)
UGCO × MI	-0.0052 ** (-1.99)	-0.0047 ** (-2.14)	-0.0039 * (-1.71)	-0.0041 ** (-1.98)	-0.0063 ** (-2.47)
QGCO × MI	-0.0034 * (-1.79)	-0.0060 * (-1.82)	-0.0058 * (-1.74)	-0.0045 ** (-2.21)	-0.0068 ** (-2.14)
DGCO × MI	-0.0482 * (-1.94)	-0.0515 ** (-2.18)	-0.0463 ** (-2.33)	-0.0624 *** (-3.01)	-0.0658 *** (-2.67)
ΔEPS	-0.0015 (-0.54)	-0.0018 (-0.71)	-0.0043 ** (-2.13)	0.0036 (0.96)	-0.0041 ** (-2.07)
ROE	0.0020 (1.03)	0.0014 (0.84)	0.0011 (0.67)	-0.0025 (-0.75)	-0.0037 (-1.21)
SIZE	-0.0023 (-1.25)	-0.0038 (-0.77)	-0.0017 (-0.84)	0.0020 (0.93)	-0.0035 (-0.83)
STATE	0.0014 (0.37)	0.0061 (0.83)	-0.0034 (-0.57)	-0.0066 (-1.45)	-0.0048 (-0.87)
RANK	-0.0073 (-0.82)	-0.0084 (-0.93)	-0.0057 (-0.84)	-0.0045 (-1.09)	-0.0091 (-1.12)
LOPN	0.0089 (1.14)	0.0131 (1.37)	0.0124 (0.83)	0.0097 (1.12)	0.0106 (1.48)
ST	0.0069 ** (2.01)	0.0113 *** (2.72)	0.0093 ** (1.98)	0.0081 ** (2.09)	0.0121 *** (3.03)
IND	Yes	Yes	Yes	Yes	Yes
YEAR	Yes	Yes	Yes	Yes	Yes
_CONS	0.0213 (0.84)	0.0325 (1.09)	0.0197 (1.06)	-0.0336 (-1.59)	-0.0141 (-1.01)
Adj - R^2	0.0532	0.0605	0.0472	0.0324	0.0237
F	3.4122	3.4671	4.8173	3.0467	5.9851

续表

相对日期	1	2	3	4	5
因变量 AR	系数（T值）	系数（T值）	系数（T值）	系数（T值）	系数（T值）
UGCO	-0.0313	-0.0504	-0.0439	0.0653	-0.0421
	(-1.21)	(-1.07)	(-0.98)	(1.45)	(-1.32)
QGCO	-0.0071**	-0.0034	0.0021	0.0057	-0.0064
	(-2.49)	(-0.95)	(0.73)	(1.14)	(-0.94)
DGCO	-0.0436**	-0.0339**	-0.0274**	-0.0358**	-0.0171
	(-2.28)	(-2.07)	(-1.98)	(-2.41)	(-1.39)
MI	-0.0057	-0.0016	-0.0009	-0.0005	-0.006
	(-0.87)	(-0.54)	(-0.31)	(-0.47)	(-0.63)
UGCO × MI	-0.0074**	-0.0058**	-0.0028**	-0.0041*	0.0039
	(-2.49)	(-2.34)	(-2.15)	(-1.73)	(1.52)
QGCO × MI	-0.0052**	-0.0063**	-0.0057*	-0.0049*	-0.0040
	(-2.21)	(-1.99)	(-1.83)	(-1.68)	(-1.13)
DGCO × MI	-0.0574***	-0.0439***	-0.0334**	-0.0515**	-0.0271**
	(-4.51)	(-3.07)	(-2.25)	(-2.14)	(-2.37)
ΔEPS	-0.0015	-0.0032	-0.0021	-0.0011	-0.0003
	(-0.46)	(-0.38)	(-1.24)	(-0.59)	(-0.77)
ROE	-0.0000	-0.0002	0.0001	0.0005	0.0002
	(-0.01)	(-0.08)	(0.13)	(0.21)	(0.17)
SIZE	0.0003	0.0008	0.0015	-0.0012	-0.0036
	(0.27)	(0.34)	(0.48)	(-0.51)	(-0.97)
STATE	-0.0039	-0.0021	0.0014	0.0025	0.0014
	(-1.13)	(-0.74)	(0.47)	(0.65)	(0.53)
RANK	-0.0113	-0.0067	-0.0039	-0.0045	-0.0021
	(-0.84)	(-0.77)	(-0.46)	(-0.57)	(-0.82)
LOPN	0.0091	0.0053	0.0089	0.0034	0.0025
	(0.84)	(0.49)	(0.51)	(0.72)	(0.48)
ST	0.0139***	0.0104***	0.0084**	0.0096**	0.0134***
	(3.41)	(2.85)	(2.47)	(2.15)	(3.32)
IND	Yes	Yes	Yes	Yes	Yes
YEAR	Yes	Yes	Yes	Yes	Yes
_CONS	-0.0229	-0.0219	-0.0221	0.0306	0.0284
	(-1.38)	(-0.94)	(-0.74)	(1.02)	(1.21)
$Adj-R^2$	0.0219	0.0351	0.0182	0.0364	0.0276
F	5.0761	4.4654	1.2093	3.3217	3.8305

续表

相对日期	6	7	8	9
因变量 AR	系数（T 值）	系数（T 值）	系数（T 值）	系数（T 值）
UGCO	0.0317	0.0224	0.0215	0.0209
	(1.03)	(0.94)	(0.87)	(0.75)
QGCO	0.0002	0.0019	0.0031	0.0064
	(0.11)	(0.54)	(0.87)	(1.02)
DGCO	-0.0232**	0.0167	0.0084	0.0033
	(-2.12)	(1.45)	(1.28)	(1.05)
MI	-0.0001	0.0000	0.0005	0.0003
	(-0.12)	(0.08)	(0.81)	(0.73)
UGCO × MI	-0.0031	-0.0025**	-0.0034*	-0.0029
	(-0.98)	(-2.12)	(-1.74)	(-1.03)
QGCO × MI	-0.0069*	-0.0037*	-0.0028*	-0.0024
	(-1.68)	(-1.81)	(-1.73)	(-1.13)
DGCO × MI	-0.0421**	-0.0398***	-0.0501**	-0.0433**
	(-1.98)	(-2.84)	(-2.31)	(-2.05)
ΔEPS	-0.0009	0.0021	-0.0008	-0.0013
	(-0.68)	(0.82)	(-0.74)	(-0.65)
ROE	0.0002	0.0001	0.0000	0.0000
	(0.32)	(0.29)	(0.07)	(0.02)
SIZE	0.0014	0.0007	0.0012	0.0003
	(0.37)	(0.31)	(0.48)	(0.21)
STATE	0.0037	0.0024	0.0021	0.0036
	(0.93)	(0.68)	(0.56)	(1.05)
RANK	-0.0013	-0.0007	-0.0019	-0.0005
	(-0.48)	(-0.37)	(-0.45)	(-0.53)
LOPN	0.0028	0.0021	0.0049	0.0004
	(0.47)	(0.39)	(0.41)	(0.52)
ST	0.0102**	0.0054	0.0048	0.0033
	(2.34)	(1.35)	(1.04)	(0.85)
IND	Yes	Yes	Yes	Yes
YEAR	Yes	Yes	Yes	Yes
_CONS	0.0215	0.0173	-0.0121	-0.0067
	(1.13)	(1.04)	(-0.84)	(-0.65)
Adj - R^2	0.0281	0.0257	0.0328	0.0226
F	3.6721	3.9345	1.2123	1.3017

注：括号内为 t 值，***、**、* 分别表示在 1%、5% 和 10% 的显著性水平上显著。

根据表5-8所示，在审计报告公布日前后9天共19个相对日期中，有14个相对日期（分别是-7、-6、-5、-4、-3、-2、-1、0、1、2、4、5、6、7）的多元回归模型通过了显著性检验。并且，在这14个相对日期中，持续经营无法表示意见在其中的10个相对日期（分别是-4、-3、-2、-1、0、1、2、3、4、6）显著为负，持续经营保留意见在其中的3个相对日期（分别是-2、0、1）显著为负，而持续经营无保留意见虽系数均为负，但都未通过显著性检验。上述情况表明，持续经营审计意见的市场反应显著为负仅在审计报告公布日前后较短的时间窗口内成立；并且，市场对于持续经营无法表示意见的负反应最为强烈。此外，市场仅能够在审计报告公布日前后非常短的时间窗口内（如相对日期-2、0、1）显著区别持续经营保留意见和持续经营无保留意见，而在除此之外的其他相对日期，未能有充足的证据证明市场能够显著区别这两类持续经营审计意见。因此，该稳健性检验的结果再次验证了假设5-1和假设5-2，即在审计报告公布前后较短的时间窗口内，持续经营审计意见的市场反应显著为负，并且不同类型持续经营审计意见的市场负反应存在显著差异。

二、平行趋势检验

使用双重差分法的一个重要前提是假定处理组与控制组样本在政策变动之前具有平行趋势。因此，针对假设5-3的稳健性检验，本章借鉴Serfling（2016）在错层的准自然实验情境下检验平行趋势的方法，引入模型（5-6）来进行平行趋势检验。

$CAR_{i,t} = \beta_0 + \beta_1 treat_{i,t} + \beta_2 Post\_1_{i,t} + \beta_3 Post\_2_{i,t} + \beta_4 treat_{i,t} \times$

$$Post\_1_{i,t} + \beta_5 treat_{i,t} \times Post\_2_{i,t} + Controls_{i,t} + \varepsilon_{i,t} \quad (5-6)$$

其中，treat 为代表处理组和控制组的分组变量；Post_1 和 Post_2 分别表示准则实施前一年、前两年的虚拟变量，即当年报年度为 2016 年时，Post_1 = 1，其余情况 Post_1 = 0；当年报年度为 2015 年时，Post_2 = 1，其余情况 Post_2 = 0。因此，Post_1、Post_2 与 treat 的交互项分别表示准则实施前一年和前两年的处理组与控制组的市场反应趋势。若交互项不显著，则表明在准则实施前的一年及两年内，处理组与控制组之间的市场反应无显著差异，即满足双重差分模型的平行趋势假定。

如表 5 - 9 所示，Post_1、Post_2 与 treat 的交互项在三个窗口期都不显著，由此反映出新持续经营审计准则实施之前，处理组与控制组样本的市场反应没有显著差异，因此模型（5 - 5）的结果是稳健的。

表 5 - 9　　持续经营审计意见市场反应的平行趋势检验

变量	CAR [-1, 1]	CAR [-2, 2]	CAR [-5, 5]
	系数（T 值）	系数（T 值）	系数（T 值）
treat × Post_2	-0.0251	-0.0192	-0.0236
	(-0.87)	(-1.38)	(-0.79)
treat × Post_1	-0.0279	-0.0187	-0.0228
	(-1.05)	(-0.93)	(-1.17)
Post_2	-0.0228**	-0.0154*	-0.0125*
	(-2.01)	(-1.76)	(-1.93)
Post_1	-0.0127*	-0.0197**	-0.0135*
	(-1.89)	(-2.03)	(-1.75)
treat	0.0309***	0.0231***	0.0183***
	(2.87)	(2.79)	(2.63)

续表

变量	CAR [-1, 1]	CAR [-2, 2]	CAR [-5, 5]
	系数（T值）	系数（T值）	系数（T值）
ΔEPS	0.0017	-0.0183	0.0135
	(1.09)	(-1.21)	(1.07)
ROE	-0.0024	0.0037	0.0026
	(-1.02)	(0.86)	(1.35)
SIZE	0.0006	0.0019	-0.0031
	(0.59)	(0.73)	(-1.15)
STATE	0.0117	0.0139	0.0072
	(1.23)	(1.54)	(1.31)
RANK	0.0109	0.0281*	0.0195*
	(0.74)	(1.88)	(1.73)
LOPN	0.0013	0.0115*	0.0134*
	(0.94)	(1.79)	(1.91)
ST	0.0126**	0.0134**	0.0154**
	(2.25)	(2.17)	(2.05)
_CONS	0.0078	-0.0127	-0.0185
	(0.34)	(-0.95)	(-0.87)
Firm &Year	Yes	Yes	Yes
Adj-R^2	0.040	0.043	0.062
F	4.382	5.226	4.835

注：括号内为t值，***、**、*分别表示在1%、5%和10%的显著性水平上显著。

除上述稳健性检验之外，本章还进行了如下稳健性检验。

（1）安慰剂检验。为进一步排除公司自身特征偏差对结论造成的影响，本章将准则实施的年度向前平推两年，使用虚拟的政策时间对相同的处理组与控制组样本进行安慰剂检验。若模型（5-5）

的结论是由公司间不可观测的固有差异导致的，那么使用虚拟的政策时间也应能得到同样的结果。但从安慰剂检验的回归结果来看，虚拟的准则实施年度变量的回归系数均不显著，表明虚拟的准则实施并不会引起持续经营审计意见市场反应的显著变化。由此能够判断，2017—2018 年度持续经营审计意见市场反应的显著增强并非由公司间的固有差异所致。

（2）CAR 窗口期延长。考虑到审计报告公布日前后不同时期的 CAR 设定可能会对检验结果产生影响，本章还检验了审计报告公布日前后 10 天的累计超额收益的情况。结果显示在［-10，10］的时间窗口内，以 CAR 衡量的持续经营审计意见的市场反应并不显著，由此可见持续经营审计意见市场反应显著为负的结论是存在短期效应的。

本章小结

本章基于信息不对称理论、财务报告理论和信号传递理论，利用事件研究法和 PSM + DID 的方法，结合市场环境因素，对持续经营审计意见的市场反应进行了系统研究。得出的研究结论主要分为以下几个层面。

1. 持续经营审计意见向市场传递了企业在财务、经营以及其他方面存在导致企业存续难以维系的重大风险，其释放的负面信号能够为市场所识别。在审计意见公布日前后 1 天、前后 2 天以及前后 5 天的时间窗口，以累计超额收益 CAR 衡量的持续经营审计意见的市场反应均显著为负，证实了持续经营审计意见具有信息含量的结论。

2. 持续经营审计意见市场反应显著为负的结论存在短期效应。被出具持续经营审计意见的企业，其超额收益 AR 的均值在审计意见公布日后的第 1 天、第 2 天和第 3 天显示为负，但至第 4 天开始显示为正；累计超额收益 CAR 在审计意见公布日前后 1 天、前后 2 天以及前后 5 天的时间窗口显著为负，但在前后 10 天的时间窗口并不显著。这反映出持续经营审计意见的风险传递功能具有短期效应，随着市场内“噪声”的增多，一些本该因持续经营审计意见而导致股价持续下跌直至退出资本市场的企业反而在投机的驱动下并未得到应有的看低。这同时也反映出，我国壳资源稀缺，不少投资者仍希望通过“炒壳”来实现短期获利，价值投资的理念未在市场上占主导地位。

3. 持续经营审计意见的市场反应具有异质性。市场对于持续经营无法表示意见的负面反应最为强烈，表明市场能够识别持续经营无法表示意见是警示级别最为严厉的一类审计意见，其传递的风险信号最为强烈。然而，未能有充足的证据表明市场能够显著区别持续经营无保留意见和持续经营保留意见，表明市场对于这两类持续经营审计意见所蕴含的风险信号未能引起充分的重视，投资者对于持续经营审计意见的认知水平仍有待提升。

4. 审计报告改革增强了持续经营审计意见的信息含量，提升了其在资本市场中的决策有用性。通过 PSM + DID 检验，本章发现新持续经营审计准则全面实施后，持续经营审计意见的市场反应显著增强，且该结论在历经了平行趋势检验和安慰剂检验等稳健性检验后依然成立，表明审计报告改革显著提升了持续经营审计意见的信息含量及沟通价值，起到了应有的实施效果。

5. 持续经营审计意见风险传递功能的有效发挥跟市场环境密不可分。市场化指数越高、市场机制越完善，持续经营审计意见的市场反应越强烈，其异质性属性的表现也越强烈。这表明进一步完善持续经营审计意见的风险传递机制，仅仅从审计信息的供给和审计师职能的强化两方面入手是不够的，还需要更加透明的市场化环境和更加完善的资本市场法治建设与之相匹配。在市场环境的多方因素共同作用下，持续经营审计意见才能更有效地发挥其预警作用和监督效能。

第六章

持续经营审计意见的信息含量——来自债务融资的证据

第一节　问题引出

在前文中，本书论证了持续经营审计意见的预警价值，发现大部分被出具持续经营审计意见的企业在意见出具后的一段时期内的确发生了重整、破产清算、退市或被并购等经济事项，证明持续经营审计意见的风险预警机制是有效的。同时，本书还验证了持续经营审计意见的市场反应，发现我国证券市场能够识别持续经营审计意见释放的负面信号，并且这种识别能力在审计报告改革后得到有效提升。基于这些结论，本书不禁进一步提出疑问：持续经营审计意见的风险传导机制究竟遵循怎样的路径？除投资者外，债权人是否也能有效感知持续经营审计意见传递的重大风险信号，从而作出影响债务契约的拟定或变更的决策？

源源不断的资金是注入企业的新鲜血液，为企业运转提供最坚实的基础和动力。然而，获得资金却并非易事。“融资难、融资贵”的问题已成为横亘于企业，尤其是民营企业面前最为棘手的难题[①]。在企业对外融资的过程中，审计意见起着至关重要的作用。审计意见为资本市场提供关于企业风险定价的真实信息，是债权人信贷决策的重要依据。已有研究表明，“非标”审计意见会显著影响银行信贷人员对借款人风险程度的认定（Gul，1987），从而影响企业的借款规模（Firth，1980），提高银行贷款的利率（胡奕明和唐松莲，2007）。因此，“非标”审计意见对于债权人具有风险提示作用，会对企业债务融资带来不利影响。

持续经营审计意见是注册会计师在审计报告中明确指出企业运用持续经营假设编制财务报表不适当或企业的持续经营能力存在重大不确定性的一种“非标”意见。被出具持续经营审计意见的企业或连续亏损、资不抵债，或深陷流动性危机、难以清偿到期债务，或经营管理极为混乱、业务长期停滞，关键管理人员还存在违法犯罪或失联的情况。因此，持续经营审计意见是注册会计师对企业经营风险和生存能力发出的最严厉警示，具有不同于其他“非标”审计意见的特殊且至关重要的信息含量。那么，作为风险警示级别最高的一类“非标”意见，持续经营审计意见是否能够引起债权人充分的关注？换言之，持续经营审计意见对于债权人是否具有增量的信息含量，是否相较其他“非标”意见更能加剧企业的融资困境，从而加速企业破产？针对不同类型的持续经营审计意见，债权人能否识别其释放的不同风险信号，从而作出相应的决

① 2019年3月5日，国务院总理李克强在十三届全国人大二次会议开幕式上作《政府工作报告》，明确指出我国民营企业融资难、融资贵问题尚未有效缓解，2019年要通过改革完善货币信贷投放机制、激励加强普惠金融服务等手段，引导信贷精准有效地支持实体经济，杜绝资金空转或脱实向虚，从而切实降低企业综合融资成本，明显改善企业融资紧张的状况。

策？审计报告改革之后，持续经营审计意见对债权人的信息含量及决策有用性是否有所加强？此外，企业的产权性质、聘请的会计师事务所的规模以及是否被连续“非标”等在持续经营审计意见作用于企业债务融资的过程中又扮演着怎样的角色？为探寻上述问题的答案，本章将基于企业债务融资的视角，深入探究持续经营审计意见对于债权人的信息含量及其风险传导路径。

第二节　理论分析与假设提出

现代财务理论最重要的发现之一是厘清了资本的价格和风险之间的内在关系，即资本价格的高低是由标的项目的风险因素决定的①。在企业债务融资的过程中，债权人是否给予贷款以及贷款利率溢价等就在很大程度上取决于企业的财务状况及其经营的稳健性，即企业的整体风险。而注册会计师的审计意见为企业提供增信服务②，降低了债权人对于信贷风险的猜疑，其最终的作用是降低企业获得资金的成本、提高资本配置的效率。现有研究证明，审计意见对企业债务融资具有重要影响。例如，Minnis（2011）研究发现，聘请了审计师的私人企业获得贷款的成本更低；Gul 等（2013）研究发现，聘请大型会计师事务所审计能够显著降低企业债务融资的成本。

① 吴卫军．资本的眼睛［M］．北京：中信出版社，2019.

② 1987 年，美国前总统里根在美国注册会计师协会百年华诞之际献上贺信，信中指出独立审计为企业和政府的会计报表提供可信度，若没有这种可信度，债权人和投资者就难以作出为经济带来稳定和活力的决策，资本市场也将土崩瓦解。

审计意见为资本市场提供关于风险定价的真实信息，传递企业经营和财务状况的风险信号。对于债权人来说，“好”的审计意见将会促使债权人以相对较低的价格出借资本，从而缓解企业面临的融资约束，而“坏”的审计意见则预示出借资本的风险较高，迫使债权人缩小其出借规模、缩短出借期限以及提高出借的价格，从而加剧企业面临的融资压力。“非标”审计意见传递企业经营风险和会计信息风险的信号，对债权人的信贷决策具有重要影响，并进而对企业债务融资的规模、成本、期限以及约束性条款的拟定等产生重大影响。已有研究表明，英国审计师出具的持续经营和资产计价两类保留意见会显著影响企业的借款规模（Firth，1980）；“非标”审计意见会显著影响新加坡银行信贷人员对借款人风险程度的认定（Gul，1987）。我国学者也发现了类似证据。胡奕明和唐松莲（2007）研究发现“非标”审计意见会显著提高银行贷款利率；朱凯和陈信元（2009）也发现“非标”审计意见会显著提高企业外部融资的成本。

作为风险警示级别最高的一类“非标”意见，持续经营审计意见理应引起债权人最充分的关注。被出具持续经营审计意见的企业或连续亏损、资不抵债，或深陷流动性危机、难以清偿到期债务，或经营管理极为混乱、业务长期停滞，关键管理人员还存在违法犯罪或失联的情况。另有一些被出具持续经营审计意见的企业已处于破产重整的过程中，但重整计划尚未确定，因而通过重整计划恢复持续经营能力尚存在重大不确定性。因此，与被出具非持续经营“非标”审计意见的企业相比，被出具持续经营审计意见的企业基本面更差，在财务报表日后 12 个月内很可能发生破产清算或破产重整等经济事项。也正因此，持续经营审计意见是对企业生存危机和破产风险的最严厉警示，其预警价值与其他不涉及持续经营问题的“非标”意见有着本质上的区别。持续经营审计意见预示最高级别的资金风险。面对如此高风险的借贷项目，债权人很可能会提出相较于其他“非标”意见更严苛的债务契约，或直接拒绝提供贷款。因此，持续经营审计意见会引起债权人的负面反应。由此，本章提出如下研究假设：

假设6-1：在其他条件相同的情况下，与非持续经营“非标”审计意见相比，被出具持续经营审计意见的企业债务融资的难度更大。

注册会计师根据企业对持续经营能力重大不确定性的披露以及持续经营问题的整体严重程度发表不同类型的持续经营审计意见。前文章节已论述到，被出具持续经营无法表示意见的企业除了存在货币资金短缺、巨额亏损、债务逾期等财务方面的情况外，还存在非常严重的内部控制失效、面临多项诉讼或索赔、大面积停工、员工离职、银行账户冻结、实际控制人被捕或失联等经营或其他方面的重大事项，公司的基本面最差，也最濒临破产边缘。因此，持续经营无法表示意见是最为严重的一类持续经营审计意见。而企业被出具持续经营保留意见的原因存在三种情况：（1）企业的持续经营能力存在重大不确定性，但财务报表对此未作充分披露；（2）企业存在其他应被出具保留意见的事项或情况，且同时存在持续经营能力重大不确定性；（3）企业的持续经营能力存在重大不确定性，财务报表对此也作了披露，但注册会计师无法就管理层的应对计划获取充分、适当的审计证据，因此无法对企业自财务报表日起12个月的持续经营能力作出明确判断。在这三种情况中，第二种情况占比最多，说明大多数被出具持续经营保留意见的企业除了存在持续经营能力问题，还存在其他较为严重的会计信息质量问题。因此，持续经营保留意见的风险警示级别仅次于持续经营无法表示意见。而持续经营无保留意见则意味着企业的财务报表已对持续经营能力重大不确定性以及管理层的应对计划作了充分披露，且不存在其他影响财务报表整体公允性的事项或情况，在三类持续经营审计意见中释放的风险警示信号相对最弱。而债权人对于审计意见释放的风险信号具有很高的敏感性，会通过调整债务契约来达到控制风险的目的。因此，不同风险警示级别的审计意见对企业债务融资的影响很可能存在显著差异。对此，本章提出如下假设：

假设6－2：不同类型持续经营审计意见对企业债务融资的影响程度存在显著差异，持续经营无法表示意见引起的负面影响最为强烈。

第三节　研究设计

一、样本选取与数据来源

本章研究选取2009—2017年我国沪深两市A股所有被出具“非标”审计意见的上市公司作为初始研究样本，并通过阅读审计报告原文，确定其属于被出具持续经营审计意见的样本或被出具非持续经营“非标”审计意见的样本。审计报告原文来源于CSMAR数据库及巨潮资讯网，其他数据来自Wind数据库并经手工整理获得。当审计报告中出现“持续经营能力重大不确定性”“对持续经营能力产生重大疑虑”“无法判断按照持续经营假设编制财务报表是否适当”等表述时，认为该公司被出具了持续经营审计意见；当审计报告中未出现上述字样时，认为该公司被出具非持续经营“非标”审计意见。本章研究未将2018年纳入研究范围是由于研究审计意见对债务融资的影响有赖于被出具该意见次年的债务成本及债务规模等相关数据，而直至此研究开展时2019年年度报告仍未公布，债务融资数据不能获得，因此研究的范围截至2017年。而为了获得更充足的研究样本，本章研究将2009年也纳入研究范围。在此基础上，进一步对样本做了如下筛选：（1）剔除金融行业上市公司；（2）剔除关键数据缺失的上市公司。为控制极端值对回归结果的影响，对连续变量进行了1%的winsorize处理。通过上述处理，最终得到“非标”审计意见样本1036个。其中，持续经营审计意见样本597个，非持续经营“非标”审计意见样本439个。本章所使用的数据处理和统计分析软件为Excel 2016和Stata 14.0。

二、模型设计与变量说明

“融资难、融资贵”中的“难”与“贵”恰到好处地体现了企业债务融资过程中难以筹措资金以及借贷成本高昂的现象，也正好与债务规模和债务成本这两个关键维度相对应。由此，借鉴叶康涛等（2010）、魏志华等（2012）和周楷唐等（2016）的研究，本章采用债务规模和债务成本作为反映企业债务融资难易程度的代理变量，并建立模型（6-1）以检验假设6-1。

$$DEBT_{i,t+1} = \alpha_0 + \alpha_1 GCO_{i,t} + Controls_{i,t} + \alpha_i + \alpha_t + \varepsilon_{i,t} \qquad (6-1)$$

其中，因变量 $DEBT_{i,t+1}$ 为企业被出具“非标”审计意见次年的债务规模（DebtSize）和债务成本（DebtCost）。次年债务规模（DebtSize）采用次年现金流量表中披露的“取得借款收到的现金”除以次年年末总资产来反映；次年债务成本（DebtCost）以次年利息支出除以次年年末长、短期债务总额平均值来衡量。$GCO_{i,t}$ 为虚拟变量，如果 i 公司当年被出具持续经营审计意见，则该变量取值为 1；如果 i 公司当年被出具的是非持续经营“非标”审计意见，则该变量取值为 0。$Controls_{i,t}$ 为控制变量。借鉴以往研究，本章选取资产负债率（LEV）、总资产报酬率（ROA）、企业性质（STATE）、企业规模（SIZE）、会计师事务所级差特征（RANK）、公司成长性（GROWTH）、有形资产占总资产的比重（PPE）、现金流量（FCF）以及上年度审计意见（LOPN）等作为回归模型的控制变量，并同时控制了行业固定效应和年度固定效应。对控制变量的选取及简要描述如下：

1. 资产负债率（LEV），它等于总负债除以总资产。资产负债率属于偿债能力指标，反映企业的负债水平和偿债能力。资产负债率越高，说明企业偿债压力越大，债权人为控制风险会减少对资产负债率过高企业的信贷。

2. 总资产报酬率（ROA），它等于净利润除以总资产。总资产报酬率属于盈利能力指标，总资产报酬率越高，说明企业盈利能力越强，而债权人更乐意为盈利能力强的企业提供贷款。

3. 企业性质（STATE），虚拟变量，当企业最终控制人为国有性质时，该变量取值为 1，否则为 0。企业的国有性质意味着更多的社会资源和政府扶持，并在一定程度上担负着保民生、稳就业、促发展的功能，破产风险相较于民营企业更小，因而会使债权人对其产生正面评价，进而拟定更加宽松的债务契约。

4. 企业规模（SIZE），它等于年末总资产的自然对数。企业的资产规模越大，抵御风险的能力越强，也越有利于债权人在企业破产时收回资金，因此债权人为资产规模大的企业提供贷款的意愿更强。

5. 会计师事务所级差特征（RANK），虚拟变量，当企业聘请的会计师事务所是当年业务收入排名全国前10的会计师事务所时，该变量取值为1，否则为0。会计师事务所的业务规模在一定程度上反映会计师事务所的声誉及审计质量，因而会影响债权人对审计意见的解读，因此将会计师事务所级差特征也纳入控制变量。

6. 公司成长性（GROWTH），它等于企业当年主营业务收入与上年主营业务收入之差除以上年主营业务收入，即主营业务收入增长率。该变量反映企业的发展能力，债权人更愿意对发展能力强、成长性好的企业提供信贷。

7. 有形资产占总资产的比重（PPE），它等于固定资产与存货之和除以总资产。该变量反映企业资产占用的形态。相较于无形资产，有形资产更易作为企业贷款时的担保和质押，债权人很可能更愿意为有形资产占比高的企业提供贷款。

8. 现金流量（FCF），它等于经营活动现金流量净额除以总资产。该指标反映企业赚取现金的能力，体现了企业的经营状况及生命力，同时也在一定程度上反映企业偿付资本性支出的能力，因此将其纳入控制变量。

9. 上年度审计意见（LOPN），虚拟变量，当企业上年度被出具的也是“非标”审计意见时，该变量取值为1，否则为0。考虑到企业被连续出具“非标”很可能会对债权人的信贷决策产生影响，因此也将其纳入控制变量。

在针对假设6-2的研究中，由于考察的是不同类型持续经营审计意见对企业债务融资的影响程度，因此将模型（6-1）中的自变量$GCO_{i,t}$更换为持续经营无保留意见虚拟变量$UGCO_{i,t}$、持续经营保留意见虚拟变量$QGCO_{i,t}$以及持续经营无法表示意见虚拟变量$DGCO_{i,t}$，由此得到用于检验假设6-2的模型（6-2）。

$$DEBT_{i,t+1} = \beta_0 + \beta_1 UGCO_{i,t} + \beta_2 QGCO_{i,t} + \beta_3 DGCO_{i,t} + Controls_{i,t} + \beta_i + \beta_t + \varepsilon_{i,t} \quad (6-2)$$

在此模型中，因变量$DEBT_{i,t+1}$为企业被出具不同类型持续经营审计意见次年的债务规模（DebtSize）和债务成本（DebtCost）。债务规模和债务成本的计算方法与模型（6-1）中一致。$UGCO_{i,t}$为虚拟变量，如果i公司当年被出具持续经营无保留意见，则该变量取值为1，否则为0；$QGCO_{i,t}$为虚拟变量，如果i公司当年被出具持续经营保留意见，则该变量取值为1，否则为0；$DGCO_{i,t}$为虚拟变量，如果i公司当年被出具持续经营无法表示意见，则该变量取值为1，否则为0。模型（6-1）和模型（6-2）中的具体变量定义与说明见表6-1。

表6-1　变量定义与说明

变量类型	变量符号	变量名称	变量定义
因变量	DebtSize	次年债务规模	取得借款收到的现金除以总资产
	DebtCost	次年债务成本	利息支出除以长短期债务总额平均值
自变量	GCO	持续经营审计意见	虚拟变量，被出具持续经营审计意见取值为1，非持续经营“非标”审计意见取值为0

续表

变量类型	变量符号	变量名称	变量定义
自变量	UGCO	持续经营无保留意见	虚拟变量，被出具该意见取值为1，否则为0
	QGCO	持续经营保留意见	虚拟变量，被出具该意见取值为1，否则为0
	DGCO	持续经营无法表示意见	虚拟变量，被出具该意见取值为1，否则为0
控制变量	LEV	资产负债率	期末总负债/期末总资产
	ROA	总资产报酬率	当期净利润/期末总资产
	STATE	企业性质	虚拟变量，国有控股公司取值为1，否则为0
	SIZE	企业规模	期末总资产的自然对数
	RANK	会计师事务所级差特征	虚拟变量，若当年聘请的会计师事务所年度业务收入排名前10，取值为1，否则为0
	GROWTH	公司成长性	样本公司第t年主营业务收入减去第t-1年主营业务收入与第t-1年主营业务收入的比值
	PPE	有形资产占比	期末固定资产与存货之和/期末总资产
	FCF	现金流量	当期经营活动现金流量净额/期末总资产
	LOPN	上年度审计意见	虚拟变量，若样本公司上年度被出具非标审计意见，取值为1，否则为0
	IND	行业虚拟变量	依据中国证监会行业分类标准设定
	YEAR	年度虚拟变量	按照不同年度设定

第四节　实证结果及分析

一、描述性统计

表6－2显示了最终用于检验假设6－1的相关变量的描述性统计。从中可以看出，GCO均值为0.5763，表明样本中有57.63%的样本属于持续经营审计意见样本，有42.37%的样本属于非持续经营“非标”审计意见样本；在所有样本中，资产负债率的均值和中位数分别为162.31%和86.74%，说明被出具“非标”审计意见的企业普遍财务杠杆较高、偿债风险较大；总资产报酬率的均值和中位数分别为－8.77%和3.65%，说明一部分样本企业处于严重亏损的状态，盈利能力极为低下；公司成长性即主营业务收入增长率的均值和中位数分别为4.72%和－8.45%，表明过半的样本企业业务萎缩、经营疲软，主营业务收入并未实现增长；现金流量的均值和中位数分别为0.64%和0.19%，反映出样本企业赚取现金的能力普遍不强。此外，样本中30.41%的企业最终控制人为国有性质，44.31%的企业聘请的是当年业务收入排名前十的会计师事务所，36.00%的样本企业为连续被出具“非标”审计意见的企业。

表6－3为分样本的均值差异描述性统计。从中可以看出，持续经营审计意见样本的次年债务成本均值和资产负债率均值要显著大于非持续经营“非标”审计意见样本，而其次年债务规模、总

表 6－2　　假设 6－1 检验相关变量的描述性统计

变量名称	观测值	最大值	最小值	均值	标准差	中位数
DebtSize	1036	0.3183	0.0327	0.1987	0.4307	0.1729
DebtCost	1036	0.2717	0.0673	0.1325	0.1795	0.1471
GCO	1036	1.0000	0.0000	0.5763	0.5126	1.0000
LEV	1036	97.8592	0.0129	1.6231	6.2983	0.8674
ROA	1036	1.9245	－3.0812	－0.0877	0.0082	0.0365
STATE	1036	1.0000	0.0000	0.3041	0.7987	0.0000
SIZE	1036	24.2317	－8.9279	22.3935	2.8298	20.1247
RANK	1036	1.0000	0.0000	0.4431	0.5712	0.0000
GROWTH	1036	25.1861	－0.9883	0.0472	1.9237	－0.0845
PPE	1036	0.4733	0.1295	0.2945	0.1872	0.2791
FCF	1036	0.06992	0.0007	0.0064	0.3293	0.0019
LOPN	1036	1.0000	0.0000	0.3600	0.6828	0.0000

资产报酬率、企业规模、公司成长性以及现金流量的均值要显著小于非持续经营“非标”审计意见样本。另外，两个样本在产权性质和上年度审计意见上也存在一定差异。持续经营审计意见样本中最终控制人为国有性质的占 17.92%，而非持续经营“非标”审计意见样本中该比例为 47.38%；持续经营审计意见样本中被连续出具“非标”审计意见的占到 46.90%，而非持续经营“非标”审计意见样本中该情况的占比为 21.18%。此外，两个样本在会计师事务所级差特征和有形资产占比上并未存在显著差异。

二、主回归分析

表 6－4 报告了持续经营审计意见相较于非持续经营“非标”

表 6-3　持续经营审计意见样本与非持续经营“非标”审计意见样本均值差异比较

变量	GCO = 1		GCO = 0		均值差异	T 值
	样本量	均值	样本量	均值		
DebtSize	597	0.1512	439	0.2673	-0.1161***	-5.95
DebtCost	597	0.1645	439	0.0877	0.0768***	6.17
LEV	597	1.7324	439	0.8533	0.8791***	13.84
ROA	597	-0.1108	439	-0.0489	-0.0619***	-9.67
STATE	597	0.1792	439	0.4738	-0.2946***	-5.47
SIZE	597	20.5935	439	23.7284	-3.1349***	-8.93
RANK	597	0.4204	439	0.4738	-0.0534	-1.03
GROWTH	597	-0.0067	439	0.1093	-0.1160**	-2.17
PPE	597	0.3124	439	0.2737	0.0387	1.34
FCF	597	0.0010	439	0.0162	-0.0152**	-2.39
LOPN	597	0.4690	439	0.2118	0.2572***	7.42

注：***、**、* 分别表示在 1%、5% 和 10% 的显著性水平上显著。

审计意见对企业债务融资的影响程度。由第（1）列回归结果可见，GCO 的系数为 -0.1762，在 1% 水平上显著，表明企业被出具持续经营审计意见后，其下一年度的债务规模比被出具非持续经营“非标”审计意见要多减少 17.62%；类似地，第（2）列回归结果显示，GCO 的系数为 0.0947，在 1% 水平上显著，表明企业被出具持续经营审计意见后，其下一年度的债务成本比被出具非持续经营“非标”审计意见要多增加 9.47%。由此可见，尽管这两类审计意见都属于“非标”审计意见，但相较于非持续经营“非标”审计意见，持续经营审计意见对企业债务融资造成的负面影响更为强烈，证明持续经营审计意见对于债权人而言具有额外的信息含量和决策价值，也证明持续经营审计意见与非持续经营“非标”审计意见具有本质区别，假设6－1得到验证。与此同时，由于大部分被出具持续经营审计意见的企业深陷偿债危机和流动性危机，而持续经营审计意见的出具又进一步加剧了这些企业业已存在的融资困境，降低其通过债务融资进行“输血”自救的可能性，从而迫使一部分企业不可避免地走向破产。

表6－4　持续经营审计意见对企业债务融资影响的多元回归结果

变量	(1)	(2)
	DebtSize	DebtCost
GCO	−0.1762***	0.0947***
	(−15.31)	(7.16)
LEV	0.0425**	0.0813***
	(2.46)	(5.09)
ROA	0.1211***	0.0132
	(6.95)	(1.17)
STATE	0.0353**	−0.0156
	(2.37)	(−0.89)
SIZE	0.0212***	−0.0265***
	(8.45)	(−4.81)
RANK	0.0040	0.0012
	(0.63)	(0.58)
GROWTH	0.0129	0.0032
	(1.07)	(0.43)
PPE	0.0081	−0.0427**
	(0.54)	(−2.21)
FCF	−0.0181	0.0295
	(−1.13)	(1.01)

续表

变量	(1)	(2)
	DebtSize	DebtCost
LOPN	-0.0340***	0.0288***
	(-3.95)	(4.02)
IND	Yes	Yes
YEAR	Yes	Yes
_CONS	-0.0261	0.0155
	(-0.47)	(0.72)
Adj - R^2	0.1573	0.1236
F	19.52	13.47

注：括号内为 t 值，***、**、* 分别表示在 1%、5% 和 10% 的显著性水平上显著。

表 6-5 报告了不同类型持续经营审计意见对企业债务融资影响的回归结果。第（1）列回归结果所示，UGCO、QGCO 以及 DGCO 的系数均为负，且分别在 10% 和 1% 水平上显著，表明持续经营无保留意见、持续经营保留意见以及持续经营无法表示意见均会导致企业下一年度债务规模减小；类似地，第（2）列回归结果显示，UGCO、QGCO 以及 DGCO 的系数均为正，且分别在 10% 和 1% 水平上显著，表明持续经营无保留意见、持续经营保留意见以及持续经营无法表示意见均会导致企业次年债务成本显著提高。与此同时，通过比较三种不同类型持续经营审计意见与债务规模和债务成本的回归系数及显著性，不难发现，持续经营无法表示意见对企业债务融资造成的负面影响最为强烈，持续经营保留意见次之，而持续经营无保留意见带来的负面影响相对最弱。并且，持续经营无法表示意见对企业债务规模的负面影响是持续经营保留意见的

1.33 倍和持续经营无保留意见的 5.07 倍，对企业债务成本的负面影响是持续经营保留意见的 1.51 倍和持续经营无保留意见的 2.75 倍，假设 6-2 得到验证。该结论表明债权人能够区分不同类型持续经营审计意见所释放的风险信号之间的差异，通过调整债务契约来尽可能地规避风险或达到风险与收益之间的平衡。同时，上述发现也表明，持续经营审计意见对债权人的风险传导机制是有效的，持续经营审计意见能够成功地将风险信号传递给债权人，致使企业在被出具持续经营审计意见后债务融资的难度显著增加，从而迫使一部分企业加速破产。

表 6-5　不同类型持续经营审计意见对企业债务融资影响的多元回归结果

变量	(1)	(2)
	DebtSize	DebtCost
UGCO	-0.0218*	0.0230*
	(-1.89)	(1.77)
QGCO	-0.0832***	0.0419***
	(-5.84)	(4.95)
DGCO	-0.1105***	0.0633***
	(-8.17)	(5.31)
LEV	0.0209	0.0167
	(1.47)	(1.18)
ROA	0.0223	0.0171
	(1.05)	(1.21)
STATE	0.0495***	-0.0312**
	(3.08)	(-2.47)
SIZE	0.0284***	-0.0179*
	(5.15)	(-1.76)

续表

变量	(1)	(2)
	DebtSize	DebtCost
RANK	0.0195	0.0084
	(1.08)	(0.86)
GROWTH	0.0112	0.0040
	(0.97)	(0.73)
PPE	0.0188*	-0.0215*
	(1.84)	(-1.77)
FCF	-0.0192	0.0164
	(-0.81)	(1.03)
LOPN	-0.0481***	0.0322***
	(-5.43)	(4.81)
IND	Yes	Yes
YEAR	Yes	Yes
_CONS	-0.0182	0.0221
	(-0.76)	(0.82)
$Adj-R^2$	0.1395	0.1121
F	14.78	12.29

注：括号内为 t 值，***、**、* 分别表示在 1%、5% 和 10% 的显著性水平上显著。

此外，表 6-5 还显示，资产负债率（LEV）、总资产报酬率（ROA）、公司成长性（GROWTH）以及现金流量（FCF）与债务规模和债务成本的系数并不显著，这可能是由于被出具持续经营审计意见的企业普遍财务指标较差，债权人在信贷决策时关注这类指标的意义不大。相较于这些财务指标，债权人更倾向于考察企业的产权性质（STATE）、资产规模（SIZE）、有形资产占比（PPE）以及是否被连续出具“非标”（LOPN）等。因为透过这些指标，债权人更能够窥见关于企业偿债能力和持续经营能力的隐含信息。与此同时，由该表可见，企业性质（STATE）与债务规模的系数显著为正，与债务成本的系数显著为负，表明被出具持续经营审计意见的非国有企业在次年面临的融资约束更大，融资困境的形势更为严峻；而上年度审计意见（LOPN）与债务规模的系数显著为负，与债务成本的系数显著为正，说明债权人也会关注企业以前年度的审计意见，被连续“非标”的企业融资难的问题更为凸显。

三、进一步分析

在此部分，本章将进一步研究审计报告改革背景下持续经营审计准则重大变革是否有助于增强持续经营审计意见之于债权人的信息含量及决策有用性。前文已论述，新持续经营审计准则最重大的变革是改变了持续经营无保留意见的格式，要求其在描述持续经营能力问题时，增加以“与持续经营相关的重大不确定性”为标题的单独段落并置于审计报告的醒目位置。因此，新持续经营审计准则将持续经营重大不确定性的披露与其他强调事项的披露在形式上彻底区别开来，凸显了持续经营能力问题是与报告使用者切身利益最为相关的首要问题，表明持续经营无保留意见在风险警示级别上与其他带强调事项段的无保留意见具有本质区别。也正因此，新持续经营审计准则的全面实施理应提升持续经营无保留意见之于债权人的信息含量及预警效果。基于此，本章认为，新持续经营审计准则的全面实施能够显著增强持续经营无保留意见的风险警示作用，导致债权人对被出具持续经营无保留意见的企业的信贷决策更为谨慎。由此，本章提出如下假设：

假设6－3：新持续经营审计准则全面实施后，持续经营无保留意见对企业债务融资带来的负面影响显著增强。

在此部分，本章继续使用倾向得分匹配和双重差分法（PSM＋DID）对假设进行实证检验。首先，根据新持续经营审计准则全面实施的时间节点构建分组变量，其次，按照资产负债率（LEV）、总资产报酬率（ROA）、企业规模（SIZE）以及有形资产占比（PPE）对该分组变量进行Probit回归，根据回归结果选取与处理组指标特征相似的样本组成新的分组变量treat，即进行近似1:1的倾向得分匹配（PSM）。在倾向得分匹配的过程中，本章同时考虑了所选择样本的企业性质和上年度审计意见，以尽可能地使新组成的处理组和控制组在样本的企业性质和上年度审计意见的分布上并无显著差异。经过上述操作，最终得到73个样本。最后，建立模型（6－3），对形成的分组变量进行控制公司固定效应和年度固定效应的DID检验，以研究新持续经营审计准则的全面实施是否有助于增强持续经营无保留意见对债权人的风险警示作用。

$$DEBT_{i,t+1} = \beta_0 + \beta_1 treat_i \times Post_t + Controls_{i,t} + \beta_i + \beta_t + \varepsilon_{i,t} \tag{6-3}$$

在此模型中，treat为倾向得分匹配后的分组变量；Post为新持续经营审计准则全面实施的年度标识变量，新准则全面实施后的样本取值为1，否则为0；β_i为公司固定效应，β_t为年度固定效应；$DEBT_{i,t+1}$为企业被出具持续经营无保留意见次年的债务规模（DebtSize）和债务成本（DebtCost）。因此，treat×Post与DebtSize和DebtCost的系数β_1可用来判断新持续经营审计准则全面实施后，持续经营无保留意见对企业债务融资的负面影响是否有所增强。

表6－6报告了模型（6－3）的回归结果。从中可知，treat×

Post 与 DebtSize 的系数为 -0.0293，在 1% 水平上显著，表明新持续经营审计准则实施后，持续经营无保留意见对企业次年债务规模的减少程度较准则实施前增强了 2.93%；treat × Post 与 DebtCost 的系数为 0.0181，在 10% 水平上显著，意味着新准则实施后，持续经营无保留意见导致企业次年债务成本增加的水平较准则实施前提升了 1.81%。由此可见，新持续经营审计准则的确增强了持续经营无保留意见对债权人的风险警示作用，导致其对企业次年债务规模和债务成本的负面影响显著增强。因此，假设 6-3 得到验证。

表 6-6　新持续经营审计准则对持续经营无保留意见债务风险警示作用的影响的实证检验

变量	(1)	(2)
	DebtSize	DebtCost
treat × Post	-0.0293***	0.0181*
	(-3.16)	(1.77)
LEV	0.0174	0.0125
	(1.28)	(1.04)
ROA	0.0139	0.0116
	(1.15)	(0.97)
STATE	0.0232*	-0.0094
	(1.89)	(-1.03)
SIZE	0.0237***	-0.0142*
	(2.85)	(-1.71)
RANK	0.0063	0.0102
	(0.89)	(1.06)
GROWTH	0.0095	0.0107
	(0.43)	(0.64)

续表

变量	(1)	(2)
	DebtSize	DebtCost
PPE	0.0122	-0.0109
	(1.45)	(-1.33)
FCF	0.0039	0.0028
	(0.46)	(0.52)
LOPN	-0.0277***	0.0164*
	(-3.01)	(1.81)
IND	Yes	Yes
YEAR	Yes	Yes
_CONS	-0.0195	0.0087
	(-0.97)	(0.61)
Adj-R^2	0.1252	0.1049
F	14.51	12.74

注：括号内为 t 值，***、**、* 分别表示在 1%、5% 和 10% 的显著性水平上显著。

第五节　稳健性检验

一、改变债务融资测度方法

考虑到从银行等金融机构获得借款仍是现阶段我国企业最主要的债务融资方式，本章使用新增银行贷款（ΔBankLoan）作为企业债务融资状况的测度指标以对模型进行再次检验。其中，

ΔBankLoan 定义为企业被出具持续经营审计意见或非持续经营"非标"审计意见次年的银行贷款年度增加额除以次年年初总资产。表 6-7 列示了该稳健性检验的结果。

表 6-7 以新增银行贷款衡量企业债务融资的多元回归结果

变量	(1)	(2)	(3)
	ΔBankLoan	ΔBankLoan	ΔBankLoan
GCO	-0.0613***		
	(-5.87)		
UGCO		-0.0231**	
		(-2.16)	
QGCO		-0.0584***	
		(-3.71)	
DGCO		-0.0722***	
		(-8.09)	
treat × Post			-0.0308***
			(-2.73)
LEV	0.0324*	0.0195	0.0218
	(1.82)	(1.48)	(1.51)
ROA	0.0971***	0.0283	0.0161
	(5.53)	(1.39)	(1.41)
STATE	0.0422**	0.0319**	0.0186*
	(1.99)	(2.11)	(1.73)
SIZE	0.0648***	0.0541***	0.0415***
	(4.36)	(5.95)	(3.87)
RANK	0.0018	0.0084	0.0105
	(0.51)	(0.67)	(1.24)
GROWTH	0.0032	0.0121	0.0087
	(0.87)	(0.93)	(0.65)

续表

变量	(1)	(2)	(3)
	ΔBankLoan	ΔBankLoan	ΔBankLoan
PPE	0.0199 *	0.0218 **	0.0095
	(1.74)	(2.27)	(0.86)
FCF	0.0069	0.0049	0.0038
	(0.41)	(0.58)	(0.43)
LOPN	-0.0836 ***	-0.0512 ***	-0.0325 ***
	(-6.72)	(-5.91)	(-3.73)
IND	Yes	Yes	Yes
YEAR	Yes	Yes	Yes
_CONS	-0.0288	-0.0193	-0.0262
	(-0.45)	(-0.81)	(-1.36)
Adj - R^2	0.1296	0.1328	0.1157
F	14.52	15.37	13.64

注：括号内为 t 值，***、**、* 分别表示在 1%、5% 和 10% 的显著性水平上显著。

由表 6-7 可见，GCO 与 ΔBankLoan 的系数在 1% 水平上显著为负，表明相较于非持续经营“非标”审计意见，被出具持续经营审计意见的企业下一年度的新增银行贷款更少，支持了假设6-1的结论；UGCO、QGCO、DGCO 与 ΔBankLoan 的系数均显著为负，其中 DGCO 的 T 值和系数绝对值均最大，表明无论企业被出具何种类型的持续经营审计意见，均会引起企业下一年度新增银行贷款显著减少，并且持续经营无法表示意见对新增银行贷款的负面影响最为强烈，支持了假设 6-2 的结论；treat × Post 与 ΔBankLoan 的系数为 -0.0308，在 1% 水平上显著，表明新持续经营审计准则实施后，持续经营无保留意见对企业次年新增银行贷款的负面影响增强了3.08%，假设6-3的结论也得到验证。

二、安慰剂检验

为了排除非政策实施因素对结论造成的影响，尤其是受样本公司自身特征干扰对结论造成的影响，针对假设6-3的研究，本章除更换债务融资的度量方法外，还借鉴胡宁等（2019）的研究，使用安慰剂检验的方法对基于模型（6-3）的结论进行再次验证。具体的做法是将新持续经营审计准则实施的时间向前平推1年和2年，使用虚拟的准则实施时间（PRE_1和PRE_2）进行安慰剂对照测试，并在测试中保持处理组和控制组样本与此前研究一致。如果之前的结论是由所选择样本自身的固有差异所致，那么使用虚拟的准则实施时间也应得到相同的结果。因此，PRE_1和PRE_2与ΔBankLoan的系数及显著性是该安慰剂检验的主要考察对象。表6-8列示了该安慰剂检验的结果。

表6-8　将准则实施时间向前平推1年及2年的安慰剂检验结果

变量	(1)	(2)
	ΔBankLoan	ΔBankLoan
PRE_1	-0.0022 (-1.21)	
PRE_2		0.0018 (0.63)
LEV	0.0235 (1.48)	0.0187 (1.29)
ROA	0.0128 (0.96)	0.0142 (1.01)

续表

变量	(1)	(2)
	ΔBankLoan	ΔBankLoan
STATE	0.0113	0.0218*
	(1.28)	(1.74)
SIZE	0.0232**	0.0341***
	(2.05)	(2.61)
RANK	0.0097	0.0012
	(0.84)	(0.51)
GROWTH	0.0009	0.0082
	(0.36)	(0.97)
PPE	0.0109	0.0084
	(1.03)	(0.88)
FCF	0.0073	0.0020
	(0.82)	(0.56)
LOPN	-0.0284***	-0.0372***
	(-3.26)	(-4.08)
IND	Yes	Yes
YEAR	Yes	Yes
_CONS	-0.1250	-0.0932
	(-0.67)	(-0.85)
Adj-R^2	0.1265	0.1357
F	13.76	15.21

注：括号内为t值，***、**、*分别表示在1%、5%和10%的显著性水平上显著。

如表6-8所示，PRE_1、PRE_2与ΔBankLoan的系数均不显著，表明当使用虚拟的准则实施时间，无论将该时间向前推移1年还是2年，都不能引起持续经营无保留意见对企业次年债务融资的影响程度发生显著变化。由此可以判断，持续经营无保留意见对企业次年债务融资水平的负面影响显著增强的情况并非由企业自身的固有原因所致，而是由于新持续经营审计准则改革了持续经营无保留意见的格式，增强了其对于债权人的信息含量及风险警示作用，使得债权人对被出具该意见的企业的信贷决策更加趋于谨慎。

本章小结

本章基于信号传递理论和财务报告理论，利用回归分析和PSM + DID的方法系统研究了持续经营审计意见之于债权人的风险传导机制及其效果，得出的主要结论如下：

1. 与非持续经营“非标”审计意见相比，持续经营审计意见对债权人具有额外的决策价值及预警效能。企业被出具持续经营审计意见后，其次年的债务规模比被出具非持续经营“非标”审计意见的企业多减少17.62%，债务成本比被出具非持续经营“非标”审计意见的企业多增加9.47%，表明债权人能够识别持续经营审计意见释放的特殊风险信号，将其与非持续经营“非标”审计意见显著区别开来，并通过拟定更严苛的债务契约或直接拒绝提供信贷来规避风险。

2. 持续经营审计意见能够通过对债权人的风险传导机制实现资本市场治理功能。大部分被出具持续经营审计意见的企业或经营疲软、连续亏损，或深陷流动性危机、难以清偿到期债务，或经营管理极为混乱、存在多项重大诉讼等，是在市场竞争中由于缺乏核心竞争力甚至是最基本的生存能力而面临淘汰的企业。这些企业在被出具持续经营审计意见后，债务融资的难度显著提升，通过债务融资进行“输血”自救的可能性进一步降低，从而被迫加速走向破产。因此，持续经营审计意见能够通过影响企业债务融资来发挥资本市场治理功能，帮助市场加速淘汰落后的产能和生产方式，激发市场活力，提高资本市场资源配置的有效性。

3. 不同类型持续经营审计意见均能导致企业次年债务规模显著减少、债务成本显著提高，但不同类型持续经营审计意见对企业债务融资的影响程度存在显著差异。持续经营无法表示意见对企业债务融资造成的负面影响最为强烈，持续经营保留意见次之，持续经营无保留意见相对最弱。其中，持续经营无法表示意见对企业次年债务规模的减少程度是持续经营保留意见的 1.33 倍以及持续经营无保留意见的 5.07 倍，对企业次年债务成本的提高程度是持续经营保留意见的 1.51 倍以及持续经营无保留意见的 2.75 倍。这表明债权人能够区分不同类型持续经营审计意见在风险警示程度上的差异，持续经营审计意见对债权人的风险传导机制是有效的。

4. 新持续经营审计准则全面实施增强了持续经营无保留意见对债权人的风险警示作用。新持续经营审计准则全面实施后，持续经营无保留意见对企业次年债务规模的减少程度较准则实施前增强了 2.93%，对企业次年债务成本的提高程度也较准则实施前增强了 1.81%；当用新增银行贷款衡量企业次年的债务融资水平时，持续经营无保留意见对企业次年新增银行贷款的负面影响较准则实施前增强了 3.08%。这表明新持续经营审计准则在持续经营无保留意见的格式及披露上作出的诸多革新的确增强了持续经营无保留意见之于债权人的信息含量及决策有用性，进一步证明了审计报告改革的实施效果与价值。

第七章

持续经营审计意见的风险传导效应——基于企业盈余管理的视角

第一节　问题引出

在前两章的研究中，本书分别从投资者和债权人的视角系统研究了持续经营审计意见的风险传导路径及其预警效能，证明持续经营审计意见传递的企业生存难以维系的重大风险信号能够为投资者和债权人所识别，并且相较于其他“非标”审计意见具有额外的风险警示作用及决策价值。持续经营审计意见导致企业股价下跌、企业价值下降，还大幅提升了企业后续进行债务融资的难度，导致企业次年债务规模比被出具其他“非标”审计意见的企业多减少17.62%，债务成本比被出具其他“非标”审计意见的企业多增加9.47%。特别值得一提的是，随着持续经营审计准则的不断演进，尤其是审计报告改革背景下新持续经营审计准则的全面实施，持续经营审计意见的风险警示作用得到前所未有的加强，投资者和债权人对被出具持续经营审计意见的企业的投资和信贷决策都更为谨慎。因此，持续经营审计意见对企业造成的负面影响也相较以往更加强烈。那么，在企业被出具持续经营审计意见后，身为企业实际经营者的管理层，将如何面对来自市场各方的压力并对负面影响作出反应？换言之，对于企业管理层，持续经营审计意见将引发怎样的风险传导效应？

已有研究表明，企业管理层会迫于资本市场压力而进行盈余管理（Teoh 等，1998）；上市公司在接近债务违约时会倾向于盈余管理（Sweeney，1994）；亏损公司有动机进行“洗大澡”式的盈余管理（廖冠民和吴溪，2013）；肖成民和吕长江（2011）、王福胜等（2013）、张敦力和崔海红（2016）等的研究也均表明亏损公司会利用各类盈余管理行为增加报告盈余以避免退市。由此可以看出，业绩状况不佳、财务风险较高的公司具有强烈的盈余管理动机，而深陷持续经营危机的企业，其盈余管理的动机相较于一般亏损企业会更加强烈。

与此同时，王进朝（2011）研究发现，上市公司被出具“非标”审计意见后，企业各利益相关者会质疑企业经营者的能力，股东为了维护自身利益和企业未来的发展，会倾向于通过高管变更的方式向外界传达积极信号，以消除“非标”审计意见带来的不利影响。余婷（2011）专门针对“非标”审计意见的特殊类型——持续经营审计意见进行研究，也发现了类似结论，即持续经营审计意见会导致更频繁的高管变更。因此，本书推测，当上市公司被出具持续经营审计意见后，管理层会迫于被更换的压力而进行盈余管理，通过粉饰财务报表来扭转不利局面、化解投资者的质疑，同时为公司自救争取更多的时间。

Schipper（1989）将盈余管理分为应计盈余管理和真实盈余管

理。应计盈余管理主要指管理层通过会计政策选择和会计估计变更等方法对应计项目进行操控，而真实盈余管理则是指管理层通过改变真实业务发生的时间和方式或者构造真实业务等手段来操纵盈余信息。真实盈余管理相较于应计盈余管理更具有隐蔽性（Cohen 和 Zarowin，2010）。近年来，受会计准则和外部监管的约束，应计项目的调整空间越来越小，而真实盈余管理因其隐蔽性高、不易被审计师及监管层发现而越来越多地被管理者采用。Cohen 等（2008）研究发现，美国上市公司的盈余管理方式在《萨班斯—奥克斯利法案》（SOX-2002）发布前后发生了明显变化，即由应计盈余管理更多地转向真实盈余管理。Graham（2005）通过对美国数百位高管进行问卷调查，发现其中78%的高管会通过真实盈余管理的手段来实现预期盈余目标。魏涛等（2007）研究发现，我国上市公司非常倚重基于非经常性损益的真实盈余管理来实现扭亏、避免被 ST 或终止上市以及保住稀缺壳资源等目标，处置固定资产和无形资产是主要手段。由此，本书认为，被出具持续经营审计意见的企业具有迫切的盈余管理动机，并且由于持续经营审计意见的出具而更多地受到监管层的关注，因此很可能会更加倾向于利用隐蔽性高的真实盈余管理手段来粉饰财务报表，以达到扭亏或避免退市的目的。

然而，值得注意的是，盈余管理行为具有严重且破坏性的后果（Zang，2012）。管理层花费大量精力在财务报告上进行盈余操纵，将破坏会计信息质量，影响利益相关者的决策判断，最终导致市场各方对其产生严重的信任危机，引起股价下跌、资本成本上升，进而导致更严重的财务危机（姜国华和王汉生，2005）。而真实盈余管理引起企业未来现金流显著下降（Gunny，2005），对企业造成实际损害，其对企业价值的破坏程度比应计盈余管理更为显著（Zang，2012；王福胜等，2014）。因此，被出具持续经营审计意见的企业通过盈余管理手段“改善”业绩的行为实际上是进一步加重持续经营危机的导火索，对于提高企业的生存概率有百害而无一利。

目前，关于持续经营审计意见与企业盈余管理的研究仍较为少见，这无疑为本章的研究提供了一个契机。盈余管理会反过来加重企业的持续经营危机，进一步威胁持续经营能力，过度的盈余管理很可能是导致企业不可避免地走向破产的重要原因。因此，本书希冀从企业盈余管理的视角研究持续经营审计意见的风险传导路径，探究持续经营审计意见对企业盈余管理，尤其是真实盈余管理的作用机理，以增进人们对于持续经营审计意见经济后果和风险传导机制的系统认知。

第二节 理论分析与假设提出

持续经营审计意见的风险传导效应会通过管理层的盈余管理来实现。盈余管理是指管理层为了误导利益相关者对于企业潜在财务业绩的判断或为了影响基于财务报告相关数据的契约结果而主观地改变财务报告的一系列手段。例如，上市公司公开增发前机会主义的向上盈余管理（Teoh 等，1998；DuCharme 等，2004；Jo 和 Kim，2007；Lim 等，2008）或为了获得更低的贷款利率而盈余管理（Brown 等，1995），以及在需要支付大额赔偿金时倾向于向下盈余管理（Hall 和 Stammerjohan，1996）。Cahan 等（1992）研究发现，当反垄断调查当局以企业会计业绩衡量垄断程度时，被调查企业倾向于向下盈余管理。我国较弱的投资者保护环境为上市公司的盈余管理提供了契机。Chen 和 Yuan（2004）基于我国证监会要求上市公司定向增发需满足三年内净资产收益率高于 10% 的规定展开研究，发现很多上市公司净资产收益率集中在 10% 以上的边缘，表明上市公司存在为满足业绩规定而进行盈余管理的行为。

陆建桥（1999）较早针对我国亏损上市公司的盈余管理行为开展实证研究，发现我国亏损上市公司会在亏损年度及其前后年度采取种种盈余管理手段以避免出现连续三年亏损而被证券管理部门暂停上市或终止上市。此后，许多学者也发现了类似证据。例如，肖成民和吕长江（2011）研究发现，上市公司会为了规避退市而盈余管理；廖冠民和吴溪（2013）研究发现，亏损公司有动机进行“洗大澡”式的盈余管理；张敦力和崔海红（2016）也发现，上市公司会通过处置非流动资产的方式来进行盈余操纵，达到扭亏为盈的目的。由此可见，经营状况不佳的上市公司为了掩盖业绩问题、扭亏以及避免退市，普遍存在盈余管理的现象。

另外，审计意见一直是利益相关者和监管机构关注的焦点。其中，“非标”审计意见对管理层行为的影响在近年来受到越来越多的关注。“非标”审计意见不仅导致企业处于融资的不利地位，还造成股东看低企业未来的发展、质疑管理者的能力。股东为了维护自身利益，会倾向于通过高管变更的方式来达到改善企业经营和挽回投资者信心的目的（蒋荣和刘星，2007；王进朝，2011；余婷，2011）。因此，企业被出具“非标”审计意见后，管理层为保全自己的职位、打消股东对其经营能力的质疑，会有强烈的动机进行盈余管理，使业绩更为好看。李维安等（2004）的研究证实了这一结论，其通过非经常性收益与净利润之比来衡量盈余管理程度，发现“非标”审计意见会导致管理层对盈余管理进行正向操纵。

处于持续经营危机的企业，其管理层盈余管理的动机相较一般亏损企业会更为强烈。而作为风险警示级别最高的一类“非标”审计意见，持续经营审计意见的出具更是加剧了企业的持续经营困境，使企业面临比被出具其他“非标”审计意见更严峻的融资约束和更差的股价表现，并可能导致供应商及其他合作伙伴在后续的合作中采取更为谨慎的态度甚至放弃与之合作（Mutchler，1984；Menon 和 Schwartz，1986）。这无疑会加重企业的财务危机，进一步损害企业的持续经营能力，如此往复，致使企业前所未有地濒临退市的境地。在这种情况下，管理层迫于巨大的经营压力、保全职位的压力以及避免退市的压力，会有极为强烈的动机进行盈余管理，通过粉饰财务报表使业绩继续满足上市的条件，并利用不算太差的盈余信息为公司融资争取相对有利的条件，从而为公司走出持续经营困境创造机会。因此，提出以下假设：

假设 7－1：持续经营审计意见加大了企业管理层盈余管理的程度。

盈余管理可分为应计盈余管理和真实盈余管理。应计盈余管理主要指管理层通过会计政策选择和会计估计变更等方式操控会计盈余；而真实盈余管理则是指管理层通过改变企业真实经济业务发生的时间和方式或者构造真实经济业务等手段操纵盈余信息（Schipper，1989）。真实盈余管理尽管实施成本较高，但由于其相关的真实交易一般会在财务报告中披露，因此较不易被审计师及监管层发现（Cohen 和 Zarowin，2010）。而与此同时，受近年来会计准则和外部监管约束日益加强的影响，应计项目的调整空间却越来越小。因此，真实盈余管理因其隐蔽性更高、实施空间更大而越来越多地被管理者采用。Cohen 等（2008）研究发现，美国上市公司的盈余管理方式在《萨班斯—奥克斯利法案》（SOX－2002）发布前后发生了明显变化，即由应计盈余管理更多地转向真实盈余管理，表明外部监管的加强会导致管理层更倾向于实施真实盈余管理。类似现象在我国资本市场也得到验证。张瑞俊等（2008）研究发现，我国微盈上市公司会利用真实盈余管理来实现保盈的目标。魏涛等（2007）研究发现，我国上市公司非常倚重基于非经常性损益的真实盈余管理来实现扭亏、避免被 ST、避免被终止上市以及保住稀缺壳资源等目标，处置固定资产和无形资产是主要的手段。由于被出具持续经营审计意见的企业会更多地受到市场及监管机构的关注，管理层为躲避监管，会更倾向于利用隐蔽性高的真实盈余管理来进行盈余操纵。因此，提出以下假设：

假设 7－2：被出具持续经营审计意见的企业会更加倾向于实施真实盈余管理。

第三节 研究设计

一、样本选取与数据来源

本章研究选取 2010—2017 年我国沪深两市全部 A 股上市公司作为初始研究样本。由于主要考察持续经营审计意见的出具对企业后续盈余管理行为的影响，盈余管理的计算需使用下一年的数据。

另外，由于真实盈余管理的计算还涉及前一年的数据，因此本章的数据来源范围为2009—2018年。持续经营审计意见数据经手工查询审计报告获得，审计报告来源于CSMAR数据库及巨潮资讯网。当审计报告中出现“持续经营能力存在重大不确定性”“对持续经营能力产生重大疑虑的重大不确定性”“无法判断按照持续经营假设编制财务报表是否适当”等表述时，认为该公司被出具了持续经营审计意见。其他数据来自Wind数据库。在此基础上，本章进一步对样本作了如下筛选：（1）剔除金融行业上市公司；（2）剔除被出具持续经营审计意见后次年已退市的上市公司；（3）剔除关键财务数据缺失样本。为控制极端值对回归结果的影响，对连续变量进行了1%的Winsorize处理。通过上述处理，最终得到13296个样本。本章所使用的数据处理和统计分析软件为Excel 2016和Stata 14.0。

二、模型设计与变量说明

本章采用修正的琼斯模型衡量企业的应计盈余管理水平，并在回归过程中控制公司年度和行业类型。修正的琼斯模型是一种被普遍采用的用来衡量应计盈余管理水平的模型，模型如（7-1）所示。

$$\frac{Accruals_{i,t}}{Asset_{i,t-1}} = \alpha_0 \frac{1}{Asset_{i,t-1}} + \alpha_1 \frac{\Delta REV_{i,t} - \Delta AR_{i,t}}{Asset_{i,t-1}} + \alpha_2 \frac{PPE_{i,t}}{Asset_{i,t-1}} + \varepsilon_{i,t} \tag{7-1}$$

在此模型中，$Accruals_{i,t}$为i公司在第t年的总应计利润，通过当期净利润减去当期经营活动现金流量净额得到；$Asset_{i,t-1}$为i公

司在第 t－1 年的期末总资产；$\Delta REV_{i,t}$为 i 公司第 t 年的主营业务收入减去第 t－1 年的主营业务收入；$\Delta AR_{i,t}$为 i 公司第 t 年的应收账款减去第 t－1 年的应收账款；$PPE_{i,t}$为 i 公司第 t 年的期末固定资产账面价值。该回归模型的残差项即为可操控性应计利润 DA。当 DA 的值大于 0 时，表明管理层向上操纵了应计项盈余；当 DA 的值小于 0 时，表明管理层下调了应计项盈余。考虑到 DA 的值有正有负，单纯地将两种正负向的应计盈余管理合并到一起会对实证结果造成干扰，因此根据可操控性应计利润 DA 的经济意义，取其绝对值衡量企业的应计盈余管理水平 AbsAM，即 $|DA| = AbsAM$。

与此同时，根据 Roychowdhury（2006）的研究，企业在进行真实盈余管理时会操控销售、过度生产和操控费用，因此会有更高的异常生产成本、更低的异常可操控性费用以及更低的异常经营活动现金流量净额。鉴于此，借鉴 Roychowdhury（2006）和李增福等（2011）的研究，为衡量企业的真实盈余管理水平，首先构建以下三个模型：

$$\frac{CFO_{i,t}}{Asset_{i,t-1}} = k_1\frac{1}{Asset_{i,t-1}} + k_2\frac{Sales_{i,t}}{Asset_{i,t-1}} + k_3\frac{\Delta Sales_{i,t}}{Asset_{i,t-1}} + \varepsilon_{i,t} \quad (7-2)$$

$$\frac{PROD_{i,t}}{Asset_{i,t-1}} = k_1\frac{1}{Asset_{i,t-1}} + k_2\frac{Sales_{i,t}}{Asset_{i,t-1}} + k_3\frac{\Delta Sales_{i,t}}{Asset_{i,t-1}} + k_4\frac{\Delta Sales_{i,t-1}}{Asset_{i,t-1}} + \varepsilon_{i,t} \quad (7-3)$$

$$\frac{EXP_{i,t}}{Asset_{i,t-1}} = k_0 + k_1\frac{1}{Asset_{i,t-1}} + k_2\frac{Sales_{i,t}}{Asset_{i,t-1}} + \varepsilon_{i,t} \quad (7-4)$$

在这三个模型中，$CFO_{i,t}$和 $Sales_{i,t}$分别表示 i 公司第 t 年的经营活动现金流量净额和主营业务收入；$\Delta Sales_{i,t}$为 i 公司第 t 年的主营业务收入减去第 t－1 年的主营业务收入；$Asset_{i,t-1}$为 i 公司第 t－1 年的期末总资产；$PROD_{i,t}$为 i 公司第 t 年的主营业务成本与当年的存货增加额之和；$EXP_{i,t}$为 i 公司第 t 年的销售费用与管理费用之和。使用上述三个模型对样本进行分行业和年度的 OLS 回归分析，各个模型估计出的残差即为分别代表企业通过操控销售、生产和费用进行真实盈余管理所导致的异常经营活动现金净流量 R_CFO、异常生产成本 R_PROD 以及异常可操控性费用 R_EXP。

最后将异常经营现金净流量 R_CFO、异常生产成本 R_PROD 以及异常可操控性费用 R_EXP 代入模型（7－5），即可得到反映真实盈余管理水平的变量 RM。同样地，为排除 RM 的值有正有负对实证结果造成的干扰，使其代数意义与经济意义保持一致，取 RM 的绝对值作为衡量企业真实盈余管理水平的变量 AbsRM，即 $|RM| = AbsRM$。

$$\frac{RM_{i,t}}{Asset_{i,t-1}} = R\_PROD_{i,t} - R\_EXP_{i,t} - R\_CFO_{i,t} \tag{7-5}$$

此外，为检验持续经营审计意见是否会导致管理层更加倾向于实施真实盈余管理，本章在构建应计盈余管理和真实盈余管理模型的基础上，还借鉴仓勇涛等（2011）和蔡春等（2012）的研究，构建了衡量企业盈余管理隐性化程度的变量 EMS。EMS 的值越大，表示盈余管理的隐性化程度越高，即证明企业实施了更多的真实盈余管理。EMS 的计算方式如下：

$$EMS_{i,t} = \frac{AbsRM_{i,t}}{Abs\ RM_{i,t} + AbsAM_{i,t}} \tag{7-6}$$

本章研究的主要目的是考察持续经营审计意见对企业盈余管理的风险传导效应，即持续经营审计意见是否会触发企业管理层加大盈余管理的程度，以及持续经营审计意见是否会导致管理层实施更多的真实盈余管理。因此，在确定了应计盈余管理 AM、真实盈余管理 RM 以及盈余管理隐性化程度 EMS 的模型及计算方法后，构建以下回归模型以考察持续经营审计意见对企业盈余管理行为的影响：

$$AbsAM_{i,t+1} = \alpha_0 + \alpha_1 GCO_{i,t} + Controls_{i,t} + \alpha_i + \alpha_t + \varepsilon_{i,t} \quad (7-7)$$

$$AbsRM_{i,t+1} = \alpha_0 + \alpha_1 GCO_{i,t} + Controls_{i,t} + \alpha_i + \alpha_t + \varepsilon_{i,t} \quad (7-8)$$

$$EMS_{i,t+1} = \alpha_0 + \alpha_1 GCO_{i,t} + Controls_{i,t} + \alpha_i + \alpha_t + \varepsilon_{i,t} \quad (7-9)$$

其中，自变量 $GCO_{i,t}$为虚拟变量，若公司当年被出具持续经营审计意见，则该变量取值为 1，否则为 0；因变量 $AbsAM_{i,t+1}$、$AbsRM_{i,t+1}$和 $EMS_{i,t+1}$分别代表公司下一年度的应计盈余管理水平、真实盈余管理水平和盈余管理隐性化程度。$Controls_{i,t}$为控制变量。借鉴以往研究，本章选取资产负债率（LEV）、总资产报酬率（ROA）、企业规模（SIZE）、会计师事务所级差特征（RANK）、现金流量（FCF）、公司成长性（GROWTH）、市净率（MB）以及上年度审计意见（LOPN）作为回归模型的控制变量，并同时控制行业和年度固定效应。对控制变量的选取及简要描述如下：

1. 资产负债率（LEV），等于总负债除以总资产。资产负债率反映企业的负债水平。资产负债率越高，企业的偿债压力越大，对资金的需求也越大。为获得融资上的有利条件、缓解偿债压力，资产负债率高的企业盈余管理的动机会更强烈。

2. 总资产报酬率（ROA），等于净利润除以总资产。总资产报酬率反映企业的盈利能力。总资产报酬率越高，企业的盈利能力越强，管理层盈余操纵的动机越小。

3. 企业规模（SIZE），等于年末总资产的自然对数。根据 Roychowdhury（2006）的研究，企业规模是影响盈余管理的关键因素，因此将其加入控制变量。

4. 会计师事务所级差特征（RANK），虚拟变量，当企业聘请的会计师事务所是当年业务收入排名全国前10的会计师事务所时，该变量取值为1，否则为0。会计师事务所级差特征在一定程度上反映审计质量，因此将其纳入控制变量。

5. 现金流量（FCF），等于经营活动现金流量净额除以总资产。该指标反映企业赚取现金的能力。该指标越小，企业现金流的压力越大，偿付资本性支出的能力越弱，因此可能会有更大的动机操纵利润、粉饰业绩。

6. 公司成长性（GROWTH），等于企业当年主营业务收入与上年主营业务收入之差除以上年主营业务收入，即主营业务收入增长率。该指标反映企业的经营状况及发展能力。该指标越差，管理层面临的经营压力越大，因此可能会有更大的动机进行盈余管理。

7. 市净率（MB），设定为企业的市场价值除以账面净资产。该指标反映企业的市场估值水平。企业市值的高低与管理层的业绩压力具有一定的相关性，因此将该指标纳入控制变量以控制企业市值对盈余管理水平的影响。

8. 上年度审计意见（LOPN），虚拟变量，当企业上年度被出具“非标”审计意见时，该变量取值为1，否则为0。被连续“非标”的企业，其管理层通过盈余管理扭转不利局面的动机会更强烈，因此也将其纳入控制变量。

表7-1列示了本章研究的主要变量及其定义。

表 7－1　　变量定义与说明

变量类型	变量符号	变量名称	变量定义
因变量	AbsAM	应计盈余管理	通过修正的琼斯模型得出的可操控性应计利润 DA 的绝对值
	AbsRM	真实盈余管理	通过 Roychowdhury（2006）的模型估计出的异常生产成本 R_PROD、异常经营活动现金净流量 R_CFO 和异常可操控性费用 R_EXP 合成得到的真实盈余管理水平的绝对值
	EMS	盈余管理隐性化程度	真实盈余管理在总体盈余管理水平中的比重
自变量	GCO	持续经营审计意见	虚拟变量，样本公司当年被出具持续经营审计意见取值为1，否则为0
控制变量	LEV	资产负债率	期末总负债/期末总资产
	ROA	总资产报酬率	当期净利润/期末总资产
	SIZE	企业规模	期末总资产的自然对数
	RANK	会计师事务所级差特征	虚拟变量，若当年聘请的会计师事务所业务收入排名全国前 10，取值为 1，否则为 0
	FCF	现金流量	当期经营活动现金流量净额/期末总资产
	GROWTH	公司成长性	公司第 t 年主营业务收入减去第 t－1 年主营业务收入与第 t－1 年主营业务收入的比值
	MB	市净率	期末市场价值/期末账面净资产
	LOPN	上年度审计意见	虚拟变量，若公司上一年度被出具非标审计意见，取值为 1，否则为 0
	IND	行业虚拟变量	依据中国证监会行业分类标准设定
	YEAR	年度虚拟变量	按照不同年度设定

第四节　实证结果及分析

一、描述性统计

表7－2列示了本章研究主要变量的描述性统计。从中可以看出，样本公司在样本期间的应计盈余管理水平最大值为0.5231，最小值为0.0005，均值为0.0587，标准差为0.0749，表明我国上市公司应计盈余管理的行为较为普遍，各公司间应计盈余管理的程度差异较小，各年份间的整体波动趋势较为缓和，可见管理层对应计盈余管理行为的认知较为统一；真实盈余管理水平的最大值为0.8943，最小值为0.0000，均值为0.0313，标准差为0.2158，表明真实盈余管理水平的整体波动幅度更大，部分公司并未实施真实盈余管理，而部分公司实施了较高水平的真实盈余管理，反映出上市公司对真实盈余管理行为呈现出不同的态度。相较于应计盈余管理，我国上市公司对真实盈余管理的整体利用水平更低。

表7－2　　主要变量的描述性统计

变量	观测值	最大值	最小值	均值	标准差	中位数
AbsAM	13296	0.5231	0.0005	0.0587	0.0749	0.0423
AbsRM	13296	0.8943	0.0000	0.0313	0.2158	0.0189
EMS	13296	0.9677	0.0000	0.3527	0.2267	0.4159
GCO	13296	1.0000	0.0000	0.0363	0.1328	0.0000
LEV	13296	129.5712	0.1873	0.5121	1.7384	0.4623

续表

变量	观测值	最大值	最小值	均值	标准差	中位数
ROA	13296	94.1129	-48.3521	0.0453	0.8947	0.0453
SIZE	13296	28.8971	8.9279	22.9533	1.4825	22.1651
RANK	13296	1.0000	0.0000	0.4482	0.5169	0.0000
FCF	13296	0.9524	-0.1347	0.0395	0.1246	0.0421
GROWTH	13296	34.9523	-0.9883	0.2258	2.1071	0.1232
MB	13296	2.8496	-2.9035	0.0035	0.0421	0.0027
LOPN	13296	1.0000	0.0000	0.0726	0.3275	0.0000

与此同时，盈余管理隐性化程度的最大值为0.9677，最小值为0.0000，均值为0.3527，标准差为0.2267，表明我国上市公司真实盈余管理在总体盈余管理水平中的占比平均为35.27%，但各上市公司的盈余管理隐性化程度差异较大，反映出上市公司管理层对于应计盈余管理和真实盈余管理的相互替代作用关系持有不同的态度。此外，样本中被出具持续经营审计意见的公司占比为3.63%。资产负债率、企业规模以及公司成长性等指标的波动幅度均较大，表明样本公司在偿债能力、资产规模和经营状况等方面存在较大差异。

表7-3列示了分样本的均值差异描述性统计。从中可见，持续经营审计意见样本与非持续经营审计意见样本在盈余管理行为上存在显著差异。持续经营审计意见样本的次年应计盈余管理水平均值和次年真实盈余管理水平均值均显著高于非持续经营审计意见样本。并且，持续经营审计意见样本在次年盈余管理过程中实施了更多的真实盈余管理，导致其盈余管理隐性化程度均值也显著高于非持续经营审计意见样本。这表明持续经营审计意见的出具很可能会对企业的盈余管理行为产生重要影响，由此凸显了研究这种差异产

生的内在机理的必要性。

表 7－3 持续经营审计意见样本与非持续经营审计意见样本的均值差异 T 检验

变量	GCO＝1		GCO＝0		均值差异	T 值
	样本量	均值	样本量	均值		
AbsAM	482	0.2859	12814	0.0384	0.2475***	6.34
AbsRM	482	0.3174	12814	0.0281	0.2893***	10.82
EMS	482	0.5261	12814	0.4226	0.1035***	7.47

注：***、**、*分别表示在1%、5%和10%的显著性水平上显著。

表7－4和表7－5报告了主要变量的 Pearson 相关系数。持续经营审计意见与次年应计盈余管理和次年真实盈余管理均呈现显著的正相关关系，可能表明持续经营审计意见的出具会助长管理层的盈余管理动机，使其实施更多的应计盈余管理和真实盈余管理，在一定程度上验证了假设7－1。进一步来看，持续经营审计意见与次年真实盈余管理的相关系数为0.0839，大于其与次年应计盈余管理的相关系数0.0541，可能表明持续经营审计意见与真实盈余管理的相关关系更强，在一定程度上佐证了假设7－2。此外，资产负债率、市净率和上年度审计意见与次年应计盈余管理以及次年真实盈余管理呈现显著的正相关关系，而总资产收益率、企业规模、现金流量以及公司成长性与次年应计盈余管理和次年真实盈余管理呈现显著的负相关关系。变量间相关系数的绝对值最大为0.3365，大部分在0.3以下，说明不存在严重的多重共线性问题，符合回归分析条件。

表 7-4 主要变量的 Pearson 相关系数（1）

变量	AbsAM	GCO	LEV	ROA	SIZE	RANK	FCF	GROWTH	MB	LOPN
AbsAM	1									
GCO	0.0541***	1								
LEV	0.0480***	0.1034***	1							
ROA	-0.0389**	-0.1271***	-0.2183***	1						
SIZE	-0.0427**	-0.1357***	0.3365***	0.0177*	1					
RANK	0.0074	-0.0366**	0.0411**	-0.0095	0.1673***	1				
FCF	-0.1026***	-0.1583***	-0.0488***	-0.0339**	0.0759***	0.0218*	1			
GROWTH	-0.0357**	-0.1278***	0.0195*	0.1384***	0.0129	0.0132	0.1466***	1		
MB	0.0412**	0.0832***	0.0214*	0.0376**	-0.0681***	0.0058	0.0428**	0.0375**	1	
LOPN	0.0172*	0.0363**	0.0383**	-0.0554***	-0.0522***	0.0042	-0.0276**	-0.0142	-0.0195*	1

注：***、**、*分别表示在1%、5%和10%的显著性水平上显著。

表 7 – 5 主要变量的 Pearson 相关系数（2）

变量	AbsRM	GCO	LEV	ROA	SIZE	RANK	FCF	GROWTH	MB	LOPN
AbsRM	1									
GCO	0.0839***	1								
LEV	0.0512***	0.1034***	1							
ROA	-0.0495***	-0.1271***	-0.2183***	1						
SIZE	-0.0580***	-0.1357***	0.3165***	0.0177*	1					
RANK	0.0068	-0.0366**	0.0411**	-0.0095	0.1673***	1				
FCF	-0.0739***	-0.1583***	-0.0488***	-0.0339**	0.0759***	0.0218*	1			
GROWTH	-0.0499***	-0.1278***	0.0195*	0.1384***	0.0129	0.0132	0.1466***	1		
MB	0.0435**	0.0832***	0.0214*	0.0376**	-0.0681***	0.0058	0.0428**	0.0375**	1	
LOPN	0.0264**	0.0353**	0.0383**	-0.0554***	-0.0522***	0.0042	-0.0276**	-0.0142	-0.0195*	1

注：***、**、*分别表示在 1%、5% 和 10% 的显著性水平上显著。

二、主回归分析

表7－6报告了持续经营审计意见对企业应计盈余管理、真实盈余管理以及盈余管理隐性化程度产生的影响。如第（1）列回归结果所示，GCO的系数为0.1343，在1%水平上显著，表明持续经营审计意见会导致企业实施更多的应计盈余管理，引起企业次年应计盈余管理的程度增强13.43%；类似地，第（2）列回归结果显示，GCO的系数为0.1922，在1%水平上显著，表明持续经营审计意见也会导致管理层实施更多的真实盈余管理，致使企业次年真实盈余管理的程度增强19.22%。由此可见，持续经营审计意见的出具会助长管理层盈余操纵的动机，导致企业实施更多的应计盈余管理和真实盈余管理，假设7－1得到验证。第（3）列回归结果显示了持续经营审计意见与企业盈余管理隐性化程度间的关系。GCO与EMS在5%水平上显著正相关，表明持续经营审计意见出具后，企业盈余管理隐性化程度显著增强。也就是说，持续经营审计意见导致管理层更加倾向于实施隐蔽性高、不易被审计师及监管层发现的真实盈余管理。由此，假设7－2得以验证。

表7－6　持续经营审计意见对企业盈余管理行为影响的多元回归结果

变量	(1)	(2)	(3)
	AbsAM	AbsRM	EMS
GCO	0.1343***	0.1922***	0.0310**
	(12.18)	(17.39)	(2.26)

续表

变量	(1)	(2)	(3)
	AbsAM	AbsRM	EMS
LEV	0.0574***	0.0717***	0.0458***
	(4.09)	(6.11)	(3.74)
ROA	-0.0332**	-0.0485***	-0.0409***
	(-2.36)	(-3.72)	(-3.25)
SIZE	-0.0531***	-0.0647***	-0.0583***
	(-3.95)	(-5.45)	(-4.16)
RANK	0.0089	0.0124	0.0097
	(0.93)	(1.07)	(1.01)
FCF	-0.0746***	-0.0582***	-0.0454***
	(-6.37)	(-4.23)	(-3.47)
GROWTH	-0.0377**	-0.0595***	-0.0283*
	(-2.43)	(-4.55)	(-1.86)
MB	0.0451***	0.0373**	-0.0147
	(3.67)	(2.40)	(-1.29)
LOPN	0.0262*	0.0311**	0.0432***
	(1.77)	(2.08)	(3.45)
_CONS	0.0132	0.0095	0.0076
	(1.14)	(0.99)	(0.73)
IND	Yes	Yes	Yes
YEAR	Yes	Yes	Yes
N	13296	13296	13296
Adj - R^2	0.0922	0.1108	0.0813
F	14.36	18.27	12.54

注：括号内为t值，***、**、*分别表示在1%、5%和10%的显著性水平上显著。

与此同时，表7-6还显示，资产负债率（LEV）、市净率（MB）以及上年度是否被出具“非标”审计意见的变量（LOPN）

与应计盈余管理和真实盈余管理显著正相关，总资产收益率（ROA）、企业规模（SIZE）、现金流量（FCF）以及公司成长性（GROWTH）与应计盈余管理和真实盈余管理显著负相关，表明企业的偿债压力越大、市值管理的压力越大或被出具了不利的审计意见时，企业盈余管理的动机越强烈，而企业的规模越大、效益越好或成长能力越强时，企业盈余管理的动机越弱，盈余管理的程度也越低，与本书的预期一致。另外，与盈余管理隐性化程度显著正相关的变量有资产负债率（LEV）和上年度“非标”审计意见（LOPN），与其呈显著负相关的变量有总资产收益率（ROA）、企业规模（SIZE）、现金流量（FCF）以及公司成长性（GROWTH），表明企业的偿债压力越大或被出具了不利的审计意见时，企业的盈余管理隐性化程度越高，而企业的规模越大、盈利能力越强、成长性越好以及赚取现金的能力越强时，企业的盈余管理隐性化程度越低。

三、进一步分析

为更全面地考察持续经营审计意见对企业盈余管理行为的作用机制，本章将企业性质的影响纳入研究范围，以进一步探究持续经营审计意见的这种作用机制是否会由于企业性质的差异而具有不同的效应。

在我国制度背景下，在探讨持续经营审计意见对企业盈余管理行为的影响时加入企业性质的交互效应具有一定的现实意义。在我国，国有或民营股东“一股独大”的现象较为普遍。不同性质的股东在代理问题的处理方式上存在明显的差别，因此不同性质企业的管理层在面对持续经营困境时的决策方式也可能具有显著差异。国有企业与政府之间的天然纽带使得国有企业在陷入财务困境时更易获得政府的财政支持和补助，也能够以国有产权的属性为担保，以相对优越的条件获得银行和其他金融机构的贷款。首先，国有企业凭借政府扶持、融资渠道及融资成本上的优势，能够比民营企业更为从容地应对财务危机和持续经营困境。其次，国有企业的存在与发展承载着更多保民生、稳就业和促发展的公共职能意义，这使得国有企业与地方政府联系紧密。地方政府出于保障公共民生的职责和政绩上的压力具有强烈的“保壳”动机，因此会对处于持续经营危机的国有企业尽可能地“倾囊相助”，以避免其破产或退市。从这个角度来看，国有企业也能够在陷入持续经营困境时比民营企业得到更多的社会资源和政府扶持，从而相对容易地解决财务危机、摆脱持续经营困境。最后，国有企业所有者长期“缺位”的情况和国企经理人市场的非竞争性也造成国企经营者在企业经营状况不佳时面临相对较小的来自股东的压力以及职位被更换的压力。

综合上述原因，本章认为，持续经营审计意见对企业盈余管理的作用机制可能会由于国有企业和民营企业的这种差异而产生不同的效应。国有企业在被出具持续经营审计意见后，其管理层面临的经营压力和保全职位的压力会相对较小，因而盈余管理的动机会相对较弱；而被出具了持续经营审计意见的民营企业，其管理层面临着更大的融资约束、市场压力和退市的压力，因此会有更强烈的动机进行盈余操纵，以达到缓解不利因素和避免退市的目的。鉴于此，本章提出假设 7 - 3，并在主回归模型的基础上引入企业性质的交互效应，以进一步考察持续经营审计意见对企业盈余管理的作用机制是否会由于企业性质的差异而产生不同的效应。

假设7-3：持续经营审计意见对企业盈余管理的作用机制因企业性质的差异而具有不同的效应。

扩展后的回归模型如下所示。其中，STATE为虚拟变量，当企业最终控制人为国有性质时取值为1，否则为0。

$$AbsAM_{i,t+1} = \alpha_0 + \alpha_1 GCO_{i,t} + \alpha_2 STATE_{i,t} + \alpha_3 GCO_{i,t} \times STATE_{i,t} + Controls_{i,t} + \alpha_i + \alpha_t + \varepsilon_{i,t} \quad (7-10)$$

$$AbsRM_{i,t+1} = \alpha_0 + \alpha_1 GCO_{i,t} + \alpha_2 STATE_{i,t} + \alpha_3 GCO_{i,t} \times STATE_{i,t} + Controls_{i,t} + \alpha_i + \alpha_t + \varepsilon_{i,t} \quad (7-11)$$

$$EMS_{i,t+1} = \alpha_0 + \alpha_1 GCO_{i,t} + \alpha_2 STATE_{i,t} + \alpha_3 GCO_{i,t} \times STATE_{i,t} + Controls_{i,t} + \alpha_i + \alpha_t + \varepsilon_{i,t} \quad (7-12)$$

表7-7报告了将企业性质的影响纳入回归模型后的结果。由第（1）列回归结果可见，当不考虑企业性质的影响时，GCO的系数在1%水平上显著为正，表明企业被出具持续经营审计意见后，次年应计盈余管理的程度显著加强，持续经营审计意见导致管理层实施了更多的应计盈余管理。当考虑企业性质的影响时，可以发现持续经营审计意见与企业性质的交乘项系数在1%水平上显著为负，表明国有企业的性质抑制了持续经营审计意见对应计盈余管理的强化作用，国有企业在被出具持续经营审计意见后，次年应计盈余管理的程度显著降低。由此可见，持续经营审计意见对国有企业的应计盈余管理行为发挥了监督机制，在一定程度上反而改善了国有企业次年的盈余质量。由第（2）列回归结果可见，当不考虑企业性质的影响时，GCO的系数在1%水平上显著为正，表明持续经营审计意见也导致企业实施了更多的真实盈余管理。而考虑了企业性质的影响后，可以发现持续经营审计意见和企业性质的交乘项系

数在1%水平上显著为负，表明国有企业的性质也抑制了持续经营审计意见对真实盈余管理行为的促进作用，被出具持续经营审计意见的国有企业，次年真实盈余管理的程度显著降低。因此，持续经营审计意见对国有企业的盈余管理行为发挥了监督机制，而对民营企业的盈余管理行为却具有显著的强化与促进作用。与此同时，第（3）列回归结果显示，GCO的系数在5%水平上显著为正，表明持续经营审计意见显著增强了企业的盈余管理隐性化程度，而GCO与STATE的交乘项系数却并不显著，表明持续经营审计意见的出具对国有企业的盈余管理隐性化程度并未产生显著影响，进一步表明持续经营审计意见对企业盈余管理的影响机制在国有企业和民营企业中显现出显著差异，假设7－3得到验证。

表7－7　　引入企业性质交互效应后的多元回归结果

变量	(1)	(2)	(3)
	AbsAM	AbsRM	EMS
GCO	0.0627***	0.0932***	0.0335**
	(5.19)	(8.45)	(2.36)
STATE	-0.0324**	-0.0134	-0.0142
	(-2.27)	(-1.28)	(-1.31)
GCO×STATE	-0.0594***	-0.0499***	0.0196
	(-4.52)	(-3.84)	(1.45)
LEV	0.0389***	0.0528***	0.0377***
	(3.04)	(3.91)	(2.83)
ROA	-0.0421***	-0.0612***	-0.0297**
	(-3.52)	(-5.22)	(-2.14)
SIZE	-0.0507***	-0.0593***	-0.0463***
	(-3.83)	(-4.95)	(-3.68)

续表

变量	(1)	(2)	(3)
	AbsAM	AbsRM	EMS
RANK	0.0131	0.0089	0.0116
	(1.09)	(0.92)	(1.03)
FCF	-0.0573***	-0.0471***	-0.0618***
	(-4.36)	(-3.58)	(-5.27)
GROWTH	-0.0261*	-0.0395***	-0.0317**
	(-1.74)	(-3.12)	(-2.32)
MB	0.0517***	0.0486***	-0.0188
	(4.09)	(3.61)	(-1.39)
LOPN	0.0299**	0.0347**	0.0393***
	(2.21)	(2.43)	(3.12)
_CONS	0.0182	0.0062	0.0113
	(1.36)	(0.74)	(1.01)
IND	Yes	Yes	Yes
YEAR	Yes	Yes	Yes
N	13296	13296	13296
$Adj-R^2$	0.1305	0.1412	0.0986
F	22.61	29.08	15.26

注：括号内为t值，***、**、*分别表示在1%、5%和10%的显著性水平上显著。

从上述检验结果以及前文章节的结论来看，持续经营审计意见对企业盈余管理行为具有强化作用。它助长了管理层的盈余管理动机，不仅导致企业次年应计盈余管理和真实盈余管理的程度均显著增强，还导致企业更加倾向于实施对企业价值破坏性更大的真实盈余管理，进一步损害了企业的盈余质量，降低了企业的生存概率。然而，持续经营审计意见对企业盈余管理行为的作用机制会因企业性质的差异而产生不同的效应。国有企业的性质抑制了持续经营审计意见对应计盈余管理和真实盈余管理行为的强化作用，使得在持续经营审计意见和国有企业性质的共同作用下，企业次年应计盈余管理和真实盈余管理的程度均显著下降。这证明持续经营审计意见对国有企业的盈余管理行为发挥了监督机制，而对民营企业的盈余管理行为却具有显著的强化与促进作用。这同时也反映出，作为一种严厉程度最强、风险警示级别最高的“非标”审计意见，持续经营审计意见具有较高的审计质量及监督效能，能够对企业的盈余管理行为产生威慑作用，在一定程度上改善企业的盈余质量。但持续经营审计意见的这种监督效能与其之于盈余管理行为的风险传导效应之间存在力量的博弈。在国有企业中，监督机制更胜一筹。这可能是由于国有企业的国有产权属性使得其在陷入持续经营困境时更易获得政府的扶持和银行等金融机构的贷款，因此国有企业在被出具持续经营审计意见后，面临的融资约束相对较小，能够更为从容地应对持续经营危机；并且国有企业的高管任命常常带有政治色彩，这造成国企经营者业绩敏感性相对较低，再加上国有企业所有者长期“缺位”的现象，一并导致国有企业的管理层在企业经营状况不佳、陷入持续经营危机时面临着相对较小的来自股东的压力和职位被更换的压力。因此，被出具持续经营审计意见的国有企业，其管理层通过盈余操纵“包装”业绩的动机相对较弱，这使得持续经营审计意见能够正常地发挥其监督职能；而被出具持续经营审计意见的民营企业，其管理层面临前所未有的融资压力、市场压力以及保全职位的压力，会有极为强烈的动机进行盈余管理，甚至是不惜代价地实施更多的真实盈余管理，由此造成持续经营审计意见的监督机制失灵，导致企业盈余质量进一步下降、企业声誉进一步下跌，从而更加濒临持续经营的绝境。

第五节　稳健性检验

为保证研究结果的可靠性，本章采取以下方法进行了稳健性检验。

首先，更换应计盈余管理的衡量方法，采用 Dechow 和 Dichev（2002）的 DD 模型来重新度量应计盈余管理水平，并以 AQ（Accrual Quality）表示。DD 模型的基本方程如下：

$$\Delta WC_{i,t} = \alpha_0 + \alpha_1 CFO_{i,t-1} + \alpha_2 CFO_{i,t} + \alpha_3 CFO_{i,t+1} \qquad (7-13)$$

其中，$\Delta WC_{i,t} = (\Delta AR_{i,t} + \Delta Inventory_{i,t} - \Delta AP_{i,t} - \Delta TP_{i,t} + \Delta Other\ Assets_{i,t}) / TA_{i,t}$

$\Delta WC_{i,t}$为 i 公司 t 期的营运资本变动额，包括应收账款变动（ΔAR）、存货变动（ΔInventory）、应付账款变动（ΔAP）、应交税费变动（ΔTP）以及其他流动资产变动（ΔOther Assets）。$TA_{i,t}$为平均总资产，$CFO_{i,t}$为经营活动现金流量净额。利用模型（7－13）进行回归，回归的残差 ε 即为可操纵性应计的值，取其绝对值作为度量应计盈余管理水平的变量 AQ。

其次，考虑到被出具持续经营审计意见的企业和没有被出具该意见的企业在盈余管理的程度上可能本身就存在差别，为避免该情况可能带来的内生性问题对回归结果造成干扰，本章采用倾向得分匹配（PSM）的方法，按照年份、行业、企业规模、资产负债率和总资产收益率等指标，将相同期间处于财务困境但未被出具持续经营审计意见的企业与被出具了持续经营审计意见的企业进行倾向得分匹配，保留各指标特征与GCO样本公司相似的样本，对匹配后的样本运行回归方程，以再次检验持续经营审计意见的出具是否会增强企业的盈余管理行为。选择未被出具持续经营审计意见的财务困境公司为倾向得分匹配的对象是由于绝大多数被出具了持续经营审计意见的公司都有极为严重的财务问题，这使得这两类公司在财务质地上不存在显著差异，由此能够在一定程度上保证这两类公司在本身的盈余质量上也不存在显著差异。因此，倘若次年这两类公司的盈余管理程度及行为发生了显著变化，那么这种变化就很可能是由于持续经营审计意见的出具而带来的，由此能够有效避免内生性问题。本章借鉴McKeown和Mutchler（1994）、Carcello等（2000）和Francis（2001）的研究，将符合以下特征之一的公司定义为财务困境公司：经营活动现金净流量为负、净营运资本为负、留存收益为负或营业利润为负。表7－8列示了以DD模型衡量应计盈余管理并以倾向得分匹配的方法重新构建样本后的回归结果。

表7－8　　倾向得分匹配（PSM）后的多元回归结果

变量	(1)	(2)	(3)
	AbsAM	AbsRM	EMS
GCO	0.0328**	0.0531***	0.0469***
	(2.34)	(3.92)	(3.70)
STATE	-0.0261*	-0.0082	-0.0095
	(-1.77)	(-0.81)	(-0.90)
GCO × STATE	-0.0359**	-0.0273*	0.0162
	(-2.38)	(-1.85)	(1.27)
LEV	0.1174***	0.1336***	0.0495***
	(10.87)	(11.98)	(3.82)

续表

变量	(1)	(2)	(3)
	AbsAM	AbsRM	EMS
ROA	-0.0712***	-0.0853***	-0.0387***
	(-6.08)	(-7.21)	(-3.02)
SIZE	-0.0637***	-0.0544***	-0.0195
	(-5.29)	(-4.16)	(-1.41)
RANK	-0.0387***	-0.0259*	0.0663***
	(-2.98)	(-1.73)	(5.51)
FCF	-0.0312**	-0.0605***	-0.0325**
	(-2.08)	(-5.21)	(-2.16)
GROWTH	0.0059	-0.0133	-0.0109
	(0.47)	(-1.15)	(-1.03)
MB	0.0921***	0.0813***	0.0241
	(8.36)	(6.95)	(1.58)
LOPN	0.1038***	0.1262***	0.0881***
	(9.77)	(11.55)	(7.63)
_CONS	-2.3159***	-1.8573***	-1.9231***
	(-4.36)	(-3.21)	(-3.67)
IND	Yes	Yes	Yes
YEAR	Yes	Yes	Yes
N	1446	1446	1446
Adj-R^2	0.2126	0.1832	0.2254
F	37.08	25.16	42.87

注：括号内为t值，***、**、*分别表示在1%、5%和10%的显著性水平上显著。

由表7-8可见，GCO与AbsAM和AbsRM分别在5%和1%水平上显著正相关，表明企业被出具持续经营审计意见后，次年应计盈余管理和真实盈余管理的程度均显著加强，证明持续经营审计意见助长了管理层的盈余管理动机、增强了盈余管理行为，与前文结论一致。GCO 与 EMS 在 1% 水平上显著正相关，表明持续经营审计意见导致企业盈余管理隐性化程度显著加强，即管理层为躲避监管，不惜代价地实施了更多的真实盈余管理，与前文结论也一致。当考虑企业性质的影响时，GCO × STATE 与 AbsAM 在 5% 水平上显著负相关，与 AbsRM 在 10% 水平上显著负相关，表明国有企业被出具持续经营审计意见后，次年应计盈余管理和真实盈余管理的程度均有所降低，说明持续经营审计意见并未增强国有企业经营者的盈余管理动机，而是对其发挥了一定的监督机制，在一定程度上改善了国有企业的盈余质量，与前文拓展检验的结论保持一致。此外，GCO × STATE 与 EMS 的回归系数并不显著，表明持续经营审计意见的出具并未导致国有企业次年盈余管理隐性化程度产生显著变化，再次证明持续经营审计意见对企业盈余管理行为的作用机制会因企业性质的差异而产生不同的效应。

本章小结

本章基于委托代理理论、信号传递理论以及破产理论，从企业盈余管理的视角考察了持续经营审计意见的风险传递机制及监督机制，明晰了持续经营审计意见对企业盈余管理行为的作用路径及其效应。得出的主要结论如下：

1. 持续经营审计意见传递企业经营困难、即将破产的重大风险信号，引起市场各方的负面反应，导致企业陷入更加严峻的持续经营困境。企业管理层迫于市场压力和保全职位的压力，会通过盈余管理的手段粉饰业绩、释放有利信号，以达到避免退市和为企业恢复持续经营能力争取有利条件的目的。因此，企业被出具持续经营审计意见后，次年应计盈余管理和真实盈余管理的程度均显著提升。并且，相较于应计盈余管理，管理层更加倾向于实施隐蔽性高的真实盈余管理，由此导致企业被出具持续经营审计意见后次年盈余管理隐性化的程度也显著提升。

2. 被出具持续经营审计意见后，管理层花费大量的时间及精力进行盈余操纵，而非在改善真实的经营绩效上下苦功，这不仅进一步损害了企业的持续经营能力，还显著地削弱了企业的会计信息质量，导致企业声誉进一步下跌、企业价值进一步下降，对挽救企业生命有百害而无一利。尤其是持续经营审计意见导致企业相较以往更加醉心于实施对企业价值及未来现金流造成实际损害的真实盈余管理，这无疑进一步降低了这些企业的生存概率，迫使企业更加濒临持续经营的绝境。因此，本书的研究从盈余管理的视角构建起了持续经营审计意见与企业破产之间的理论逻辑与因果关系框架，增进了人们对于持续经营审计意见对企业破产的影响路径的认识。

3. 持续经营审计意见对企业盈余管理行为的作用机制会因企业性质的差异而产生不同的效应。国有企业的性质抑制了持续经营审计意见对应计盈余管理和真实盈余管理行为的强化作用，使得在持续经营审计意见和国有企业性质的共同作用下，企业次年应计盈余管理和真实盈余管理的程度均显著下降。这证明持续经营审计意见对国有企业的盈余管理行为发挥了监督机制，而对民营企业的盈余管理行为却具有显著的强化与促进作用。这同时也反映出，作为一种严厉程度最强、风险警示级别最高的“非标”审计意见，持续经营审计意见具有较高的审计质量及监督效能，能够对企业的盈余管理行为产生威慑作用，在一定程度上改善企业的盈余质量。但持续经营审计意见的这种监督效能与其之于盈余管理行为的风险传导效应之间存在力量的博弈，在国有企业中，监督机制更胜一筹。这可能是由于国有企业的国有产权属性使得其在陷入持续经营困境时更易获得政府的扶持和银行等金融机构的贷款，因此国有企业在被出具持续经营审计意见后，面临的融资约束相对较小，能够更为从容地应对持续经营危机；并且国有企业的高管任命常常带有政治色彩，这造成国企经营者业绩敏感性相对较低，再加上国有企业所有者长期“缺位”的现象，一并导致国有企业的管理层在企业经营状况不佳、陷入持续经营危机时面临着相对较小的来自股东的压力和职位被更换的压力。因此，被出具持续经营审计意见的国有企业，其管理层通过盈余操纵“包装”业绩的动机相对较弱，这使得持续经营审计意见能够正常地发挥其监督职能；而被出具持续经营审计意见的民营企业，其管理层面临前所未有的融资压力、市场压力以及保全职位的压力，会有极为强烈的动机进行盈余管理，甚至是不惜代价地实施更多的真实盈余管理，由此造成持续经营审计意见的监督机制失灵，导致企业盈余质量进一步下降、企业声誉进一步下跌，从而更加濒临持续经营的绝境。

第八章 研究结论与政策建议

第一节 研究结论

本书系统回顾了持续经营审计意见的制度变迁过程，整理与分析了我国近年来持续经营审计准则的实施情况及审计意见的出具情况，并立足于我国特殊的制度背景，全面分析了持续经营审计意见在资本市场中的作用机理及预警价值，证明持续经营审计意见是一类具有特殊预警价值的“非标”意见，对我国资本市场的长久稳定健康发展具有至关重要的作用。下面将主要从三方面对本书的研究结论进行阐述。

第一，在制度演进方面。本书研究发现：（1）持续经营审计意见的产生源于审计师的自我保护。在审计准则尚未对持续经营审计及审计意见作出相关规定时，审计师便已自发地在审计报告中增加与持续经营相关的披露，以避免在出具审计意见后因企业轰然倒塌而遭受客户的诉讼。因此，追根溯源，本书认为持续经营审计意见产生的根源是审计师履行受托经济责任的需要。经济的不断发展与变化，使得受托经济责任的内容也不断扩展和深化，而这正是持续经营审计意见制度演进与革新的内在依据。（2）持续经营审计准则在持续经营审计意见制度演进的过程中发挥了最为关键的作用。自持续经营审计意见产生后，持续经营审计准则就始终引领着持续经营审计意见制度的演进，促进其在不断弥合审计期望差距的同时，也与其所在市场经济的发展程度相匹配。因此，高质量的持续经营审计准则能够最大限度地释放持续经营审计意见的预警效能，使持续经营审计意见充分发挥在揭示与防范风险和资本市场准入及退出机制中的作用。也正是因此，持续经营审计准则的持续修订与完善，能够加强我国资本市场风险管控的能力，促进资本市场健康、平稳、高效地发展，为我国经济注入源源不断的活力与动力。（3）市场经济发展的转折期或经济增速放缓、经济整体面临下行压力的时期往往是持续经营审计期望差距加大的时期，也是持续经营审计准则应及时作出调整的时期。纵观持续经营审计意见制度变迁的历史过程，可以发现，社会公众对审计师履行持续经营审计责任的期望往往在经济发展的转折期骤然提升。因此，越是经济进入转折期或经济面临下行压力的时期，越是审计师应当充分履行持续经营审计责任的时期，也是应当对持续经营审计准则进行再次审视，以评估其是否仍然适应当下经济环境的时期。（4）持续经营审计准则的制定与修订应始终坚持程序理性原则，对审计师的应尽职责作出详尽的规定，同时在制度上保护审计师的正当权益，避免审计师遭受不公正的诉讼。持续经营审计准则的程序理性有助于审计师在持续经营审计过程中保持谨慎尽责，从而提高持续经营审计质量，维护审计行业的公信力。

第二，在准则实施现状及审计意见的出具方面。本书研究发现：（1）我国证券市场上持续经营审计意见的出具情况能够较为准确地反映出我国经济的整体发展状况。2010—2018 年，存在持续经营能力问题的上市公司在所有上市公司中的占比最高的一年是 2010 年，其次是 2018 年，而占比最低的年份是 2013 年，这正好与我国经济的整体发展态势相匹配。受 2008 年全球金融危机的影响，我国的许多行业也历经了一段较为低迷的时期。而在 2011 年及以后，我国经济逐渐恢复，并迎来了一波发展的高峰期。特别是自 2013 年起，科技创新为各行各业赋能，投资、出口和消费也为经济提供了源源不断的动能，由此，我国经济多年保持中高速增长。然而，自 2018 年起，世界经济似乎又被笼罩上了一层阴霾，西方国家开始泛起逆全球化的思潮，贸易保护主义势力抬头，中美经贸摩擦不断升级，在一定程度上给全球经济带来了诸多不确定性因素，处于全球价值链和产业链中的我国经济也未能幸免。我国经济的这种发展趋势正好在持续经营审计意见的出具情况上得以体现。因此，对我国证券市场上持续经营审计意见的出具情况进行整理与分析，能够较为直观地了解我国经济的整体态势，有助于政府和监管部门对经济中存在的问题予以及时发现、及时疏导和有效解决。（2）自最新持续经营审计准则全面实施后，我国持续经营审计意见的数量出现爆发式增长，且持续经营保留意见和持续经营无法表示意见增长最为迅猛。这反映出两方面的问题。一方面是我国经济的整体态势，在外部的不利环境和国内产业结构调整、新旧动能加速切换的双重压力下，上市公司的持续经营能力面临巨大挑战，持续经营困境企业的数量及持续经营危机的严重程度相较往年都有所增加。另一方面是新持续经营审计准则全面实施后，注册会计师加强了对持续经营问题的关注及审计投入，更加重视对持续经营能力问题的评估与披露，由此发表了更多的持续经营审计意见。

(3) 在各类型持续经营审计意见中，持续经营无法表示意见是预警价值最高的一类持续经营审计意见。被出具该意见的上市公司除了存在非常严重的财务问题外，还存在内部控制失效、公司治理异常混乱、管理人员违法犯罪或失联等其他方面的重大问题，不仅具有最严峻的持续经营危机，还具有最高的退市概率，应引起投资者及监管机构的充分关注。(4) 我国资本市场仍然存在退市难和保壳动机强烈的现实，价值投资的理念仍不够深入人心。一些被出具了持续经营审计意见的上市公司，甚至是连续多年被出具持续经营审计意见的上市公司实际上并未退市，而是以并购重组的方式改头换面、形成新的业务主体，从而得以继续留存于资本市场。这进一步反映出，要充分发挥持续经营审计意见的预警效能，还需首先解决资本市场保壳动机强烈的问题，并进一步推广价值投资的理念。因此，新证券法全面推行注册制并改革退市制度的举措能够从源头上遏制市场的保壳动机，从而为持续经营审计意见充分发挥其预警作用、实现资本市场治理功能提供了更好的制度环境。(5) 我国的持续经营审计意见具有较高的预警价值。通过观察上市公司在被出具持续经营审计意见后 3—5 年内发生的经济事项，可以发现，绝大多数公司都发生了重整、破产清算、退市或被并购等经济事项，证明被出具持续经营审计意见的企业确实在财务质地、经营质量以及治理效能上存在严重缺陷，持续经营能力始终处于异常薄弱的状态，在激烈的市场竞争中终将被淘汰。因此，我国的持续经营审计意见能够帮助投资者有效识别那些持续经营能力欠缺的企业，引导市场各方作出正确的投资决策，从而提高资本市场资源配置的效率，保障资本市场退出机制的有效性。

第三，在实证研究方面。首先，通过对持续经营审计意见市场反应的研究，本书发现：（1）我国市场对持续经营审计意见具有显著的负反应，但该负反应具有短期效应。由于部分投资者存在“炒壳”动机，一些被出具持续经营审计意见的上市公司并未得到应有的看低，相反还会出现股价先抑后扬的现象。（2）持续经营审计意见的市场反应具有异质性。市场对于持续经营无法表示意见的负反应最为强烈，表明我国投资者能够识别持续经营无法表示意见是风险警示程度最强、预警价值最高的一类持续经营审计意见。然而，未能有证据表明市场能够显著区分持续经营无保留意见和持续经营保留意见，反映出我国投资者不能显著区分这两类持续经营审计意见在风险警示程度上的差异，我国市场对于持续经营审计意见的认知水平仍有待提升。（3）最新持续经营审计准则全面实施后，市场对持续经营审计意见的负反应显著增强，表明我国审计报告改革对持续经营审计准则作出重大变革显著地提升了持续经营审计意见之于公众投资者的风险警示作用，起到了应有的实施效果。（4）持续经营审计意见预警功能的有效实现跟市场环境密不可分。市场化指数越高、市场机制越完善，持续经营审计意见的市场负反应越强烈，其异质性的属性表现也越强烈。因此，要充分发挥持续经营审计意见的预警效能，仅仅从审计师责任的强化和审计信息的供给两方面入手是不够的，还需要培育更加透明的市场化环境和更加完善的资本市场法治建设，为持续经营审计意见更有效地发挥作用扫清制度环境上的障碍。

其次，通过从企业债务融资的角度检验持续经营审计意见的信息含量，本书研究发现：（1）与非持续经营“非标”审计意见相比，持续经营审计意见对债权人具有额外的风险警示作用。被出具持续经营审计意见的企业，其次年债务融资的难度显著提升，且比被出具非持续经营“非标”审计意见的企业面临更大的融资约束。(2）不同类型持续经营审计意见对企业债务融资的影响程度存在显著差异，持续经营无法表示意见引起的负面影响最为强烈。这表明债权人能够有效识别不同类型持续经营审计意见存在的风险，并通过调整债务契约来规避风险或对风险进行补偿。(3）最新持续经营审计准则全面实施后，持续经营无保留意见之于债权人的风险警示作用得到显著提升，表明新准则对持续经营无保留意见的格式作出重大革新确实加强了持续经营无保留意见的信息含量及决策价值，达到了预期的实施效果。

最后，通过从盈余管理的角度检验持续经营审计意见对企业管理层的风险传导效应，本书研究发现：(1）持续经营审计意见出具后，企业管理层会迫于市场压力和保全职位的压力，加大后期盈余管理的程度，并会更加倾向于实施隐蔽性高的真实盈余管理。(2）持续经营审计意见对企业盈余管理的影响机制会因企业性质的差异而产生不同的效应。持续经营审计意见对国有企业的盈余管理行为发挥了一定的监督机制，而对民营企业的盈余管理行为却具有显著的强化与促进作用。这反映出作为一种“非标”审计意见，持续经营审计意见天然具有的监督机制与其之于管理层盈余管理行为的风险传导机制之间存在力量的博弈。(3）被出具持续经营审计意见后，管理层花费大量时间及精力进行盈余操纵，而非在改善真实的经营绩效上下苦功，这会进一步损害企业的持续经营能力，降低企业的生存概率。因此，从企业盈余管理的层面也能够建立持续经营审计意见与企业破产之间的内在联系。

通过以上三个部分的实证检验，本书验证了持续经营审计意见在我国资本市场中的风险传导效应，证明我国持续经营审计意见的预警机制是有效的，并且最新持续经营审计准则的实施增强了这种预警机制的有效性，达到了预期的实施效果。

第二节 政策建议

在我国证券市场，持续经营审计意见是一类具有特殊预警价值的“非标”意见。借持续经营审计意见这双“慧眼”，市场各方能够有效识别那些财务质地低下、经营能力薄弱或公司治理异常混乱的持续经营困境公司，从而作出正确的风险预判和投资决策。因此，持续经营审计意见对保护投资者利益、提升资本市场资源配置的效率具有重要意义。与此同时，监管机构通过对持续经营审计意见的出具情况进行分析与把控，能够把握资本市场的风险走向，提升风险防范与管控的能力，避免资本市场产生较大的系统性风险，同时通过对持续经营能力欠缺的企业加强监管，引导不具有持续经营能力的企业平稳退出，能够促进良性发展机制的形成，保障资本市场平稳、健康、高效发展。鉴于此，本书结合我国制度背景和资本市场发展现状，提出几点也许不够成熟的政策建议，以期为注册会计师行业、相关监管机构以及资本市场各方提供一些有益的借鉴与参考。

第一，制定高质量的持续经营审计准则，最大限度地释放持续经营审计意见的预警效能。持续经营审计准则是引领持续经营审计工作有序、有效开展的纲领性准则。因此，制定高质量的持续经营审计准则，并及时、适时地对持续经营审计准则进行修订与完善，确保该准则与我国市场经济的发展程度相匹配、与我国当下的市场环境相适应，有助于不断提升持续经营审计质量，充分释放持续经营审计意见之于市场各方的预警效能，也有助于充分发挥持续经营审计意见在资本市场风险防范和退出机制中的重要作用，保障我国经济平稳、健康、高效地发展。

第二，提升注册会计师与持续经营相关的执业能力。企业持续经营能力的判断与评估属于一项职业判断，依赖于注册会计师的审计经验和执业能力。现实中影响企业持续经营能力的因素众多，如何有效地识别与预判与之相关的风险成为注册会计师能否恰当地发表审计意见的关键。因此，提高注册会计师与持续经营相关的执业能力应是注册会计师行业开展职业培训和相关研究的重点。会计师事务所、各省市注册会计师协会以及其他行业力量可以定期开展与持续经营相关的审计经验培训及分享，聘请执业经历丰富的注册会计师就不同行业、不同经营阶段和不同管理风格的企业的持续经营相关重大风险点进行经验交流和分享，并将相关内容进行整理形成可供后续人员学习及进一步研究的书面材料，在提高注册会计师行业整体执业能力的同时，也为今后形成系统的持续经营能力评估体系奠定良好的基础。

第三，提升我国资本市场参与者对持续经营审计意见的认知水平，进一步引导价值投资的理念。目前我国证券市场对于持续经营审计意见的负反应具有明显的短期效应，一部分投资者存在对持续经营困境企业进行“炒壳”的投机行为，严重阻碍了我国资本市场的正常退市秩序，降低了持续经营困境企业的退市效率。并且，我国证券市场未能显著区分持续经营无保留意见和持续经营保留意见，表明投资者对于这两类持续经营审计意见的本质及风险警示程度上的差异仍存有疑惑，反映出我国投资者对持续经营审计意见的认知水平仍有待进一步提升。鉴于上述情况，本书认为投资者教育的普及和推广势在必行。通过投资者教育，能够普及价值投资的理念，提高投资者对于持续经营审计意见预警作用的认知，遏制“炒壳”等投机行为，促进我国资本市场平稳、健康、有序发展。

第四，加强对持续经营危机企业的监管，尤其是对被出具持续经营无法表示意见的企业加强监管，增强我国资本市场风险防范与管控的能力。我国证券市场上持续经营审计意见的出具情况能够较为准确地反映出我国经济的整体态势。当经济面临下行压力或经济运行过程中不确定性风险增加时，证券市场上持续经营审计意见的数量即会增加，并且持续经营保留意见以及持续经营无法表示意见的数量增长也会更加明显。因此，通过分析证券市场上持续经营审计意见的出具情况，监管机构能够把控资本市场的风险走势，提前防范大规模的持续经营危机造成资本市场出现系统性风险的可能性，并对持续经营危机企业加强监管，尤其是对被出具持续经营无法表示意见的企业加强监管，引导不具备持续经营能力的企业进行有序退出，保障资本市场退出机制的平稳运行。

第五，加强培育我国上市公司的核心竞争力，为持续经营能力注入源源不断的动力。一个企业要保持持续经营能力，实现基业长青，不能仅仅满足于维持最基本的生存和取得最基本的预期利润率，而是要在具备持续经营能力的基础上，不断培育自身的竞争优势，铸就核心能力的壁垒，并立足于竞争优势和核心能力进行孜孜不倦地创新，以及时刻警惕风险的存在，才能最终实现长久经营、持续经营。因此，持续经营能力和核心竞争力是保证企业持续经营的两种相辅相成、缺一不可的能力。持续经营能力是第一层次的、最为基础的能力，而核心竞争力才是保证持续经营能力不会衰变的支柱。因此，在激烈的市场竞争中，企业要想最大限度地避免持续经营危机，只能不断地培育自身的战略资源和核心竞争力，才能为持续经营能力注入源源不断的动力。

第六，加强我国企业的危机管理能力，尤其是现金流管理能力。现金流是企业赖以生存的“血液”，是维持企业持续经营能力的最直接动因。在常态环境下，企业对于利润的关注和渴求往往超过现金流，然而一旦遭遇非常时期，企业的现金流几乎就成为企业得以生存的唯一保障。倘若企业缺乏危机意识和现金流管理能力，在平时的经营过程中不善于对现金流进行谋划和储备，或是对财务资金风险不能保持审慎的态度，那么即使是经营状况良好的企业，也很可能由于突发的危机事件而出现现金流断裂，从而危及企业的生命。因此，加强危机管理能力，尤其是现金流管理能力，是企业应对经营过程中的突发事件、守护持续经营能力的根本保证。

第三节　研究局限与未来研究方向

本书对持续经营审计意见的制度演进过程进行了梳理，对我国持续经营审计准则的实施现状及审计意见的出具情况进行了系统分析，同时结合我国的制度环境，对持续经营审计意见在我国资本市场中的作用机理及预警价值进行了论证。但限于篇幅、数据资源以及个人研究能力，本书仍然存在一些不足，且存在一些有价值的话题未在文中涉及，这些均有待未来进一步研究。例如，本书对持续经营审计意见在多大程度上能够预示企业破产或退市的研究未涉及充分的实证分析，仅对企业被出具持续经营审计意见后1—2年及

3—5 年内发生的经济事项进行了初步的统计分析。事实上，不同类型持续经营审计意见的预警价值差异是一个有趣且值得探讨的话题，笔者将在今后的研究中以实证分析的方式对其进行深入探究。总而言之，持续经营审计意见在我国资本市场中的特殊预警作用使其有许多值得深入探讨的话题，本书的研究也仅仅是抛砖引玉。希望本书所提到的若干问题能够引起读者的兴趣，从而促进持续经营审计意见相关研究的进一步开展，这必然会对我国持续经营审计制度的完善大有裨益。

附录

我国持续经营审计准则一览表（1999—2021）

附录1　《独立审计具体准则第17号——持续经营》

（1999年发布）

第一章　总　　则

第一条　为了规范注册会计师在会计报表审计中考虑持续经营假设的合理性，明确工作要求，保证执业质量，根据《独立审计基本准则》，制定本准则。

第二条　本准则所称持续经营假设，是指被审计单位在编制会计报表时，假定其经营活动在可预见的将来会继续下去，不拟也不必进行清算或大幅度缩减经营规模。本准则所称可预见的将来，通常是指资产负债表日后一年内或超过一年的一个营业周期内。

第三条 注册会计师执行会计报表审计以外的其他审计业务，除有特定要求者外，应当参照本准则办理。

第二章 一般原则

第四条 注册会计师的审计报告应当为会计报表使用人确定已审计会计报表的可靠程度提供合理保证，但不应被认为是对被审计单位持续经营能力所作出的承诺。

第五条 在编制审计计划、执行审计程序及评价审计结果时，注册会计师应当考虑被审计单位编制会计报表所依据的持续经营假设的合理性。

第六条 注册会计师应当保持应有的职业谨慎，合理运用专业判断，充分考虑在可预见的将来持续经营假设不再合理的可能性。

第三章 对持续经营假设不再合理迹象的关注

第七条 注册会计师应当充分关注被审计单位在财务、经营等方面存在的持续经营假设不再合理的各种迹象。

第八条 被审计单位财务方面存在以下迹象之一时，注册会计师应当予以充分关注：

（一）资不抵债；

（二）营运资金出现负数；

（三）无法偿还到期债务；

（四）无法偿还即将到期且难以展期的借款；

（五）过度依赖短期借款筹资；

（六）主要财务指标显示财务状况恶化；

（七）累计经营性亏损数额巨大；

（八）存在大额的逾期未付利润；

（九）无法继续履行借款合同中的有关条款；

（十）存在大量不良资产且长期未作处理；

（十一）重要子公司无法持续经营且未进行处理；

（十二）无法获得供应商的正常商业信用；

（十三）难以获得开发必要新产品或进行必要投资所需资金；

（十四）显示财务状况恶化的其他迹象。

第九条　被审计单位经营方面存在以下迹象之一时，注册会计师应当予以充分关注：

（一）关键管理人员离职且无人替代；

（二）主导产品不符合国家产业政策；

（三）失去主要市场、特许权或主要供应商；

（四）人力资源或重要原材料短缺；

（五）未达到预期经营目标；

（六）显示经营情况恶化的其他迹象。

第十条　被审计单位其他方面存在以下迹象之一时，注册会计师应当予以充分关注：

（一）严重违反有关法律、法规或政策；

（二）存在数额巨大的或有损失；

（三）异常原因导致停工、停产；

（四）有关法规或国家政策的变化可能造成重大不利影响；

（五）营业期限即将到期且无意继续经营；

（六）投资者未履行协议、合同、章程规定的义务，并有可能造成重大不利影响；

（七）因自然灾害、战争等不可抗力因素遭受严重损失；

（八）显示持续经营假设不再合理的其他迹象。

第十一条 如被审计单位管理当局对于存在的持续经营假设不再合理的迹象计划采取以下措施，注册会计师应当关注其能否缓解对持续经营假设的不利影响：

（一）处置资产；

（二）售后回租资产；

（三）取得担保借款；

（四）实施资产重组；

（五）获得新的投资；

（六）削减或延缓开支；

（七）获得重要原材料的替代品；

（八）开拓新的市场；

（九）其他措施。

第四章 实施审计程序时的考虑

第十二条 注册会计师对持续经营假设的合理性存有疑虑时，应当追加必要的审计程序，获取充分、适当的审计证据，以判断持续经营假设的合理性。

第十三条 注册会计师应当追加实施的审计程序主要包括：

（一）与管理当局分析、讨论最近的会计报表；

（二）与管理当局分析、讨论现金流量预测、盈利预测及其他预测；

（三）审核影响持续经营能力的期后事项、承诺及或有事项；

（四）审查债务契约等的履行情况；

（五）查阅股东大会、董事会会议及其他重要会议有关财务困境的记录；

（六）向被审计单位的法律顾问询问有关诉讼、索赔的情况；

（七）审查有无改善措施及财务救助计划，并评估其合法性和可行性。

第十四条　在审计过程中，注册会计师应当获取被审计单位管理当局关于持续经营假设的书面声明。如果持续经营假设不合理，注册会计师应当提请被审计单位管理当局在声明中说明拟采取的改善措施。

第五章　编制审计报告时的考虑

第十五条　注册会计师应当在实施必要的审计程序后，确定对被审计单位持续经营假设合理性的疑虑是否已经消除，并据以确定其对审计意见的影响。

第十六条　如果被审计单位存在对其持续经营能力产生重大影响的情况，但管理当局计划采取相应的改善措施，且这些措施能够消除注册会计师的疑虑，注册会计师应当考虑是否要提请被审计单位在会计报表中披露改善措施。如果被审计单位拒绝披露或披露不充分，注册会计师应当考虑其对审计报告的影响。

第十七条　如果被审计单位存在对其持续经营能力产生重大影响的情况，且管理当局没有相应的改善措施，或虽有改善措施，但疑虑仍然不能消除，注册会计师应当提请被审计单位在会计报表中披露以下事项：

（一）在可预见的将来影响持续经营能力的主要情形；

（二）持续经营能力存在重大不确定性，可能无法在正常的经营过程中变现资产，清偿债务；

（三）未对资产、负债的数额和分类作出在无法持续经营情况下所必需的调整。

如果被审计单位已在会计报表中进行充分披露，注册会计师应当在审计报告的意见段后增列说明段，对持续经营假设不再合理的疑虑予以说明。

如果被审计单位未在会计报表中进行充分披露，注册会计师应当发表保留意见或否定意见。

第十八条 如果认为被审计单位在可预见的将来无法持续经营，继续运用持续经营假设编制会计报表，将对会计报表使用人产生严重误导，注册会计师应当发表保留意见或否定意见。

第十九条 如果不能就持续经营假设的合理性获取必要的审计证据，注册会计师可以发表拒绝表示意见。

第六章 附 则

第二十条 本准则由中国注册会计师协会负责解释。

第二十一条 本准则自 1999 年 7 月 1 日起施行。

附录2　《独立审计具体准则第17号——持续经营》

（2003年修订）

第一章　总　　则

第一条　为了规范注册会计师在会计报表审计中考虑持续经营假设的合理性，明确工作要求，保证执业质量，根据《独立审计基本准则》，制定本准则。

第二条　本准则所称持续经营假设，是指被审计单位在编制会计报表时，假定其经营活动在可预见的将来会继续下去，不拟也不必终止经营或破产清算，可以在正常的经营过程中变现资产、清偿债务。

本准则所称可预见的将来，通常是指资产负债表日后十二个月。

第三条　按照持续经营假设编制会计报表并对持续经营能力进行评价是被审计单位管理当局的责任。

注册会计师的责任是评价被审计单位按照持续经营假设编制会计报表的合理性，并考虑是否需要提请管理当局在会计报表中披露持续经营能力的重大不确定性。

第四条　在编制审计计划、实施审计程序及评价审计结果时，注册会计师应当保持应有的职业谨慎，合理运用专业判断，充分关注可能导致对被审计单位持续经营能力产生重大疑虑的事项或情况。

第二章　编制审计计划时的考虑

第五条　在编制审计计划时，注册会计师应当考虑是否存在可能导致对被审计单位持续经营能力产生重大疑虑的事项或情况，以便与管理当局讨论持续经营假设的合理性。

第六条　注册会计师应当充分关注被审计单位在财务、经营等方面存在的可能导致对被审计单位持续经营能力产生重大疑虑的事项或情况。

第七条　被审计单位在财务方面存在的可能导致对其持续经营能力产生疑虑的事项或情况通常包括：

（一）无法偿还到期债务；

（二）无法偿还即将到期且难以展期的借款；

（三）无法继续履行重大借款合同中的有关条款；

（四）存在大额的逾期未缴税金；

（五）累计经营性亏损数额巨大；

（六）过度依赖短期借款筹资；

（七）无法获得供应商的正常商业信用；

（八）难以获得开发必要新产品或进行必要投资所需资金；

（九）资不抵债；

（十）营运资金出现负数；

（十一）经营活动产生的现金流量净额为负数；

（十二）大股东长期占用巨额资金；

（十三）重要子公司无法持续经营且未进行处理；

（十四）存在大量长期未作处理的不良资产；

（十五）存在因对外巨额担保等或有事项引发的或有负债。

第八条　被审计单位在经营方面存在的可能导致对其持续经营能力产生疑虑的事项或情况通常包括：

（一）关键管理人员离职且无人替代；

（二）主导产品不符合国家产业政策；

（三）失去主要市场、特许权或主要供应商；

（四）人力资源或重要原材料短缺。

第九条　被审计单位在其他方面存在的可能导致对其持续经营能力产生疑虑的事项或情况通常包括：

（一）严重违反有关法律、法规或政策；

（二）异常原因导致停工、停产；

（三）有关法律、法规或政策的变化可能造成重大不利影响；

（四）经营期限即将到期且无意继续经营；

（五）投资者未履行协议、合同、章程规定的义务，并有可能造成重大不利影响；

（六）因自然灾害、战争等不可抗力因素遭受严重损失。

第三章　实施审计程序时的考虑

第十条　当被审计单位存在可能导致对其持续经营能力产生重大疑虑的事项或情况时，注册会计师应当提请管理当局对持续经营能力作出书面评价。

第十一条 注册会计师应当充分关注管理当局作出评价的过程、依据的假设和拟采取的改善措施，以考虑管理当局对持续经营能力的评价是否适当。

第十二条 注册会计师应当审阅管理当局拟采取的改善措施，并考虑对持续经营能力的影响。

管理当局采取的改善措施通常包括处置资产、售后回租资产、取得担保借款、实施资产置换与债务重组、获得新的投资、削减或延缓开支、获得重要原材料的替代品以及开拓新的市场等。

第十三条 注册会计师应当实施以下审计程序，获取充分、适当的审计证据，以判断管理当局拟采取的改善措施是否可行：

（一）与管理当局分析、讨论最近的中期会计报表；

（二）与管理当局分析、讨论现金流量预测、盈利预测及其他预测；

（三）审阅影响持续经营能力的期后事项、承诺及或有事项；

（四）审阅债券、借款协议等的履行情况；

（五）查阅股东大会、董事会或类似机构会议及其他重要会议有关财务困境的记录；

（六）向被审计单位的律师询问有关诉讼、索赔的情况，以及管理当局对有关诉讼、索赔结果及其财务影响的评价是否合理；

（七）确认有关财务支持协议的存在性、合法性和可行性，并对提供财务支持的关联方或第三方的财务能力作出评价。

第十四条 如果管理当局对持续经营能力的评价期间少于自资产负债表日起的十二个月，注册会计师应当提请管理当局将评价期间延伸至十二个月。

第十五条 注册会计师应当向管理当局询问被审计单位是否存

在超出评价期间的、可能导致对其持续经营能力产生重大疑虑的事项或情况，以考虑这些事项或情况对管理当局所作评价的影响。

第四章　出具审计报告时的考虑

第十六条　注册会计师应当根据已发现的可能导致对被审计单位持续经营能力产生重大疑虑的事项或情况，考虑其对被审计单位持续经营能力的影响，并据以确定对审计报告的影响。

第十七条　如果认为被审计单位编制会计报表所依据的持续经营假设是合理的，但存在可能导致对其持续经营能力产生重大疑虑的事项或情况，注册会计师应当提请管理当局在会计报表中适当披露：

（一）导致对被审计单位持续经营能力产生重大疑虑的主要事项或情况以及管理当局拟采取的改善措施；

（二）被审计单位持续经营能力存在重大不确定性，可能无法在正常的经营过程中变现资产、清偿债务。

如果被审计单位在会计报表中进行了适当披露，注册会计师应当出具无保留意见的审计报告，并在意见段之后增加强调事项段，描述导致对持续经营能力产生重大疑虑的主要事项或情况以及持续经营能力存在重大不确定性的事实，但不应使用附加条件的措辞。

如果被审计单位未在会计报表中进行适当披露，注册会计师应当出具保留意见或否定意见的审计报告，并在意见段之前的说明段中描述导致对持续经营能力产生重大疑虑的主要事项或情况以及持续经营能力存在重大不确定性的事实，同时指明被审计单位未在会计报表中进行适当披露。

第十八条 如果认为被审计单位编制会计报表所依据的持续经营假设不再合理，而被审计单位仍按持续经营假设编制会计报表，注册会计师应当出具否定意见的审计报告。

第十九条 如果认为被审计单位编制会计报表所依据的持续经营假设不再合理，而被审计单位已按其他基础重新编制了会计报表，注册会计师应当按照《独立审计实务公告第 6 号—特殊目的业务审计报告》的规定办理。

第二十条 如果被审计单位存在可能导致对其持续经营能力产生重大疑虑的事项或情况，但注册会计师无法确定被审计单位编制会计报表所依据的持续经营假设是否合理，注册会计师应当出具无法表示意见的审计报告。

如果决定出具无法表示意见的审计报告，注册会计师应当提请管理当局在会计报表中适当披露：

（一）导致对被审计单位持续经营能力产生重大疑虑的主要事项或情况以及管理当局拟采取的改善措施；

（二）被审计单位持续经营能力存在重大不确定性，可能无法在正常的经营过程中变现资产、清偿债务。

注册会计师应当在意见段之前的说明段中充分说明无法表示意见的理由。

第五章　附　　则

第二十一条 注册会计师执行会计报表审计以外的其他审计业务，除有特定要求者外，应当参照本准则办理。

第二十二条 本准则自 2003 年 7 月 1 日起施行。

附录3　《中国注册会计师审计准则第1324号——持续经营》

（2006年发布）

第一章　总　　则

第一条　为了规范注册会计师考虑持续经营假设的适当性，明确执业责任，制定本准则。

第二条　本准则适用于注册会计师执行财务报表审计业务。

第三条　本准则所称持续经营假设，是指被审计单位在编制财务报表时，假定其经营活动在可预见的将来会继续下去，不拟也不必终止经营或破产清算，可以在正常的经营过程中变现资产、清偿债务。

可预见的将来通常是指资产负债表日后十二个月。

第四条　在计划和实施审计程序以及评价其结果时，注册会计师应当考虑管理层在编制财务报表时运用持续经营假设的适当性。

第二章　管理层的责任

第五条　根据适用的会计准则和相关会计制度的规定评估被审

计单位的持续经营能力是管理层的责任。

第六条 管理层对持续经营能力的评估涉及在特定时点对事项或情况的未来结果作出判断，这些事项或情况的未来结果具有固有的不确定性。

第七条 被审计单位在财务、经营以及其他方面存在的某些事项或情况可能导致经营风险，这些事项或情况单独或连同其他事项或情况可能导致对持续经营假设产生重大疑虑。

第八条 被审计单位在财务方面存在的可能导致对持续经营假设产生重大疑虑的事项或情况主要包括：

（一）无法偿还到期债务；

（二）无法偿还即将到期且难以展期的借款；

（三）无法继续履行重大借款合同中的有关条款；

（四）存在大额的逾期未缴税金；

（五）累计经营性亏损数额巨大；

（六）过度依赖短期借款筹资；

（七）无法获得供应商的正常商业信用；

（八）难以获得开发必要新产品或进行必要投资所需资金；

（九）资不抵债；

（十）营运资金出现负数；

（十一）经营活动产生的现金流量净额为负数；

（十二）大股东长期占用巨额资金；

（十三）重要子公司无法持续经营且未进行处理；

（十四）存在大量长期未作处理的不良资产；

（十五）存在因对外巨额担保等或有事项引发的或有负债。

第九条 被审计单位在经营方面存在的可能导致对持续经营假

设产生重大疑虑的事项或情况主要包括：

（一）关键管理人员离职且无人替代；

（二）主导产品不符合国家产业政策；

（三）失去主要市场、特许权或主要供应商；

（四）人力资源或重要原材料短缺。

第十条　被审计单位在其他方面存在的可能导致对持续经营假设产生重大疑虑的事项或情况主要包括：

（一）严重违反有关法律法规或政策；

（二）异常原因导致停工、停产；

（三）有关法律法规或政策的变化可能造成重大不利影响；

（四）经营期限即将到期且无意继续经营；

（五）投资者未履行协议、合同、章程规定的义务，并有可能造成重大不利影响；

（六）因自然灾害、战争等不可抗力因素遭受严重损失。

第三章　注册会计师的责任

第十一条　注册会计师的责任是考虑管理层在编制财务报表时运用持续经营假设的适当性，并考虑是否存在需要在财务报表中披露的有关持续经营能力的重大不确定性。

第四章　计划审计工作与实施风险评估程序

第十二条　在了解被审计单位时，注册会计师应当考虑是否存在可能导致对持续经营能力产生重大疑虑的事项或情况以及相关经营风险。

第十三条 在整个审计过程中，注册会计师应当始终关注可能导致对持续经营能力产生重大疑虑的事项或情况以及相关经营风险。

如果识别出这些事项或情况，除实施本准则第二十六条规定的程序外，注册会计师还应当考虑其是否影响评估的重大错报风险。

第十四条 在实施风险评估程序时，注册会计师应当考虑与持续经营假设相关的事项或情况，以便及时与管理层讨论并复核其针对已识别的持续经营问题制定的应对计划。

第十五条 如果管理层已对持续经营能力作出初步评估，注册会计师应当复核该初步评估，以确定管理层是否识别出本准则第八条至第十条所述的事项或情况，并复核管理层提出的应对计划。

第十六条 如果管理层没有对持续经营能力作出初步评估，注册会计师应当与管理层讨论运用持续经营假设的理由，询问是否存在本准则第八条至第十条所述的事项或情况，并提请管理层对持续经营能力作出评估。

第十七条 注册会计师应当考虑在实施风险评估程序时识别出的事项或情况对重大错报风险评估的影响，及其对进一步审计程序的性质、时间和范围的影响。

第五章 评价管理层对持续经营能力作出的评估

第十八条 管理层对持续经营能力的评估是注册会计师考虑持续经营假设的一个重要组成部分。注册会计师应当评价管理层对持续经营能力作出的评估。

第十九条　注册会计师应当确定管理层评估持续经营能力涵盖的期间是否符合适用的会计准则和相关会计制度的规定。

如果管理层评估持续经营能力涵盖的期间少于自资产负债表日起的十二个月，注册会计师应当提请管理层将其延伸至自资产负债表日起的十二个月。

第二十条　在评价管理层作出的评估时，注册会计师应当考虑管理层作出评估的过程、依据的假设以及应对计划。

注册会计师应当考虑管理层作出的评估是否已考虑所有相关信息，其中包括注册会计师实施审计程序获取的信息。

第二十一条　如果被审计单位具有良好的盈利记录并很容易获得外部资金支持，管理层可能无需详细分析就能对持续经营能力作出评估。在此情况下，注册会计师通常无需实施详细的审计程序，就可对管理层作出评估的适当性得出结论。

第六章　超出管理层评估期间的事项或情况

第二十二条　注册会计师应当询问管理层是否知悉超出评估期间的、可能导致对持续经营能力产生重大疑虑的事项或情况以及相关经营风险。

第二十三条　注册会计师应当注意可能存在管理层现已知悉的、在评估期间以后将会发生的事项或情况，这些事项或情况可能对注册会计师考虑管理层运用持续经营假设编制财务报表的适当性产生重大影响。

第二十四条　在考虑超出管理层评估期间的事项或情况时，注册会计师应当确定这些事项或情况对持续经营能力的影响。如果影响重大，注册会计师应当考虑采取进一步措施。

注册会计师应当考虑提请管理层确定这些事项或情况对评估持续经营能力的潜在影响。

第二十五条 除实施询问程序外，注册会计师没有责任设计其他审计程序，以测试是否存在超出评估期间的、可能导致对持续经营能力产生重大疑虑的事项或情况。

第七章 进一步审计程序

第二十六条 当识别出可能导致对持续经营能力产生重大疑虑的事项或情况时，注册会计师应当实施下列进一步审计程序：

（一）复核管理层依据持续经营能力评估结果提出的应对计划；

（二）通过实施必要的审计程序，包括考虑管理层提出的应对计划和其他缓解措施的效果，获取充分、适当的审计证据，以确认是否存在与此类事项或情况相关的重大不确定性；

（三）向管理层获取有关应对计划的书面声明。

第二十七条 注册会计师应当询问管理层的应对计划，包括是否准备变卖资产、借款或债务重组、削减或延缓开支以及获得新的投资等。

注册会计师还应当对管理层作出持续经营能力评估后发生的事实或可获得的信息予以考虑。

第二十八条 注册会计师应当实施必要的审计程序，获取充分、适当的审计证据，以判断管理层提出的应对计划是否可行，以及应对计划的结果是否能够改善持续经营能力。

注册会计师应当考虑实施的相关审计程序主要包括：

（一）与管理层分析和讨论现金流量预测、盈利预测以及其他相关预测；

（二）与管理层分析和讨论最近的中期财务报表；

（三）复核债券和借款协议条款并确定是否存在违约情况；

（四）阅读股东会会议、董事会会议以及相关委员会会议有关财务困境的记录；

（五）向被审计单位的律师询问是否存在针对被审计单位的诉讼或索赔，并向其询问管理层对诉讼或索赔结果及其财务影响的估计是否合理；

（六）确认财务支持协议的存在性、合法性和可行性，并对提供财务支持的关联方或第三方的财务能力作出评价；

（七）考虑被审计单位准备如何处理尚未履行的客户订单；

（八）复核期后事项并考虑其是否可能改善或影响持续经营能力。

第二十九条 如果现金流量分析对考虑事项或情况的未来结果是重要的，注册会计师应当实施下列审计程序：

（一）考虑被审计单位生成相关信息的信息系统的可靠性；

（二）考虑管理层作出现金流量预测所依赖的假设是否存在充分的依据；

（三）将最近若干期间的预测性财务信息与实际结果进行比较；

（四）将本期的预测性财务信息与截至目前的实际结果进行比较。

第八章　审计结论与报告

第三十条　注册会计师应当根据获取的审计证据，确定可能导致对持续经营能力产生重大疑虑的事项或情况是否存在重大不确定性。

第三十一条　如果认为被审计单位在编制财务报表时运用持续经营假设是适当的，但可能导致对持续经营能力产生重大疑虑的事项或情况存在重大不确定性，注册会计师应当考虑：

（一）财务报表是否已充分描述导致对持续经营能力产生重大疑虑的主要事项或情况，以及管理层针对这些事项或情况提出的应对计划；

（二）财务报表是否已清楚指明可能导致对持续经营能力产生重大疑虑的事项或情况存在重大不确定性，被审计单位可能无法在正常的经营过程中变现资产、清偿债务。

第三十二条　如果财务报表已作出充分披露，注册会计师应当出具无保留意见的审计报告，并在审计意见段之后增加强调事项段，强调可能导致对持续经营能力产生重大疑虑的事项或情况存在重大不确定性的事实，并提醒财务报表使用者注意财务报表附注中对有关事项的披露。

在极端情况下，如同时存在多项重大不确定性，注册会计师应当考虑出具无法表示意见的审计报告，而不是在审计意见段之后增加强调事项段。

第三十三条　如果财务报表未能作出充分披露，注册会计师应当出具保留意见或否定意见的审计报告。

审计报告应当具体提及可能导致对持续经营能力产生重大疑虑的事项或情况存在重大不确定性的事实，并指明财务报表未对该事实作出披露。

第三十四条　如果判断被审计单位将不能持续经营，但财务报表仍然按照持续经营假设编制，注册会计师应当出具否定意见的审计报告。

第三十五条　如果管理层认为编制财务报表时运用持续经营假设不再适当，选用了其他基础编制财务报表。在这种情况下，注册会计师应当实施补充的审计程序。

如果认为管理层选用的其他编制基础是适当的，且财务报表已作出充分披露，注册会计师可以出具无保留意见的审计报告，并考虑在审计意见段之后增加强调事项段，提醒财务报表使用者关注管理层选用的其他编制基础。

第三十六条　如果被审计单位存在本准则第十六条、第十九条或第二十四条所述的情形，注册会计师应当提请管理层对持续经营能力作出评估，或将评估期间延伸至自资产负债表日起的十二个月。

如果管理层拒绝注册会计师的要求，注册会计师应当将其视为审计范围受到限制，考虑出具保留意见或无法表示意见的审计报告。

第三十七条　如果管理层在资产负债表日后严重拖延对财务报表的签署或批准，注册会计师应当考虑拖延签署或批准的原因。

当拖延原因涉及与管理层评估持续经营能力有关的事项或情况时，注册会计师应当考虑是否有必要实施追加的审计程序，以及是否存在本准则第三十条所述的重大不确定性。

第九章　附　　则

第三十八条　本准则自 2007 年 1 月 1 日起施行。

附录4　《中国注册会计师审计准则第1324号——持续经营》

（2010年修订）

第一章　总　　则

第一条　为了规范注册会计师在财务报表审计中与管理层编制财务报表时运用持续经营假设相关的责任，制定本准则。

第二条　在持续经营假设下，被审计单位被视为在可预见的将来会继续经营下去。

通用目的财务报表是在持续经营基础上编制的，除非管理层计划将被审计单位予以清算或终止经营，或者除此之外没有其他现实可行的选择。特殊目的财务报表可以根据需要按照（或不按照）以持续经营为基础的财务报告编制基础编制（例如，在特定国家或地区，持续经营基础与某些按照计税核算基础编制的财务报表无关）。

如果运用持续经营假设是适当的，则被审计单位对其资产和负债的记录是建立在正常经营过程中能够变现资产、清偿债务的基础上的。

第三条　某些适用的财务报告编制基础明确要求管理层对持续经营能力作出评估，并规定了与此相关的需要考虑的事项和作出的披露。相关法律法规还可能对管理层评估持续经营能力的责任和相关财务报表披露作出具体规定。

第四条 其他财务报告编制基础可能没有明确要求管理层对持续经营能力作出评估。然而，如本准则第二条所述，由于持续经营假设是编制财务报表的基本原则，即使其他财务报告编制基础没有对此作出明确规定，管理层也需要在编制财务报表时评估持续经营能力。

第五条 管理层对持续经营能力的评估涉及在特定时点对事项或情况的未来结果作出判断，这些事项或情况的未来结果具有固有不确定性。下列因素与管理层的判断相关：

（一）某一事项或情况或其结果出现的时点距离管理层作出评估的时点越远，与事项或情况的结果相关的不确定性程度将显著增加。因此，明确要求管理层对持续经营能力作出评估的大多数财务报告编制基础可能规定了管理层应当考虑所有可获得信息的期间。

（二）被审计单位的规模和复杂程度、经营活动的性质和状况以及被审计单位受外部因素影响的程度，将影响对事项或情况的结果作出的判断。

（三）对未来的所有判断都以作出判断时可获得的信息为基础。管理层作出的判断在当时情况下可能是合理的，但之后发生的事项可能导致事项或情况的结果与作出的判断不一致。

第六条 注册会计师的责任是，就管理层在编制和列报财务报表时运用持续经营假设的适当性获取充分、适当的审计证据，并就持续经营能力是否存在重大不确定性得出结论。

即使编制财务报表时采用的财务报告编制基础没有明确要求管理层对持续经营能力作出专门评估，注册会计师的这种责任仍然存在。

第七条　如果存在可能导致被审计单位不再持续经营的未来事项或情况，审计的固有限制对注册会计师发现重大错报能力的潜在影响会加大。注册会计师不能对这些未来事项或情况作出预测。相应地，注册会计师未在审计报告中提及持续经营的不确定性，不能被视为对被审计单位持续经营能力的保证。

第二章　目　　标

第八条　注册会计师的目标是：

（一）就管理层编制财务报表时运用持续经营假设的适当性，获取充分、适当的审计证据；

（二）根据获取的审计证据，就可能导致对被审计单位持续经营能力产生重大疑虑的事项或情况是否存在重大不确定性得出结论；

（三）确定对审计报告的影响。

第三章　要　　求

第一节　风险评估程序和相关活动

第九条　在按照《中国注册会计师审计准则第 1211 号——通过了解被审计单位及其环境识别和评估重大错报风险》的规定实施风险评估程序时，注册会计师应当考虑是否存在可能导致对被审计单位持续经营能力产生重大疑虑的事项或情况。在进行考虑时，注册会计师应当确定管理层是否已对被审计单位持续经营能力作出初步评估。

如果管理层已对持续经营能力作出初步评估，注册会计师应当与管理层进行讨论，并确定管理层是否已识别出单独或汇总起来可能导致对被审计单位持续经营能力产生重大疑虑的事项或情况。如果管理层已识别出这些事项或情况，注册会计师应当与其讨论应对计划。

如果管理层未对持续经营能力作出初步评估，注册会计师应当与管理层讨论其拟运用持续经营假设的基础，询问管理层是否存在单独或汇总起来可能导致对被审计单位持续经营能力产生重大疑虑的事项或情况。

第十条 针对有关可能导致对被审计单位持续经营能力产生重大疑虑的事项或情况的审计证据，注册会计师应当在整个审计过程中保持警觉。

第二节 评价管理层的评估

第十一条 注册会计师应当评价管理层对被审计单位持续经营能力作出的评估。

第十二条 在评价管理层对被审计单位持续经营能力作出的评估时，注册会计师的评价期间应当与管理层按照适用的财务报告编制基础或法律法规（如果法律法规要求的期间更长）的规定作出评估的涵盖期间相同。

如果管理层评估持续经营能力涵盖的期间短于自财务报表日起的十二个月，注册会计师应当提请管理层将其至少延长至自财务报表日起的十二个月。

第十三条　在评价管理层作出的评估时，注册会计师应当考虑该评估是否已包括注册会计师在审计过程中注意到的所有相关信息。

第三节　询问超出管理层评估期间的事项或情况

第十四条　注册会计师应当询问管理层是否知悉超出评估期间的、可能导致对持续经营能力产生重大疑虑的事项或情况。

第四节　识别出事项或情况时实施追加的审计程序

第十五条　如果识别出可能导致对持续经营能力产生重大疑虑的事项或情况，注册会计师应当通过实施追加的审计程序（包括考虑缓解因素），获取充分、适当的审计证据，以确定是否存在重大不确定性。

这些程序应当包括：

（一）如果管理层尚未对被审计单位持续经营能力作出评估，提请其进行评估；

（二）评价管理层与持续经营能力评估相关的未来应对计划，这些计划的结果是否可能改善目前的状况，以及管理层的计划对于具体情况是否可行；

（三）如果被审计单位已编制现金流量预测，且对预测的分析是评价管理层未来应对计划时所考虑的事项或情况的未来结果的重要因素，评价用于编制预测的基础数据的可靠性，并确定预测所基于的假设是否具有充分的支持；

（四）考虑自管理层作出评估后是否存在其他可获得的事实或信息；

（五）要求管理层和治理层（如适用）提供有关未来应对计划及其可行性的书面声明。

第五节　审计结论与报告

第十六条　注册会计师应当根据获取的审计证据，运用职业判断，确定是否存在与事项或情况相关的重大不确定性，且这些事项或情况单独或汇总起来可能导致对被审计单位持续经营能力产生重大疑虑。

如果注册会计师根据职业判断认为，鉴于不确定性潜在影响的重要程度和发生的可能性，为了使财务报表实现公允反映，有必要适当披露该不确定性的性质和影响，则表明存在重大不确定性。

第十七条　如果认为运用持续经营假设适合具体情况，但存在重大不确定性，注册会计师应当确定：

（一）财务报表是否已充分描述可能导致对持续经营能力产生重大疑虑的主要事项或情况，以及管理层针对这些事项或情况的应对计划；

（二）财务报表是否已清楚披露可能导致对持续经营能力产生重大疑虑的事项或情况存在重大不确定性，并由此导致被审计单位可能无法在正常的经营过程中变现资产和清偿债务。

第十八条　如果财务报表已作出充分披露，注册会计师应当发表无保留意见，并在审计报告中增加强调事项段，强调可能导致对持续经营能力产生重大疑虑的事项或情况存在重大不确定性的事实，并提醒财务报表使用者关注财务报表附注中对本准则第十七条所述事项的披露。

第十九条　如果财务报表未作出充分披露，注册会计师应当按照《中国注册会计师审计准则第 1502 号——在审计报告中发表非无保留意见》的规定，恰当发表保留意见或否定意见。

注册会计师应当在审计报告中说明，存在可能导致对被审计单位持续经营能力产生重大疑虑的重大不确定性。

第二十条　如果财务报表已在持续经营基础上编制，但根据判断认为管理层在财务报表中运用持续经营假设是不适当的，注册会计师应当发表否定意见。

第二十一条　如果管理层不愿按照注册会计师的要求作出评估或延长评估期间，注册会计师应当考虑这一情况对审计报告的影响。

第六节　与治理层沟通

第二十二条　注册会计师应当与治理层就识别出的可能导致对被审计单位持续经营能力产生重大疑虑的事项或情况进行沟通，除非治理层全部成员参与管理被审计单位。

与治理层的沟通应当包括下列方面：

（一）这些事项或情况是否构成重大不确定性；

（二）在财务报表编制和列报中运用持续经营假设是否适当；

（三）财务报表中的相关披露是否充分。

第七节　严重拖延对财务报表的批准

第二十三条　如果管理层或治理层在财务报表日后严重拖延对财务报表的批准，注册会计师应当询问拖延的原因。如果认为拖延可能涉及与持续经营评估相关的事项或情况，注册会计师应当实施本准则第十五条所述的有必要实施的追加的审计程序，并考虑本准则第十六条所述的存在重大不确定性对审计结论的影响。

第四章　附　　则

第二十四条　本准则自 2012 年 1 月 1 日起施行。

附录5　《中国注册会计师审计准则第1324号——持续经营》

（2016年修订，2018年1月1日起施行）

第一章　总　　则

第一条　为了规范注册会计师在财务报表审计中与持续经营相关的责任以及对审计报告的影响，制定本准则。

第二条　在持续经营假设下，财务报表是基于被审计单位持续经营并在可预见的将来继续经营下去的假设编制的。

通用目的财务报表是运用持续经营假设编制的，除非管理层计划清算被审计单位、终止运营或别无其他现实的选择。特殊目的财务报表可以根据需要按照（或不按照）与持续经营假设相关的财务报告编制基础编制（例如，在特定国家或地区，持续经营假设与某些按照计税核算基础编制的财务报表无关）。

如果运用持续经营假设是适当的，则被审计单位对其资产和负债的记录是建立在正常经营过程中能够变现资产、清偿债务的基础上的。

第三条　某些财务报告编制基础（如我国企业会计准则）明确要求管理层对被审计单位持续经营能力作出专门评估，并规定了与此相关的需要考虑的事项和作出的披露。相关法律法规还可能对管理层评估持续经营能力的责任和相关财务报表披露作出具体规定。

第四条 其他财务报告编制基础可能没有明确要求管理层对持续经营能力作出专门评估。然而，如本准则第二条所述，如果持续经营假设是编制财务报表的基本原则，即使其他财务报告编制基础没有对此作出明确规定，管理层也需要在编制财务报表时评估持续经营能力。

第五条 管理层对持续经营能力的评估涉及在特定时点对事项或情况的未来结果作出判断，这些事项或情况的未来结果具有固有不确定性。下列因素与管理层的判断相关：

（一）某一事项或情况或其结果出现的时点距离管理层作出评估的时点越远，与事项或情况的结果相关的不确定性程度将显著增加。因此，大多数明确要求管理层对持续经营能力作出评估的财务报告编制基础规定了管理层应当考虑所有可获得信息的期间；

（二）被审计单位的规模和复杂程度、经营活动的性质和状况以及被审计单位受外部因素影响的程度，将影响对事项或情况的结果作出的判断；

（三）对未来的所有判断都以作出判断时可获得的信息为基础。管理层作出的判断在当时情况下可能是合理的，但之后发生的事项可能导致事项或情况的结果与作出的判断不一致。

第六条 注册会计师的责任是，就管理层在编制财务报表时运用持续经营假设的适当性获取充分、适当的审计证据并得出结论，并根据获取的审计证据就被审计单位持续经营能力是否存在重大不确定性得出结论。

即使编制财务报表时采用的财务报告编制基础没有明确要求管

理层对持续经营能力作出专门评估，注册会计师的这种责任仍然存在。

第七条　如果存在可能导致被审计单位不再持续经营的未来事项或情况，审计的固有限制对注册会计师发现重大错报能力的潜在影响会加大。注册会计师不能对这些未来事项或情况作出预测。相应地，注册会计师未在审计报告中提及与被审计单位持续经营能力相关的重大不确定性，不能被视为对被审计单位持续经营能力的保证。

第二章　目　　标

第八条　注册会计师的目标是：

（一）就管理层编制财务报表时运用持续经营假设的适当性，获取充分、适当的审计证据，并得出结论；

（二）根据获取的审计证据，就可能导致对被审计单位持续经营能力产生重大疑虑的事项或情况是否存在重大不确定性得出结论；

（三）按照本准则的规定出具审计报告。

第三章　要　　求

第一节　风险评估程序和相关活动

第九条　在按照《中国注册会计师审计准则第 1211 号——通过了解被审计单位及其环境识别和评估重大错报风险》的规定实

施风险评估程序时，注册会计师应当考虑是否存在可能导致对被审计单位持续经营能力产生重大疑虑的事项或情况。在进行考虑时，注册会计师应当确定管理层是否已对被审计单位持续经营能力作出初步评估。

如果管理层已对持续经营能力作出初步评估，注册会计师应当与管理层进行讨论，并确定管理层是否已识别出单独或汇总起来可能导致对被审计单位持续经营能力产生重大疑虑的事项或情况。如果管理层已识别出这些事项或情况，注册会计师应当与其讨论应对计划。

如果管理层未对持续经营能力作出初步评估，注册会计师应当与管理层讨论其拟运用持续经营假设的理由，询问管理层是否存在单独或汇总起来可能导致对被审计单位持续经营能力产生重大疑虑的事项或情况。

第十条 针对有关可能导致对被审计单位持续经营能力产生重大疑虑的事项或情况的审计证据，注册会计师应当在整个审计过程中保持警觉。

第二节 评价管理层的评估

第十一条 注册会计师应当评价管理层对被审计单位持续经营能力作出的评估。

第十二条 在评价管理层对被审计单位持续经营能力作出的评估时，注册会计师的评价期间应当与管理层按照适用的财务报告编制基础或法律法规（如果法律法规要求的期间更长）的规定作出评估的涵盖期间相同。

如果管理层评估持续经营能力涵盖的期间短于自财务报表日起

的十二个月，注册会计师应当提请管理层将其至少延长至自财务报表日起的十二个月。

第十三条　在评价管理层作出的评估时，注册会计师应当考虑该评估是否已包括注册会计师在审计过程中注意到的所有相关信息。

第三节　询问超出管理层评估期间的事项或情况

第十四条　注册会计师应当询问管理层是否知悉超出评估期间的、可能导致对被审计单位持续经营能力产生重大疑虑的事项或情况。

第四节　识别出事项或情况时实施追加的审计程序

第十五条　如果识别出可能导致对持续经营能力产生重大疑虑的事项或情况，注册会计师应当通过实施追加的审计程序（包括考虑缓解因素），获取充分、适当的审计证据，以确定可能导致对被审计单位持续经营能力产生重大疑虑的事项或情况是否存在重大不确定性（以下简称重大不确定性）。

这些程序应当包括：

（一）如果管理层尚未对被审计单位持续经营能力作出评估，提请其进行评估；

（二）评价管理层与持续经营能力评估相关的未来应对计划，这些计划的结果是否可能改善目前的状况，以及管理层的计划对于具体情况是否可行；

（三）如果被审计单位已编制现金流量预测，且在评价管理层未来应对计划时对预测的分析是考虑事项或情况未来结果的重要因素，评价用于编制预测的基础数据的可靠性，并确定预测所基于的假设是否具有充分的支持；

（四）考虑自管理层作出评估后是否存在其他可获得的事实或信息；

（五）要求管理层和治理层（如适用）提供有关未来应对计划及其可行性的书面声明。

第五节　审计结论

第十六条　注册会计师应当评价是否已就管理层编制财务报表时运用持续经营假设的适当性获取了充分、适当的审计证据，并就运用持续经营假设的适当性得出结论。

第十七条　注册会计师应当根据获取的审计证据，运用职业判断，就单独或汇总起来可能导致对被审计单位持续经营能力产生重大疑虑的事项或情况是否存在重大不确定性得出结论。

如果注册会计师根据职业判断认为，鉴于不确定性潜在影响的重要程度和发生的可能性，为了使财务报表实现公允反映，管理层有必要适当披露该不确定性的性质和影响，则表明存在重大不确定性。

第十八条　如果认为管理层运用持续经营假设适合具体情况，但存在重大不确定性，注册会计师应当确定：

（一）财务报表是否已充分披露可能导致对持续经营能力产生重大疑虑的主要事项或情况，以及管理层针对这些事项或情况的应对计划；

（二）财务报表是否已清楚披露可能导致对持续经营能力产生重大疑虑的事项或情况存在重大不确定性，并由此导致被审计单位可能无法在正常的经营过程中变现资产和清偿债务。

第十九条　如果已识别出可能导致对被审计单位持续经营能力产生重大疑虑的事项或情况，但根据获取的审计证据，注册会计师认为不存在重大不确定性，则注册会计师应当根据适用的财务报告编制基础的规定，评价财务报表是否对这些事项或情况作出充分披露。

第六节　对审计报告的影响

第二十条　如果财务报表已按照持续经营假设编制，但根据判断认为管理层在财务报表中运用持续经营假设是不适当的，注册会计师应当发表否定意见。

第二十一条　如果运用持续经营假设是适当的，但存在重大不确定性，且财务报表对重大不确定性已作出充分披露，注册会计师应当发表无保留意见，并在审计报告中增加以“与持续经营相关的重大不确定性”为标题的单独部分，以：

（一）提醒财务报表使用者关注财务报表附注中对本准则第十八条所述事项的披露；

（二）说明这些事项或情况表明存在可能导致对被审计单位持续经营能力产生重大疑虑的重大不确定性，并说明该事项并不影响发表的审计意见。

第二十二条　如果运用持续经营假设是适当的，但存在重大不确定性，且财务报表对重大不确定性未作出充分披露，注册会计师应当按照《中国注册会计师审计准则第 1502 号——在审计报告中发表非无保留意见》的规定，恰当发表保留意见或否定意见。

注册会计师应当在审计报告“形成保留（否定）意见的基础”

部分说明，存在可能导致对被审计单位持续经营能力产生重大疑虑的重大不确定性，但财务报表未充分披露该事项。

第二十三条 如果运用持续经营假设是适当的，但存在重大不确定性，且管理层不愿按照注册会计师的要求作出评估或延长评估期间，注册会计师应当考虑这一情况对审计报告的影响。

第七节 与治理层沟通

第二十四条 注册会计师应当与治理层就识别出的可能导致对被审计单位持续经营能力产生重大疑虑的事项或情况进行沟通，除非治理层全部成员参与管理被审计单位。

与治理层的沟通应当包括下列方面：

（一）这些事项或情况是否构成重大不确定性；

（二）管理层在编制财务报表时运用持续经营假设是否适当；

（三）财务报表中的相关披露是否充分；

（四）对审计报告的影响（如适用）。

第八节 严重拖延对财务报表的批准

第二十五条 如果管理层或治理层在财务报表日后严重拖延对财务报表的批准，注册会计师应当询问拖延的原因。如果认为拖延可能涉及与持续经营评估相关的事项或情况，注册会计师应当实施本准则第十五条所述的有必要实施的追加的审计程序，并考虑对注册会计师根据本准则第十七条的规定，就是否存在重大不确定性得出的结论的影响。

参考文献

[1] 薄仙慧，吴联生. 盈余管理、信息风险与审计意见 [J]. 审计研究，2011 (1): 90 -97.

[2] 薄仙慧，吴联生. 国有控股和机构投资者的治理效应：盈余管理视角 [J]. 经济研究，2011 (2): 81 -91.

[3] 暴瑞藏，唐玉莲. 持续经营假设与审计意见关系的实证分析 [J]. 新会计，2010 (2): 43 -44.

[4] 蔡春. 受托经济责任——现代会计、审计之魂 [J]. 会计之友，2000 (10): 15.

[5] 蔡春，朱荣，和辉，等. 盈余管理方式选择、行为隐性化与濒死企业状况改善——来自 A 股特别处理公司的经验证据 [J]. 会计研究，2012 (9): 31 -39.

[6] 仓勇涛，储一昀，戚真. 外部约束机制监督与公司行为空间转换——由次贷危机引发的思考 [J]. 管理世界，2011 (6): 91 -104.

[7] 陈朝晖. 论持续经营不确定性 [J]. 会计研究，1999 (7): 20 -27.

[8] 陈静. 上市公司财务恶化预测的实证分析 [J].

会计研究，1999（4）：32－39.

[9] 成畅. 持续经营审计意见预警价值的理论分析及其启示［J］. 财政监督，2019（21）：68－72.

[10] 杜兴强. 会计信息的产权问题研究［J］. 会计研究，1998（7）：14－19.

[11] 方军雄. 公司治理视角下的企业持续经营研究［D］. 上海：复旦大学，2004.

[12] 方军雄. 所有制、制度环境与信贷资金配置［J］. 经济研究，2007（12）：82－92.

[13] 方军雄，洪剑峭，李若山. 我国上市公司审计质量影响因素研究：发现和启示［J］. 审计研究，2004（6）：35－43.

[14] 郭道扬. 论产权会计观与产权会计变革［J］. 会计研究，2004（2）：8－15，28.

[15] 郭志勇，陈春龙. 上市公司非标准审计意见市场反应的差异性研究［J］. 审计与经济研究，2008（3）：38－43.

[16] 郭艳萍. 持续经营审计意见与银行信贷决策的相关性研究［J］. 财会通讯，2016（15）：25－29.

[17] 黄秋敏，张天西. 首次持续经营不确定性审计意见信息含量研究［J］. 审计与经济研究，2009（11）：25－33.

［18］胡奕明，唐松莲．审计、信息透明度与银行贷款利率［J］．审计研究，2007（6）：74－84.

［19］胡宁，王雪方，孙莲珂，等．房产限购政策有助于实体企业“脱虚返实”吗？——基于双重差分研究设计［J］．南开管理评论，2019（4）：20－31.

［20］江伟，李斌．审计任期与审计独立性——持续经营审计意见的经验研究［J］．审计与经济研究，2011（2）：47－55.

［21］姜国华，王汉生．上市公司连续两年亏损就应该被“ST”吗？［J］．经济研究，2005（3）：100－107.

［22］蒋荣，刘星，刘斌．中国上市公司外部审计治理有效性的实证研究——基于CEO变更视角［J］．财经研究，2007（11）：92－103.

［23］刘学华，徐荣华．持续经营有重大疑虑审计意见表达方式实证研究［J］．云南财经大学学报，2008，24（6）：110－115.

［24］刘峰，黄少安．科斯定理与会计准则［J］．会计研究，1992（6）：20－27.

［25］雷光勇，崔文娟．现代审计产权论［J］．审计与经济研究，2001（4）：19－22.

［26］厉国威，廖义刚，韩洪灵．持续经营不确定性审计意见的增量决策有用性研究——来自财务困境公司的经验证据［J］．中国工业经济，2010（2）：150－160.

[27] 廖义刚. 环境不确定性、内部控制质量与持续经营审计意见——来自财务困境上市公司的经验证据 [J]. 财经论丛, 2015 (9): 50-58.

[28] 廖义刚. 持续经营不确定性审计意见的动因及决策有用性——来自中国证券市场的经验证据 [D]. 福州: 厦门大学, 2007.

[29] 廖义刚. 审计师出具持续经营不确定性审计意见的动因分析 [J]. 审计与经济研究, 2007 (4): 38-42.

[30] 廖义刚. 审计意见、关联关系与债权人监督——基于商业信用视角的经验证据 [J]. 上海立信会计学院学报, 2011 (2): 55-63.

[31] 廖义刚, 毛丽娟. 持续经营不确定性审计意见: 发展及启示 [J]. 审计与经济研究, 2006 (5): 50-54.

[32] 廖冠民, 吴溪. 收入操纵、舞弊审计准则与审计报告谨慎性 [J]. 审计研究, 2013 (1): 103-112.

[33] 廖义刚, 王艳艳. 大股东控制、政治联系与审计独立性——来自持续经营不确定性审计意见视角的经验证据 [J]. 经济评论, 2008 (5): 87-94, 106.

[34] 廖义刚, 张玲, 谢盛纹. 制度环境、独立审计与银行贷款——来自我国财务困境上市公司的经验证据 [J]. 审计研究, 2010 (2): 62-69.

[35] 李曙光. 新破产法九大制度创新与突破 [N].

法制日报，2006-09-05.

[36] 李明娟. 企业持续经营能力研究综述 [J]. 中国商贸，2009 (9)：70-71.

[37] 李维安，王新汉，王威. 盈余管理与审计意见关系的实证研究——基于非经营性收益的分析 [J]. 财经研究，2004 (11)：126-135.

[38] 李增泉. 实证分析：审计意见的信息含量 [J]. 会计研究，1999 (8)：16-22.

[39] 李青原. 会计信息质量、审计监督与公司投资效率——来自我国上市公司的经验证据 [J]. 审计研究，2009 (4)：65-73.

[40] 李琰，张立民，邢春玉. 持续经营审计意见的影响因素、信息含量和经济后果：研究述评 [J]. 北京交通大学学报（社会科学版），2017 (1)：89-96.

[41] 李琰，张立民，邢春玉. 机构投资者、持续经营审计意见与融资约束 [J]. 中南财经政法大学学报，2016 (6)：58-67.

[42] 李爽，吴溪. 监管信号、风险评价与审计定价：来自审计师变更的证据 [J]. 审计研究，2004 (1)：13-18.

[43] 李爽，吴溪. 制度因素与独立审计质量——来自持续经营不确定性审计意见的经验证据 [J]. 中国注册会计师，2002 (6)：29-34.

[44] 逯东，孙岩，杨丹．会计信息与资源配置效率研究述评 [J]．会计研究，2012 (6)：19-24.

[45] 陆建桥．中国亏损上市公司盈余管理实证研究 [J]．会计研究，1999 (9)：25-35.

[46] 陆正飞，王春飞，伍利娜．制度变迁、集团客户重要性与非标准审计意见 [J]．会计研究，2012 (10)：71-78，96.

[47] 彭雯，张立民，钟凯，等．监管问询的有效性研究：基于审计师行为视角分析 [J]．管理科学，2019 (4)：17-30.

[48] 冉明东，徐耀珍．注册会计师审计报告改进研究——基于我国审计报告改革试点样本的分析 [J]．审计研究，2017 (5)：62-69.

[49] 任主恩，郭志勇．不同种类非标准审计意见信息含量的差异性研究 [J]．财会月刊，2012 (5)：68-69.

[50] 宋琛，张俊瑞，程子健．持续经营不确定性审计意见与管理层业绩预告行为 [J]．山西财经大学学报，2012 (11)：106-114.

[51] 宋常，恽碧琰．上市公司首次披露的非标准审计意见信息含量研究 [J]．审计研究，2005 (1)：32-40.

[52] 孙铮，王跃堂．资源配置与盈余操作之实证研究 [J]．财经研究，1999 (4)：8.

[53] 唐建华. 国际审计与鉴证准则理事会审计报告改革评析 [J]. 审计研究, 2015 (1): 60 -66.

[54] 唐建华, 张革. 增加报告信息含量 提升报告沟通价值——国际审计报告改革述评 [J]. 中国注册会计师, 2015 (4): 20 -29.

[55] 田利军. 持续经营能力的判断与审计意见类型 [J]. 审计与经济研究, 2004 (5): 24 -26.

[56] 伍中信. 受托责任论——会计本质理论的重新确认 [J]. 会计研究, 1996 (11): 35.

[57] 伍中信. 产权与会计 [M]. 上海: 立信出版社, 1998.

[58] 伍中信, 肖美英. 信息、产权与博弈: 会计监督的经济学 [J]. 会计研究, 1997 (12): 15 -18.

[59] 吴世农, 卢贤义. 我国上市公司财务困境的预测模型研究 [J]. 经济研究, 2001 (6): 46 -55.

[60] 吴芃, 卢珊, 倪菁菁, 等. 审计师能识别财务重述中的经营风险信息吗? ——基于持续经营和非标审计意见的对比研究 [J]. 东南大学学报 (哲学社会科学版), 2018 (4): 56 -68.

[61] 吴芃, 顾婷婷, 李晓, 等. 盈余管理策略与财务危机的关系研究——基于持续经营审计意见和特别处理的视角 [J]. 东南大学学报 (哲学社会科学版), 2017 (2): 77 -91.

[62] 王德礼，杜建菊. 产权视角下的会计理论 [M]. 合肥：合肥工业大学出版社，2006.

[63] 王克敏，刘博. 公开增发业绩门槛与盈余管理 [J]. 管理世界，2012 (8)：30－42.

[64] 王进朝. 上市公司高管更换对审计独立性影响的研究 [J]. 山西财经大学学报，2011 (9)：116－124.

[65] 王小鲁，樊纲，余文静，等. 中国分省份市场化指数报告（2016） [M]. 北京：社会科学文献出版社，2017.

[66] 王福胜，程富，吉姗姗. 基于资产处置的盈余管理研究 [J]. 管理科学，2013 (5)：73－86.

[67] 王福胜，吉姗姗，程富. 盈余管理对上市公司未来经营业绩的影响研究——基于应计盈余管理与真实盈余管理比较视角 [J]. 南开管理评论，2014 (2)：95－106.

[68] 魏志华，王贞洁，吴育辉，等. 金融生态环境、审计意见与债务融资成本 [J]. 审计研究，2012 (3)：98－105.

[69] 魏涛，陆正飞，单宏伟. 非经常性损益盈余管理的动机、手段和作用研究——来自中国上市公司的经验证据 [J]. 管理世界，2007 (1)：113－121.

[70] 肖成民，吕长江. 利润操纵行为影响会计稳健性吗？——基于季度盈余不同汇总方法的经验证据 [J]. 会计研究，2010 (9)：17－24.

[71] 邢春玉. 持续经营审计意见的风险传导与监督机制研究——基于价值评估和盈余管理视角 [D]. 北京: 北京交通大学, 2019.

[72] 邢春玉, 张立民, 温菊英. 持续经营审计意见的市场反应研究 [J]. 北京交通大学学报 (社会科学版), 2016 (3): 84-92.

[73] 邢春玉, 曾铁兵. 持续经营审计意见与上市公司价值评估——基于公司财务报表估值的角度 [J]. 审计与经济研究, 2017 (1): 49-58.

[74] 杨时展. 审计公设刍论 [J]. 财会通讯, 1985 (7): 3-8.

[75] 杨淑娥, 徐伟刚. 上市公司财务预警模型——Y分数模型的实证研究 [J]. 中国软科学, 2003 (1): 56-60.

[76] 叶康涛, 张然, 徐浩萍. 声誉、制度环境与债务融资——基于中国民营上市公司的证据 [J]. 金融研究, 2010 (8): 171-183.

[77] 郁义鸿. 企业的性质: 能力理论的阐释 [J]. 经济科学, 2001 (6): 88-95.

[78] 余玮. 持续经营审计意见的决策有用性——基于银行信贷决策视角的研究 [D]. 北京: 北京交通大学, 2012.

[79] 张龙平, 王军只, 张军. 内部控制鉴证对会计盈

余质量的影响研究——基于沪市 A 股公司的经验证据 [J]. 审计研究, 2010 (2): 83-90.

[80] 张敦力, 崔海红. 董事会特征、盈余管理动机与非流动资产处置 [J]. 财经论丛, 2016 (7): 68-75.

[81] 张晓岚, 杨春隆. 自愿性变更审计师与审计意见关系的验证 [J]. 审计与经济研究, 2010 (3): 23-32.

[82] 张晓岚, 李强, 吴勋. 持续经营审计判断的改进: 经营效率证据的引入 [J]. 会计研究, 2007 (1): 66-93.

[83] 张晓岚, 宋敏. 上市公司持续经营审计意见信息含量的差异性研究 [J]. 审计研究, 2007 (6): 59-66.

[84] 张晓岚, 张文杰, 张超. 持续经营审计判断模型研究: 回顾与前瞻 [J]. 审计与经济研究, 2006a (3): 27-31.

[85] 张立民, 彭雯, 钟凯. "沪港通" 开通提升了审计独立性吗? ——基于持续经营审计意见的分析 [J]. 审计与经济研究, 2018 (5): 35-45.

[86] 张立民, 李琰. 持续经营审计意见、公司治理和企业价值——基于财务困境公司的经验证据 [J]. 审计与经济研究, 2017 (2): 13-23.

[87] 张立民, 邢春玉, 李琰. 机构投资者持股对持续经营审计意见市场反应的影响——基于 2007—2014 年深沪 A 股数据 [J]. 南京审计学院学报, 2015 (6): 24-33.

[88] 张俊瑞，刘彬，程子健. 上市公司对外担保与持续经营不确定性审计意见关系研究——来自沪深主板市场A股的经验证据 [J]. 审计研究，2014 (1)：62-70.

[89] 张俊瑞，刘彬. 上市公司对外担保与持续经营不确定性审计意见关系研究——来自沪深主板市场A股的经验证据 [J]. 审计研究，2014 (1)：62-69.

[90] 张美霞，李增泉. 财务困境、退市监管与审计意见——基于我国连续亏损上市公司的经验证据 [J]. 中国会计评论，2014 (1)：17-42.

[91] 张昕. 中国亏损上市公司第四季度盈余管理的实证研究 [J]. 会计研究，2008 (4)：25-32.

[92] 赵婧，汪祥耀. 持续经营视角下的非经常性损益市场定价——基于制造业上市公司的经验证据 [J]. 中南财经政法大学学报，2014 (2)：128-134，160.

[93] 赵国宇，王善平. 盈余管理、审计收费与审计独立性 [J]. 中南财经政法大学学报，2008 (3)：58-62.

[94] 周楷唐，麻志明，吴联生. 持续经营审计意见是否具有额外价值？——来自债务融资的证据 [J]. 会计研究，2016 (8)：81-88.

[95] 周冬华，康华，赵玉洁. 内部人交易与持续经营审计意见——来自财务困境类上市公司的经验证据 [J]. 审计研究，2015 (2)：97-105.

[96] 朱凯，陈信元. 金融发展、审计意见与上市公

司融资约束 [J]. 金融研究, 2009 (7): 66 - 80.

[97] 朱小平, 余谦. 上市公司的财务指标与审计意见类型相关性的实证分析 [J]. 中国会计评论, 2003 (1): 29 - 48.

[98] 朱晓婷, 杨世忠. 会计信息披露及时性的信息含量分析——基于2002—2004年中国上市公司年报数据的实证研究 [J]. 会计研究, 2006 (11): 16 - 96.

[99] Akerlof G A. The Market for Lemons: Quality Uncertainty and the Market Mechanism [J]. The Quarterly Journal of Economics, 1970, 84 (3): 488 - 500.

[100] Altman E. Financial Ratios, Discriminant Analysis and the Prediction of Corporate Bankruptcy [J]. The Journal of Finance, 1968 (9): 589 - 609.

[101] Amin K, Krishnan J, Yang J S. Going - Concern Opinion and Cost of Equity [J]. Auditing: A Journal of Practice and Theory, 2014, 33 (4): 1 - 39.

[102] Antonio D G. The Usefulness of the Audit Report in Investment and Financing Decisions [J]. Managerial Auditing Journal, 2003, 18 (6): 549 - 559.

[103] Armstrong C S, Core J E, Taylor D J, et al. When Does Information Asymmetry Affect the Cost of Capital? [J]. Journal of Accounting Research, 2011, 49 (1): 1 - 40.

[104] Ball R, Brown P. An Empirical Evaluation of Accounting Income Numbers [J]. Journal of Accounting Research, 1968, 6 (2): 159-178.

[105] Ball W W. Audit Qualification and Share Price [J]. Abacus, 1979 (6): 23-34.

[106] Balsam S, Krishnan J, Yang J S. Auditor Industry Specialization and Earnings Quality [J]. Auditing: A Journal of Practice and Theory, 2003, 22 (2): 7197.

[107] Beatty R. Reputation and the Pricing of Initial Public Offerings [J]. The Accounting Review, 1989, 64 (4): 693-709.

[108] Beaver W H. Financial Ratios as Predictors of Failure [J]. Supplement to Journal of Accounting Research, 1996 (8): 71-111.

[109] Becker C L, Defond M L. Jiambalvo J. The Effect of Audit Quality on Earnings Management [J]. Contemporary Accounting Research, 1998, 15 (1): 1-24.

[110] Behn B K, Kaplan S E, Krumwiede K R. Further Evidence on the Auditor's Going-Concern Report: The Influence of Management Plans. (cover story) [J]. Auditing: A Journal of Practice and Theory, 2001, 20 (1): 13-28.

[111] Beneish M D, Yohn T L. Information Friction and Investor Home Bias: A Perspective on the Effect of Global IF-

RS Adoption on the Extent of Equity Home Bias [J]. Journal of Accounting and Public Policy, 2008, 27 (6): 433 -443.

[112] Bertrand M, Mullainathan S. Enjoying the Quiet Life? Corporate Governance and Managerial Preferences [J]. Journal of Political Economy, 2003, 11 (5): 1043 -1075.

[113] Bessel M D, Anandarajan A, Umar A. Information Content, Audit Reports and Going - Concern: An Australian Study [J]. Accounting and Finance, 2003, 43 (3): 261 -282.

[114] Blackwell D W, Noland T R, Winters D B. The Value of Auditor Assurance: Evidence from Loan Pricing [J]. Journal of Accounting Research, 1998, 36 (1): 57 -70.

[115] Blay A D, Geiger M A, North D S. The Auditor's Going - Concern Opinion as a Communication of Risk [J]. Auditing: A Journal of Practice and Theory, 2011, 30 (2): 77 -102.

[116] Blay A D, Geiger M A. Auditor Fees and Auditor Independence: Evidence from Going - Concern Reporting Decisions [J]. Contemporary Accounting Research, 2013, 30 (2): 579 -606.

[117] Boritz. The 'Going Concern' Assumption: Accounting and Auditing Implications [M]. Canadian Institute of

Chartered Accountants (Toronto. Canada), 1991.

[118] Bushman R M, Smith A J. Financial Accounting Information and Corporate Governance [J]. Journal of Accounting and Economics, 2003, 32 (1): 237 – 333.

[119] Callaghan J, Parkash M, Singhal R. Going – Concern Audit Opinions and the Provision of Non – audit Services: Implications for Auditor Independence of Bankrupt Firms [J]. Auditing: Journal of Practice and Theory, 2009, 28 (1): 153 – 169.

[120] Carcello J, Neal T. Audit Committee Characteristics and Auditor Dismissals Following New Going – Concern Reports [J]. The Accounting Review, 2003, 78 (1): 95 – 117.

[121] Carlson S J, Glezen G W, Benefield M E. An Investigation of Investor Reaction to the Information Content of a Going – Concern Audit Report While Controlling for Concurrent Disclosures [J]. Quarterly Journal of Business Financial Statement Economics, 1998, 37 (3): 25.

[122] Chen C, Martin X, Wang X. Insider Trading, Litigation Concerns, and Auditor Going – Concern Opinions [J]. Accounting Review, 2012, 88 (2): 365 – 393.

[123] Chen J P, Chen S, Su X. Profitability Regulation, Earnings Management and Modified Audit Opinions: Ev-

idence from China [J]. Auditing: A Journal of Practice and Theory, 2001, 20 (9): 9 - 30.

[124] Chen J P, Su X, Zhao R. An Emerging Market's Reaction to Initial Modified Audit Opinions: Evidence from the Shanghai Stock Exchange [J]. Contemporary Accounting Research, 2000, 17 (3): 429 - 455.

[125] Chen K C W, Church B K. Going - Concern Opinions and the Market's Reaction to Bankruptcy Filings [J]. The Accounting Review, 1996, 71 (1): 117 - 128.

[126] Choi S K, Jeter D C. The Effects of Qualified Audit Opinions on Earnings Response Coefficients [J]. Journal of Accounting and Economics, 1992 (15): 229 - 247.

[127] Chou Kai T. Information Content of Credit Rating in Pricing of Future Earnings [J]. Review of Quantitative Finance and Accounting, 2013, 40 (2): 217 - 250.

[128] Chow C, Rice S. Qualified Audit Opinions and Auditor Switching [J]. The Accounting Review, 1982, 57 (2): 326 - 335.

[129] Cohen D, Dey A, Lys T. Real and Accrual - Based Earnings Management in the Pre - and Post - Sarbanes - Oxley Period [J]. The Accounting Review, 2008, 83 (3): 757 - 787.

[130] Cohen D, Zarowin P. Accrual - Based and Real

Earnings Management Activities around Seasoned Offerings [J]. Journal of Accounting and Economics, 2010, 50 (1): 2 -19.

[131] Dechow P M, Sloan R G, Sweeney A P. Detecting Earnings Management [J]. Accounting Review, 1995, 70 (2): 193 -225.

[132] Dechow P, Dichev I. The Quality of Accruals and Earnings: The Role of Accrual Estimation Errors [J]. The Accounting Review, 2002, 77: 35 -59.

[133] Defond M L, Raghunandan K, Subramanyam K R. Do Non - audit Service Fees Impair Auditor Independence? Evidence from Going - Concern Audit Opinions [J]. Journal of Accounting Research, 2002, 40 (4): 1247 -1274.

[134] Diamond D W, Verrecchia R E. Disclosure, Liquidity, and the Cost of Capital [J]. Journal of Finance, 1991, 46 (4): 1325 -1359.

[135] Dodd P, Dopuch N, Holsausen R, et al. Qualified Audit Opinions and Stock Prices: Information Content, Announcement Dates, and Concurrent Disclosures [J]. Journal of Accounting Research, 1984 (1): 3 -38.

[136] Dong B, Robinson D, Robinson M. The Market's Response to Earnings Surprises after First - time Going - Concern Modifications [J]. Advances in Accounting, 2015, 31

(1): 21 -32.

[137] Dopuch N, Holthausen R W, Leftwich R W. Abnormal Stock Returns Associated with Media Disclosures of 'Subject to' Qualified Audit Opinions [J]. Journal of Accounting and Economics, 1986, 8 (2): 93 -117.

[138] Elliott J. 'Subject to' Audit Opinions and Abnormal Security Returns: Outcome and Ambiguities [J]. Journal of Accounting Research, 1982 (2): 617 -638.

[139] Eshleman J D, Guo P. Abnormal Audit Fees and Audit Quality: The Importance of Considering Managerial Incentives in Tests of Earnings Management [J]. Auditing: A Journal of Practice and Theory, 2014, 33 (1): 117 -138.

[140] Ettredge M, Johnstone K, Stone M, et al. The Effects of Firm Size, Corporate Governance Quality, and Bad News on Disclosure Compliance [J]. Review of Accounting Studies, 2011, 16 (4): 866 -889.

[141] Fama E F. Agency Problems and the Theory of the Firm [J]. Journal of Political Economy, 1980, 88 (2): 288 -307.

[142] Fan J P H, Wong T J. Do External Auditors Perform a Corporate Governance Role in Emerging Markets? Evidence from East Asia [J]. Journal of Accounting Research, 2005, 43 (1): 35 -72.

[143] Fargher N L, Jiang L. Changes in the Audit Environment and Auditors' Propensity to Issue Going – Concern Opinions [J]. Auditing: A Journal of Practice and Theory, 2008 (27): 55 – 77.

[144] Firth M. A Note on the Impact of Audit Qualifications on Lending and Credit Decisions [J]. Journal of Banking and Finance, 1980, 4 (3): 257 – 267.

[145] Firth M. Qualified Audit Reports: Their Impact on Investment Decisions [J]. The Accounting Review, 1978 (3): 642 – 650.

[146] Foroghi D, Shahshahani A M. Audit Firm Size and Going – Concern Reporting Accuracy [J]. Journal of Contemporary Research in Business, 2012, 3 (9): 1093 – 1098.

[147] Francis B, Hasan I, Ren N. Going – Concern Opinions and Bank Loan Contracting [R]. Social Science Electronic Publishing, 2013.

[148] Francis J R, Yu M D. Big 4 Office Size and Audit Quality [J]. The Accounting Review, 2009, 84 (5): 1521 – 1552.

[149] Frost C A. Disclosure Policy Choices of UK Firms Receiving Modified Audit Reports [J]. Journal of Accounting and Economics, 1997, 23 (2): 163 – 187.

[150] Geiger M A, Raghunandan K. Going – Concern Opinion in the New Legal Environment [J]. Accounting Horizons, 2002, 16 (3): 17 –26.

[151] Geiger M A, Raghunandan K, Rama D V. Going – Concern Audit Report Recipients before and after SAS No. 59 [J]. National Public Accountant, 1998, 43 (8): 24 –35.

[152] Geiger M A, Rama D V. Audit Firm Size and Going – Concern Reporting Accuracy [J]. Accounting Horizons, 2006, 20 (1): 1 –17.

[153] Geiger M A, Rama D V. Audit Fees, Non – audit Fees and Auditor Reporting on Stressed Companies [J]. Auditing: A Journal of Practice and Theory, 2003, 2 (2): 53 –69.

[154] Gramling A A, Krishnan J, Zhang Y. Are PCAOB Identified Audit Deficiencies Associated with a Change in Reporting Decisions of Triennially Inspected Audit Firms? [J]. Auditing: A Journal of Practice and Theory, 2011, 30 (3): 59 –79.

[155] Gunny K A. The Relation Between Earnings Management Using Real Activities Manipulation and Future Performance: Evidence from Meeting Earnings Benchmarks [J]. Contemporary Accounting Research, 2010, 27 (3): 855 – 888.

[156] Healy P M, Palepu K G. Information Asymmetry, Corporate Disclosure, and the Capital Markets: A Review of the Empirical Disclosure Literature [J]. Journal of Accounting and Economics, 2001, 31 (1): 405 -440.

[157] Hirshleifer D, Subrahmanyam A, Titman S. Feedback and the Success of Irrational Investors [J]. Journal of Financial Economics, 2006, 81 (2): 311 -338.

[158] Hopwood W, Mutchler J. A Test of the Incremental Explanatory Power of Opinions Qualified for Consistency and Uncertainty [J]. Accounting Review, 1989, 64 (1): 28 -48.

[159] Jensen M C. Agency Costs of Free Cash Flow, Corporate Finance, and Takeovers [J]. American Economic Review, 1986, 76 (2): 323 -329.

[160] Jensen M C, Meckling W H. Theory of the Firm: Managerial Behavior, Agency Costs and Ownership Structure [J]. Journal of Financial Economics, 1976, 46 (2): 15 -26.

[161] Kao JL, Yan Li, Wenjun Zhang. Did SOX influence the Association between Fee Dependence and Auditors' Propensity to Issue Going - Concern Opinions? [J]. Auditing: A journal of practice and Theory, 2014, 33 (2): 165 -185.

[162] Karjalainen J. Audit Quality and Cost of Debt Capital for Private Firms: Evidence from Finland [J]. International Journal of Auditing, 2011, 15 (1): 88 - 108.

[163] Kim I. Information Asymmetries and Investor Reactions to Going Concern Audit Reports [R]. Social Science Electronic Publishing, 2011 (9): 103 - 117.

[164] Kim J B, Song B Y, Tsui J S L. Auditor Quality, Tenure, and Bank Loan Pricing [J]. Review of Quantitative Finance and Accounting, 2013, 40 (1): 75 - 99.

[165] Kothari S P, Leone A J, Wasley C E. Performance Matched Discretionary Accrual Measures [J]. Journal of Accounting and Economics, 2005, 39 (1): 163 - 197.

[166] Kothari S P, Shu S, Wysocki P D. Do Managers Withhold Bad News? [J]. Journal of Accounting Research, 2009, 47 (1): 241 - 276.

[167] Krishnan J, Raghunandan K, Yang J S. Were Former Andersen Clients Treated More Leniently than Other Clients? Evidence from Going - Concern Modified Audit Opinions [J]. Accounting Horizons, 2007, 98 (16): 9381 - 9385.

[168] La Porta R, Lopez - De - Silanes F, Shleifer A, et al. Agency Problems and Dividend Policies around the world [J]. Journal of Finance, 2000, 55 (1): 1 - 33.

[169] Lennox, C. The Accuracy and Incremental Information Content of Audit Reports in Predicting Bankruptcy [J]. Journal of Business, Finance and Accounting, 1999, 26: 757-778.

[170] Li Chan. Does Client Importance Affect Auditor Independence at the Office Level? Empirical Evidence from Going-Concern Opinions [J]. Contemporary Accounting Research, 2010, 26 (1): 201-230.

[171] Louwers T J, Messina F M, Richard M D. The Auditor's Going-Concern Disclosure as a Self-Fulfilling Prophecy: A Discrete-Time Survival Analysis [J]. Decision Sciences, 1999, 30 (3): 805-824.

[172] Loudder M L, Khurana I K, Sawyers R B. The Information Content of Audit Qualification. Auditing: A Journal of Practice and Theory, 1992, 11 (1): 69-82.

[173] Manna A. Special Report: ASB Public Meeting on 'Subject to' Opinion [J]. Journal of Accountancy, 1982 (5): 10-14.

[174] Melumad N D, Ziv A. A Theoretical Examination of the Market Reaction to Auditors' Qualifications. Journal of Accounting Research, 1997 (3): 239-256.

[175] Menon K, Williams D. Investor Reaction to Going-Concern Audit Reports. The Accounting Review, 2010, 85

(6): 2075 -2105.

[176] Menon K, Schwartz K. An Empirical Investigation of Audit Qualification Decisions in the Presence of Going Concern Uncertainties. Contemporary Accounting Research, 1986, 3 (2): 302 -315.

[177] Mo P L L, Rui O M, Wu X. Auditors' Going - Concern Reporting in the Pre - and Post - bankruptcy Law Eras: Chinese Affiliates of Big 4 Versus Local Auditors [J]. International Journal of Accounting, 2015, 50 (1): 1 -30.

[178] Mutchler J F. A Multivariate Analysis of the Auditor's Going - Concern Opinion Decision [J]. Journal of Accounting Research, 1985, 23 (2): 668 -682.

[179] Mutchler J F. Auditor's Perceptions of the Going - Concern Opinion Decision [J]. Auditing: A Journal of Practice and Theory, 1984, 3 (2): 17 -30.

[180] Myers S C. Determinants of Corporate Borrowing [J]. Journal of Financial Economics, 1977, 5 (2): 147 -175.

[181] Ohlson J A. Financial Ratios and the Probabilistic Prediction of Bankruptcy [J]. Journal of Accounting Research, 1980, 18 (1): 109 -131.

[182] Palmrose Z V. Audit Fees and Audit Size: Further Evidence [J]. Journal of Accounting Research, 1986,

24 (1): 97 -110.

[183] Paquette L R, Skender C J. Using a Bankruptcy Model in the Auditing Course: The Evaluation of a Company as a Going - Concern [J]. Journal of Accounting Education, 1996, 14 (3): 319 -329.

[184] Paton W A. Accounting Theory [M]. New York: The Ronald Press Company, 1922.

[185] Pringle L M, Crum R P, Swetz R J. Do SAS No. 59 Format Changes Affect the Outcome and the Quality of Investment Decisions [J]. Accounting Horizons, 1990 (4): 68 -75.

[186] Pryor C A, Terza J. Are Going - Concern Audit Opinions a Self - Fulfilling Prophecy? [J]. Advance in Quantitative Analysis of Finance and Accounting, 2001 (10): 89 -116.

[187] Raghunandan K, Rama D V. Audit Reports for Companies in Financial Distress: Before and After SAS No. 59 [J]. Auditing: A Journal of Practice and Theory, 1995, 14 (1): 50 -63.

[188] Raghunandan K, Subramanyam K R. Market Information and Predictive Accuracy of the Going - Concern Opinion [J]. Social Science Electronic Publishing, 2003.

[189] Roychowdhury S. Earnings Management through

Real Activities Manipulation [J]. Journal of Accounting and Economics, 2006, 42 (3): 335 – 370.

[190] Schaub M, Highfield M. On the Information Content of Going Concern Opinions: the Effects of SAS No. 58 and 59 [J]. Journal of Asset Management, 2003 (4): 22 – 31.

[191] Schipper K. Commentary on Earnings Management [J]. Accounting Horizon, 1989, 3 (4): 91 – 102.

[192] Schmidt K M. Managerial Incentives and Product Market Competition [J]. The Review of Economic Studies, 1997, 64 (2): 191 – 213.

[193] Scott W R. Financial Accounting Theory [M]. Prentice – Hall Publishing Company, 1997.

[194] Shleifer A, Vishny R W. Management Entrenchment: The Case of Manager – Specific Investments [J]. Journal of Financial Economics, 1989, 25 (1): 123 – 139.

[195] Simunic D A, Stein M T. The Impact of Litigation Risk on Audit Pricing: A Review of the Economics and the Evidence [J]. Auditing: A Journal of Practice and Theory, 1996, 15 (9): 119 – 134.

[196] Stein J C. Agency, Information and Corporate Investment [J]. Handbook of the Economics of Finance, 2003 (1): 111 – 165.

[197] Subramanyam K, Wild J. Going – Concern Sta-

tus, Earnings Persistence, and Informativeness of Earnings [J]. Contemporary Accounting Research, 1996 (1): 251 - 273.

[198] Taffler R J, Lu J, Kausar A. In Denial? Stock Market Underreaction to Going - Concern Audit Report Disclosures [J]. Journal of Accounting and Economics, 2004 (3) 8: 263 - 296.

[199] Teoh S H, Wong T J. Perceived Auditor Quality and the Earnings Response Coefficient [J]. Accounting Review, 1993, 68 (2): 346 - 366.

[200] Venuti E K. The Going - Concern Assumption Revisited: Assessing A Company's Future Viability [J]. The CPA Journal, 74 (5): 40 - 43.

[201] Watts R L, Zimmerman J L. Agency Problems, Auditing, and the Theory of the Firm: Some Evidence [J]. Journal of Law and Economics, 1983, 26 (3): 613 - 632.

[202] Watts R L, Zimmerman J L. Positive Accounting Theory [M]. New Jersey: Prentice - Hall Publishing Company, 1986.

[203] Webb L M H, Wilkins M S. The Incremental Information Content of SAS No. 59 Going - Concern Opinions [J]. Journal of Accounting Research, 2000, 38 (1): 209 - 219.

[204] Zaher A, Angie M. Executive Characteristics and Going – Concern Opinions. FIU Electronic Thesis and Dissertations. [EB/OL]. http: //digitalcommons. fiu. edu/etd/93.

[205] Zang A Y. Evidence on the Trade – off between Real Activities Manipulation and Accrual – Based Earnings Management [J]. Accounting Review, 2012, 87 (2): 675 – 703.

[206] Zeff S A. The Rise of "Economic Consequences" [J]. Journal of Accountancy, 1978, 12 (1): 56 – 63.

[207] Zmijewski M. Methodological Issues Related to Estimation of Financial Distress Prediction Models [J]. Journal of Accounting Research, 1984, 22 (1): 406 – 411.